AF475192

ALFRED ANTONY
Docteur en Droit

La Politique financière du Gouvernement Provisoire

Février - Mai 1848

PARIS
ARTHUR ROUSSEAU, ÉDITEUR
14, RUE SOUFFLOT, 14

1910

La politique financière du Gouvernement Provisoire

Février - Mai 1848

La politique financière du Gouvernement Provisoire

Février - Mai 1848

ALFRED ANTONY

Docteur en Droit

La Politique financière du Gouvernement Provisoire

Février - Mai 1848

PARIS

ARTHUR ROUSSEAU, ÉDITEUR

14, RUE SOUFFLOT, 14

1910

C'était une formule courante au lendemain du 25 février 1848 que, si la Révolution de 1789 avait été une révolution politique, la révolution nouvelle devait être une révolution sociale. Il n'en fut rien. La République de 1848 réalisa quelques grandes réformes politiques, comme l'établissement du suffrage universel ou l'abolition de la peine de mort en matière politique. Elle ne put rien réaliser en matière sociale. Ce ne fut pas manque de bonne volonté, ni même d'audace ; ce fut impossibilité matérielle. Dans une société organisée comme la société moderne, toute question sociale a son contre-coup financier : on peut même dire que c'est uniquement sur le terrain financier que le combat se livre, que ce soit sous forme de panique de crédit à dominer ou de dépenses plus considérables à inscrire au budget de l'État. Bon gré, mal gré, il faut accepter de voir la question ainsi posée et ne pas se laisser prendre au dépourvu. Or les vainqueurs de février furent surpris par la soudaineté d'une attaque qu'ils n'avaient pas prévue de ce côté-là. Ils étaient enthousiastes et un peu chimériques : ils croyaient que toute résistance céderait à la beauté de leurs rêves : or ceux-ci devaient contrarier plus d'un égoïsme ou parfois même de légitimes intérêts ; attaqué, le corps social réagit. Cette réaction, ce fut la crise financière de mars et d'avril.

Cette question financière domine toute l'histoire de la République de 1848 et plus particulièrement de la période révolutionnaire proprement dite, marquée depuis la chute de Louis-Philippe jusqu'à la réunion de l'Assemblée nationale, par la dictature du Gouvernement Provisoire. Elle la domine et elle la dirige. C'est en lisant les journaux de l'époque qu'on s'aperçoit de l'énorme place qu'elle tenait. A chaque page, on trouve trace du trouble dans la vie sociale que causait la crise, des embarras qu'elle occasionnait au gouvernement, de l'inquiétude fiévreuse qu'elle mettait dans l'air. C'est sa violence qui empêcha de tenter même les réformes sociales que dans les premiers jours on avait cru aisées. Et comme en temps de guerre toute l'attention se porte sur la frontière, aux premiers jours de la République de 1848, c'est vers la Bourse où les cours accéléraient leur chute, qu'allait tout l'intérêt.

Quelle fut la nature de cette crise ? Comment le Gouvernement Provisoire sut-il la résoudre ? En quoi l'avènement de la République modifia-t-il la politique financière ? C'est ce que nous nous proposons d'étudier ici.

Les principales sources où il faut puiser sont les Actes officiels du Gouvernement Provisoire, les comptes rendus des séances de l'Assemblée Nationale, les projets de loi et rapports déposés à cette assemblée, les comptes généraux des finances et les rapports de la Cour des comptes. Parmi les journaux, il faut citer en première ligne le *National* et la *Réforme*, les deux journaux gouvernementaux ; la *Presse,* bien informée et dont le bulletin financier est utile pour suivre les impressions de la *Bourse* ; les *Débats*, le *Constitutionnel*, le *Siècle*, la *Vraie République*, la *Commune de Paris*, etc. Comme travaux historiques, l'*Histoire de la Révolution de 1848* par Garnier-Pagès, tire un grand intérêt de ce que son auteur avait été ministre des finances du Gouvernement Provisoire : il faut pourtant ne s'en servir qu'avec prudence, car le récit tourne trop souvent au panégyrique. Il en est de même des travaux de Lamartine et de Louis Blanc, insuffisamment objectifs. Quant aux ouvrages modernes, nous ne saurions oublier la remarquable *Histoire sociale de la Révolution de 1848*, de M. Georges Renard, qui nous a souvent été un guide infiniment précieux.

CHAPITRE PREMIER

LA SITUATION FINANCIÈRE AVANT LA RÉVOLUTION DE FÉVRIER.

« La République a sauvé la France de la banqueroute. » C'est par ces mots que Garnier-Pagès, ministre des finances du Gouvernement Provisoire, terminait le rapport qu'il adressait le 9 mars 1848 à ses collègues, sur la situation financière qu'il prenait la responsabilité de liquider.

On lui a reproché une parole si sévère pour ses prédécesseurs, les ministres des finances de la fin du règne de Louis-Philippe, et ceux-ci ont été les premiers à relever l'accusation lancée et à la retourner contre son auteur. Cette banqueroute, dirent-ils, dont pendant la première quinzaine de mars on sentit comme passer le souffle tragique dans l'air, c'était la politique nouvelle, le triomphe presque sans frein de l'idée démocratique qui l'amenait fatalement avec elle : et tous les adversaires du nouveau régime répétèrent avec eux que Garnier-Pagès rejetait sur ses prédécesseurs le poids de ses propres fautes ou de celles de son parti.

Avant donc d'étudier les mesures financières qu'eut à prendre le Gouvernement Provisoire, il faut faire le bilan de la situation que l'administration ancienne lui léguait. Que le crise de 1848 ait été une des plus critiques de celles par lesquelles passèrent les finances françaises, — la plus critique depuis 1795 — tout le monde est d'accord sur ce point. La difficulté est de déterminer la part de responsabilité de chacune des parties en cause, et pour dégager celle des ministres de Louis-Philippe, d'établir avec précision les charges dont, au 24 février, le Trésor était grevé.

On trouve des renseignements détaillés sur cette situation financière dans deux rapports de Garnier-Pagès, celui du 9 mars au Gouvernement Provisoire et celui du 8 mai à l'Assemblée Nationale,—et surtout dans le rapport déposé le 26 avril 1849 sur le bureau de l'Assemblée Nationale par Ducos, rapporteur de la commission chargée de la vérification des comptes du Gouvernement Provisoire. A côté de ces sources officielles, auxquelles il faut joindre pour les contrôler les comptes généraux des finances et les rapports de la Cour des comptes sur exercices clos, on ne peut négliger quelques opuscules comme ceux de Lacave-Laplagne ou de Dumon, les deux derniers ministres des finances du règne de Louis-Philippe, ou comme le traité du duc d'Audiffret sur la crise financière de 1848 : ceux-ci tendent tous, en raison de préférences politiques bien avouées de leurs auteurs, à rejeter sur le Gouvernement Provisoire toute la faute de la crise ; mais ils sont, sous cette réserve, une source précieuse de documentation.

Le règne de Louis-Philippe avait été ce que dans l'histoire officielle on convient d'appeler un règne heureux. L'interminable campagne d'Algérie, occasion de prouesses flatteuses pour ceux qui y conquéraient galons et renommée, avait été trop lointaine pour inquiéter l'opinion publique ; et Louis-Philippe n'avait pas fait d'autre guerre, avait même su éviter sagement le conflit de 1840. Soucieux de sa popularité auprès de son corps électoral, la seule classe bourgeoise, il n'avait ni augmenté les impôts directs, ni surtout converti la rente qui avait fortement dépassé le pair : en revanche il était resté indifférent, sinon hostile aux protestations des masses que l'industrialisme concentrait dans les grandes villes et qui y prenaient conscience de leur force à la fois et de leur sort misérable. Mais cela encore était de la politique électorale, car de parti pris le gouvernement ne recherchait l'approbation que de ceux à qui il avait dit : « Enrichissez-vous », sans s'apercevoir qu'à tant flatter la mollesse de l'égoïsme, il étouffait à l'avance toute flamme de dévouement chez ceux qui, aux heures de crise, auraient pu le défendre.

« Enrichissez-vous ». La bourgoisie s'était beaucoup enrichie, de la meilleure façon et de la pire, en fournissant ses capitaux aux entreprises industrielles, orientées par de précieuses découvertes scientifiques vers des voies nouvelles, riches, semblait-il, de promesses, et aussi en spéculant à la Bourse, où l'agiotage sévissait. Le gouvernement n'était pas resté en arrière ; il avait lui-même orienté les capitalistes vers les affaires industrielles — et ce n'est pas un reproche à lui faire, sous cette seule réserve qu'il ne les mit pas assez en garde contre des placements aventureux. Lui-même avait donné l'exemple en entreprenant les grands travaux publics des programmes de 1841 et 1842. En cela, il ne faisait d'ailleurs que suivre l'exemple des autres gouvernements d'Europe et il faisait œuvre utilement nationale. Mais le budget s'en était trouvé lourdement grevé.

A aucun prix le gouvernement n'avait voulu demander

à l'impôt même une partie des sommes nécessaires à ces dépenses nouvelles, ni à l'impôt direct, parce qu'on ménageait obstinément les classes moyennes, ni à l'impôt indirect, parce qu'on ne pouvait s'adresser aux classes populaires dont on méconnaissait les revendications. L'emprunt devait supporter toute la charge, aussi bien sous forme de dette consolidée que de dette flottante ou d'engagement à l'avance des ressources de l'amortissement. C'est un système qu'on peut critiquer, mais qu'on a été obligé d'admettre en fait, que de rejeter sur les générations futures, et pour bien longtemps, la charge de dépenses qui leur profiteront sans doute, quoiqu'en général pour moins de temps qu'on n'imagine ; mais il doit être subordonné à une scrupuleuse exactitude dans l'établissement des budgets ordinaires — et nous verrons que les derniers budgets de la monarchie se sont tous réglés en déficit. De sorte qu'en fin de compte le crédit seul assurait l'exécution de toutes les dépenses votées.

Or depuis 1846 on était entré en période de crise. Par suite d'une très mauvaise récolte, l'importation d'une grande quantité de grains étrangers avait raréfié le numéraire ; pendant ce temps les valeurs industrielles, lancées en trop grand nombre sur le marché, ne trouvaient plus de capitaux disponibles. Du 1er juillet 1846 au 1er janvier 1847 l'encaisse de la Banque de France avait diminué de 172 millions, et la Banque, qui augmentait d'ailleurs de 1 o/o le taux de son escompte, devait négocier à Londres un emprunt de 25 millions en lingots. Le crédit général s'était fatalement ressenti de ce resserrement de l'escompte et les valeurs industrielles, artificiellement majorées, s'étaient dépréciées en proportion inverse.

Au début de 1847, le blé s'était vendu en moyenne 29 fr. 72 l'hectolitre, et ce prix de disette avait provoqué des émeutes paysannes, presqu'un commencement de jacquerie, à Buzançais, dans l'Indre. Au printemps la hausse s'était même accentuée et, la spéculation aidant, on avait vu s'établir de vrais prix de famine, arrivant à dépasser 40 francs.

Dès la discussion du budget de 1847, les dépenses ayant été fixées à 1.610.004.076 francs, on dut avouer un déficit probable de 243.106.566 francs ; aussi Dumon, qui depuis le 10 mai 1847 avait succédé à Lacave-Laplagne comme ministre des finances, demanda-t-il l'autorisation de contracter un emprunt de 360 millions. On le lui accorda par la loi du 10 novembre 1847 ; ce devait être la dernière opération financière de la monarchie.

Le début de la session de 1848 fut consacré dans les deux Chambres à la discussion de l'adresse. Voici, en ce qui concerne l'état des finances, les termes proposés par le ministère au vote des députés et des pairs (§ 2 de l'adresse. *Moniteur* du 24 janvier). « Sire... notre concours vous est « assuré pour mener à fin les grands travaux publics que « nous avons entrepris. Il importe à la puissance et à la « prospérité du pays, au développement de notre industrie « et au progrès de notre agriculture que cette grande « œuvre s'accomplisse. Mais tout en continuant à lui consa-« crer de suffisantes ressources, nous veillerons avec une « économie de plus en plus sincère à maintenir nos bud-« gets dans les prévisions sur lesquelles repose l'avenir

« de nos finances et à rétablir enfin cet équilibre complet « et réel dans les recettes et les dépenses, première condi- « tion de la force et de la sécurité d'un Etat. »

Il y avait sous cette formule optimiste une vraie condamnation du passé, et les orateurs qui se succédèrent à la tribune ne se firent pas faute de la relever. Tous furent sévères : « Notre situation financière, disait Léon Faucher, « préoccupe tous les esprits ; elle est peut-être plus grave « que notre situation politique. C'est le même relâchement « dans l'administration. C'est le même désordre dans les « faits... Voilà nos finances engagées pour huit ans, et c'est « l'hypothèse la plus favorable. Toute favorable qu'elle est, « elle a de quoi effrayer les esprits sérieux. Nous ne nous « sommes pas trouvés depuis longtemps dans une situa- « tion si périlleuse. » Thiers n'était pas plus rassurant : « Je définis la situation : un budget ordinaire de 1.400 mil- « lions que vous ne pouvez solder avec les ressources or- « dinaires et que vous soldez avec les ressources de l'amor- « tissement, et un budget extraordinaire de 140, 150 ou « 170 millions que vous payez avec les ressources futures « de l'amortissement, lesquelles n'existent pas encore, en « attendant, avec la dette flottante et, quand la dette flot- « tante est trop chargée, avec un emprunt, comme l'an « dernier... Vous vous demandez pourquoi depuis dix-huit « mois toutes les valeurs sont dépréciées. C'est que les ca- « pitaux, par l'abus qu'on en a fait, sont devenus rares : ils « manquent non seulement aux travaux publics, mais à « la société et à l'industrie. Vous avez tout voulu faire à la « fois : vous n'en avez pas la puissance, quelle que soit « votre confiance. » Le texte proposé n'en fut pas moins voté.

Mais on voit qu'à la veille de la Révolution on constatait officiellement l'état de malaise dans lequel se trouvaient les finances publiques.

Il faut maintenant reprendre les pièces du procès et analyser la situation financière en ses divers éléments.

Dette consolidée.

Dans son rapport du 9 mars, Garnier-Pagès dit : au 1er janvier 1841, le capital de la dette publique, déduction faite des rentes appartenant à la caisse d'amortissement, était de. . . . . 4.267.315.402 francs.
et au 1er janvier 1848 de . . . 5.179.644.730 —
soit une différence de 912.329.328 francs, dont en pleine période de paix se serait accru le chiffre de la dette.

Cette date de 1841, que d'autres aussi, comme Lacave-Laplagne ou d'Audiffret-Pasquier, ont prise comme terme de comparaison, s'explique. Elle marque l'apogée du règne de Louis-Philippe, l'époque où est close l'ère des complots et où l'Entente Cordiale va permettre de moins redouter les complications extérieures, l'époque aussi où le ministère Guizot oriente le pays vers la politique des grands travaux publics et des spéculations financières.

Il est bon toutefois, pour plus d'équité, d'indiquer le montant de la dette au début du règne, et voici ce qu'elle était au 31 juillet 1830, déduction faite des rachats de la caisse d'amortissement.

	Capital	Arrérages
5 o/o.	2.523.715.929	126.685.796
4 1/2 o/o . . .	22.837.688	1.027.696
4 o/o.	60.900.000	2.436.000
3 o/o.	1.136.113.968	34.083.419
	3.743.567.585	164.232.911

Et voici, d'après le compte général de 1840, l'état de la dette au 1er janvier 1841.

5 o/o.	2.691.300.380	134.565.019
4 1/2 o/o . . .	19.895.600	895.302
4 o/o.	165.277.675	6.611.107
3 o/o.	779.737.566	23.392.127
	3.656.211.221	165.463 555

C'est dire que pendant cette première partie du règne le capital nominal de la dette avait baissé :

Au 1er janvier 1848, d'après le compte des finances de 1847, celle-ci était passée à

5 o/o.	2.684.172.260	134.208.613
4 1/2 o/o . . .	19.895.600	895.302
4 o/o.	262.033.150	10.481.326
3 o/o.	987.984.900	29.639.547
	3.954.085.910	175.224.788

Cela fait une assez forte différence avec les chiffres donnés par Garnier-Pagès (4.267.315.402 francs et 5.179.644.730), mais qui s'explique si l'on constate que Garnier-Pagès comprend dans son total les emprunts spéciaux pour canaux et ports, les capitaux de cautionnement et surtout le gros chiffre de la dette flottante. Or d'après les comptes généraux des finances, le total de ces trois articles monte à 609.504.418 francs pour 1841 et 962.314.341 (l'augmentation portant sur la dette flottante), et donne alors les résultats de 4.265.795.639 francs de capital pour 1841, et 4.916.401.251 pour 1848, soit une augmentation de charge en ces sept années de 650.605.612 francs.

Garnier-Pagès avait donc commis une erreur matérielle en évaluant dans son premier rapport cet écart à 912 millions ; comme il ne donne pas le détail de ses chiffres, on ne pourrait que faire des suppositions sur la raison de son erreur. Car même en admettant qu'il ait compris dans ses calculs la totalité de l'emprunt, contracté le 10 novembre précédent, et dont les versements devaient s'échelonner encore sur toute l'année 1848, on ne peut arriver à un résultat qui concorde avec le sien.

Retenons donc simplement qu'en sept ans le capital de la dette consolidée s'était accru de 300 millions, et si l'on songe à l'impulsion économique donnée, aux grands travaux publics entrepris, cela n'apparaîtrait pas exagéré, si par ailleurs des engagements moins apparents, mais plus périlleux pour le Trésor, n'avaient été contractés.

Reste un mot à dire sur le dernier emprunt de la monarchie : la rareté du numéraire et l'avilissement des valeurs de crédit, à la suite de la crise économique et agricole de 1846, avaient amené le gouvernement à s'inquiéter de la charge trop lourde des engagements du Trésor, et l'emprunt autorisé par la loi du 10 novembre 1847 ne devait avoir d'autre but que de consolider une partie de la dette flottante. L'opération se présenta ainsi : une négociation de 9.966.777 francs de rentes 3 o/o fut faite au cours de 75 fr. 25 pour un capital réel de 250 millions, ce qui portait le capital nominal à 333.225.896 fr. ; en même temps on se réservait de compléter l'opération en inscrivant au Grand Livre 100 millions de fonds versés par les caisses d'épargne, et que les dépenses de l'Etat avaient absorbés ; l'emprunt était réalisable en 25 mois jusqu'au 7 novembre 1849.

L'opération n'était pas heureuse ; c'est d'abord une dangereuse méthode financière qu'emprunter à un taux faible, très au-dessous du pair, puisque c'est tuer pour l'avenir toute chance de conversion ; ensuite c'était faire l'aveu d'un crédit bien ébranlé, qu'accepter de recevoir 75 fr. 25 d'un effet qu'on avait négocié le 9 décembre 1844, lors du précédent emprunt, à 84 fr. 75.

Quand la révolution éclata, une quarantaine de millions seuls étaient rentrés et les souscripteurs se refusèrent à continuer leurs versements. Ici, les défenseurs de l'ancien régime se retournent contre Garnier-Pagès : pourquoi faire retomber sur nous la responsabilité totale de cet emprunt, alors qu'en fin de compte il n'a grevé la dette que pour 40 millions ? Il y a une part de vérité dans cette remarque, mais de vérité théorique. Car la négociation de l'emprunt étant achevée, tout son effet aussi bien financier que moral était déjà produit. Les cours des rentes s'étaient alourdis d'autant, le peu de crédit dont disposait l'Etat avait apparu à tous les yeux, et les possibilités d'emprunter pour l'avenir avaient, elles aussi, diminué. Et le nouveau ministre des finances, qui ne put tirer aucun parti d'un emprunt presque mort-né, voyait pourtant son crédit paralysé par lui.

Dette flottante.

Le rapport de Ducos (26 avril 1849) évalue la dette flottante au 24 février 1848 à 960 millions ; Garnier-Pagès, dans son rapport du 9 mars, donne le chiffre de 872 millions, mais se rallie, dans son *Histoire de la Révolution*, au chiffre de Ducos qu'on peut donc adopter comme base. En voici le détail :

1° Effets à payer :	
Bons du Trésor.	318.292.200
Traites du caissier du Trésor sur lui-même.	35.006.300
Effets divers	7.198.700
2° Créances passives :	
Communes et établissements publics .	137.662.400
Divers corps de troupe de la guerre et de la marine	6.001.300
Caisse des invalides de la marine	3.999.900
Caisse des dépôts et consignations sur comptes-courants.	23.178.100
Caisse des dépôts et consignations sur compte de fonds de caisse d'épargne .	65.243.000
Correspondants divers	3.648.700
3° Avances des receveurs généraux. . .	59.146.000
4° Bons du Trésor affectés à l'amortissement	11.610.900
5° Fonds des caisses d'épargne placés en rentes et valeurs.	289.384.096
Total	960.371.596

960 millions de dette flottante représentent une lourde charge (elle avait surtout son origine dans les travaux extraordinaires votés par les lois de 1841 et 1842 et qui n'avaient pu s'effectuer jusqu'alors avec les ressources prévues par ces lois spéciales). Or il y a une double raison de redouter l'engorgement de la dette flottante : c'est d'abord une charge éventuellement remboursable pour le Trésor et qui, en période de crise, peut lourdement peser sur lui. Mais surtout il faut songer qu'en faisant appel aux capi-

taux flottants, et en leur offrant un placement que les courts délais de remboursement rendent très tentant, on retire ces capitaux de la circulation, alors qu'ils y sont nécessaires ; car c'est avec eux que se soldent, en fin de compte, les papiers de commerce et on ne peut se passer de leur secours aux époques d'échéance difficile.

Mais quand Garnier-Pagès, dans son *Histoire de la révolution* (t. IV, p. 3), parle de 960 millions « exigibles », son expression dépasse la vérité. Avec grande raison, Ducos, dans son rapport, distingue les sommes dont le Trésor est débiteur à découvert et celles dont il est seulement garant.

Pour les 355 millions des caisses d'épargne, par exemple, 65 seulement étaient placés en compte courant au Trésor : le reste, 289 millions, était représenté par des rentes ou valeurs d'Etat dont l'arrérage était affecté au service des caisses d'épargne, les titres étant gardés à la Caisse des dépôts et consignations. Sans doute — et l'exemple le prouva — cela même peut créer une situation délicate au ministre des finances, qui, appelé en période de crise à rembourser les fonds de caisse d'épargne, n'a en caisse que des titres que cette crise déprécie de plus d'un tiers et qu'il ne peut porter sur le marché sans accélérer encore la chute des cours. Mais c'est un inconvénient inhérent au système même des caisses d'épargne dont le gouvernement doit servir les intérêts : à toute époque le danger reste le même.

Mais, ceci dit pour les caisses d'épargne, des 650 millions restants, tout n'était même pas exigible. Les comptes courants des communes s'entretiennent perpétuellement et sont peu sujets à remboursement inopiné ; une simple comparaison le prouve : au 1er janvier 1848, le chiffre de ce compte était de 137.662.400 francs, et au 1er mai de la même année, de 134.467.800 ; la différence est minime. Quant aux avances des trésoriers généraux, il dépend de l'autorité du ministre des finances de les garder à sa disposition.

Restent les 318 millions de Bons du Trésor ; mais ceux émis depuis le 1er janvier n'étaient remboursables qu'en 1849, et le remboursement de ceux de 1847 devait s'échelonner régulièrement tout au long de 1848.

Réduite à ces proportions, la situation apparaît moins tragique, surtout moins immédiatement désespérée, que ne l'a peinte Garnier-Pagès. Ce qui ne signifie pas qu'elle ne fût pas grave. Si les 960 millions n'étaient pas en totalité exigibles, ils n'en restaient pas moins dus et paralysaient, même en période normale, le crédit de l'Etat ; qu'une crise survînt, c'était l'effondrement fatal de ce crédit. Sur un corps bien portant, le surmenage peut rester sans danger ; mais qu'un germe de maladie se développe, l'organisme usé n'oppose plus de résistance.

Or la charge imposée à la dette flottante n'était pas la seule imprudence financière du gouvernement de Guizot ; par ailleurs aussi les ressources de l'avenir étaient taries.

Équilibre des budgets.

Depuis sept ans tous les budgets de la monarchie s'étaient réglés en déficit. En 1829 le chiffre des dépenses montait à 993.396.000 francs et la loi de finances votée le 8 avril 1847 prévoyait pour le budget de 1848, 1.361.681 670. francs de crédits. Non seulement cette différence de 400 millions avait été absorbée par les budgets ordinaires, mais elle s'était trouvée insuffisante, à partir de 1840, à raison des découverts successifs qui se montèrent

pour le budget de 1840 à	138.004.529	francs
— 1841 à	18.694.406	—
— 1842 à	108.612.172	—
— 1843 à	39.826.738	—
— 1844 à	181.531	—

Seul le budget de 1845 avait eu un excédent de recettes de 4.535.229 francs qui avait été reporté à l'actif du budget de 1846,

pour le budget de 1846 à	58.284.899	—
— 1847 à	105.603.481	—
	469.207.756	—

Ces découverts avaient été réglés au moyen des fonds libres de l'amortissement — et il faut ici ouvrir une parenthèse pour expliquer quel était alors le système d'amortissement légal.

La loi de finances du 28 avril 1816, qui a dominé jusqu'en 1871 toute la politique de l'amortissement, avait créé une caisse d'amortissement avec dotation annuelle de 20 puis de 40 millions (L. du 25 mai 1817). Avec le produit de cette dotation on devait racheter, au cours de la Bourse, des rentes qui resteraient immobilisées au nom de la Caisse d'amortissement, et dont les arrérages serviraient à racheter de nouveaux titres. Une loi du 1er mai 1825 avait décidé, il est vrai, que le rachat ne pourrait fonctionner que pour les rentes tombées au-dessous du pair, et que les rentes rachetées à dater de la nouvelle loi, au lieu d'être immobilisées, seraient annulées au profit de l'Etat.

Quand le gouvernement de Juillet vint au pouvoir, il voulut d'abord revenir à l'ancien système d'immobilisation. Mais cela eut un résultat désastreux ; les budgets étant déjà déficitaires, l'Etat pour les régler était amené à emprunter du nouveau 5 o/o au taux de 84, alors qu'aux termes de la loi d'amortissement il rachetait et immobilisait du 5 o/o ancien à 89 fr. 54.

Intervint alors la loi du 10 juin 1833 qui posa les principes encore en vigueur en 1848. La dotation annuelle était à ce moment de 44.616.463 francs (on avait décidé de l'augmenter dans la proportion de 1 o/o du capital des nouveaux emprunts) et le chiffre des rentes immobilisées montait à 50.675.253 francs. Cette loi de 1833 répartissait les ressources de toute nature de l'amortissement entre les quatre types de fonds publics, proportionnellement à leur capital, de la façon suivante :

	Dotation	Rente
5 o/o	32.035.779	13.184.199
4 1/2 o/o.	246.254	101.345
4 o/o	821.439	338.060
3 o/o	11.512.991	4.738.126
	44.616.463	18.361.730

Or, comme les rentes n'étaient pas rachetables au-dessus du pair, toutes les ressources affectées à certains fonds allaient devenir disponibles ; ces ressources devaient servir à constituer une réserve en bons royaux, gage des créanciers, en attendant le jour où les fonds retomberaient au-dessous du pair, ou celui où une loi spéciale autoriserait le remboursement du capital.

Le 5 o/o était déjà au-dessus du pair ; le 4 1/2 o/o et le 4 o/o y parvinrent en 1842 et s'y maintinrent ; et comme le gouvernement n'insistait guère, lorsque la Chambre des pairs en repoussait le principe, sur la nécessité de convertir les types de rente qui dépassaient le pair, il s'assura ainsi les sommes nécessaires à solder les découverts de ses budgets. C'est ainsi que du 1er juillet 1833 au 31 décembre 1846 on racheta seulement

pour	34.198	francs de rente	5 o/o
»	38.370	»	4 1/2 o/o
»	335.799	»	4 o/o
»	11.584.983	»	3 o/o

Autant dire que l'amortissement ne joua effectivement que sur le fonds 3 o/o et que la dotation des autres fonds fut réduite au rôle de caisse où le Trésor puisait pour ses besoins budgétaires. Nous avons vu que de 1840 à 1847 le total des découverts était monté à . . 469.207.756 fr.
qui furent comblés par les ressources de l'amortissement jusqu'à concurrence de 444.301.890 »
de sorte qu'il ne restait à la charge de la dette flottante que . . . . 24.905.866 »

Mais ce qui est plus grave, c'est qu'à défaut de leur emploi naturel (le rachat des rentes), on avait spéculé sur une autre utilisation des ressources de l'amortissement. Et c'est ici qu'apparaît la plus grosse imprudence financière du gouvernement de Juillet.

Ressources extraordinaires pour travaux publics.

On sait tout le développement donné par le gouvernement de Louis-Philippe à la politique des travaux publics ; de grandes lois avaient été votées en 1837 pour la réparation et la construction des routes nationales, pour la navigation intérieure (cours de rivières à aménager, canaux à tracer), pour l'amélioration des ports; en 1841, après la crise extérieure de 1840, pour mettre en état les fortifications militaires ; en 1842 surtout pour créer des lignes de chemins de fer. Or ces lois rejetaient les dépenses annuelles de ces travaux, provisoirement sur la dette flottante, et définitivement sur les fonds de réserve de l'amortissement qu'on aurait consolidés.

C'est ainsi que jusqu'en 1841 les fonds d'amortissement avaient couvert jusqu'à concurrence de 182.229.501 francs les dépenses de travaux publics. Mais nous avons vu qu'à partir de 1841 les réserves de l'amortissement furent absorbées annuellement par les découverts des budgets.

	Francs
Or la loi du 25 juin 1841 avait engagé des dépenses pour	496.821.400
et celle du 11 juin 1842, pour . .	1.013.375.378
Soit un total de	1.510.196.778

Sur ce milliard et demi, 900 millions à peu près de travaux avaient été exécutés en 1848. Comme les ressources de l'amortissement n'avaient pas été libres, il avait fallu recourir à l'emprunt.

Celui de 1842 avait produit 450 millions ; celui du 11 novembre 1847 en aurait produit 250 s'il avait été soldé ; les bons du Trésor avaient fourni le surplus.

Mais il restait au début de 1848 pour 570 millions de travaux à exécuter et déjà engagés en vertu des lois de 1841 et 1842 ; quelles seraient les ressources correspondantes ? On n'avait trouvé rien de mieux que d'hypothéquer les ressources de l'amortissement pour une période présumée égale à celle de l'achèvement des travaux publics, jusqu'en 1859. Mais qui ne voyait que c'était une ressource fictive ?

Ce qu'on pouvait faire en 1841, alors que le déficit ne présidait pas chroniquement à l'exécution des budgets, on ne le pouvait plus en 1848 où la preuve était faite d'une dangereuse gestion financière. Pouvait-on concevoir seulement l'hypothèse pratique où tous les budgets de 1848 à 1859, tous sans exception, se seraient réglés correctement ? Sans oublier qu'il fallait encore se réserver le moyen de servir les intérêts et amortissements des emprunts de 1842 et 1847, assurer le service de la consolidation de la réserve et payer les intérêts de la dette flottante engagée ! Et que serait-il arrivé si les fonds d'emprunt tombant au-dessous du pair (comme ce fut le cas après février), les réserves de l'amortissement eussent été rendues à leur destination légale, seule hypothèse qu'on ne prévît pas ? Ou si l'opinion passionnée pour les affaires, avait exigé un programme de travaux publics plus vaste encore ? Ou si en cas de crise commerciale, les prêteurs n'avaient plus pu, ou plus voulu porter leurs capitaux à une dette flottante démesurément grossie ? De tout côté on se heurtait à des impasses.

Budget de 1848.

Ce n'était pas d'ailleurs le budget de 1848 qui devait clore l'ère des déficits. Voici les paroles que prononçait le 3 janvier 1848, Dumon, ministre des finances en présentant un projet de crédits supplémentaires pour les exercices 1847 et 1848 : « L'exercice 1848 ne fait que s'ouvrir. Il est impossible d'en prévoir le résultat ; toutefois on ne peut se dissimuler les probabilités d'un découvert. Le budget a été voté avec un excédent de recettes de 9.296.240 francs : mais les lois spéciales de crédit ont réduit cet excédant à 4.911.640 francs. 1848 supportera les derniers effets de la caisse commerciale de 1846. Déjà dans la session dernière nous reconnaissions qu'on pouvait craindre un découvert de 30 millions. Il faut y joindre la charge additionnelle de 13 millions par le fait de l'emprunt du 8 août 1847. Aujourd'hui nous portons, dans la situation provisoire, le découvert probable à 48.065.000 francs. »

Mais le déficit ne devait pas se borner là. Le 8 mai, en déposant son rapport à l'Assemblée nationale, Garnier-Pagès affirmait qu'en se plaçant à la date du 24 février, on pouvait déjà prévoir pour le budget un excédent de dépenses de 76 millions, et le rapport de Ducos l'année suivante confirmait ce chiffre, pièces comptables à l'appui. En voici le détail d'après le rapport Ducos.

I. — *Dépenses.*

Dépenses prévues par la loi du 8 avril 1847	1.361.681.670
A reporter	1.361.681.670

Report.	1.361.681.670
Lois spéciales votées en dehors de la loi de finances.	4.384.700
Crédits complémentaires (loi du 3 janvier 1848)	22.977.237
Dépenses connues et non comprises dans la loi des crédits supplémentaires.	31.200.000
Report de crédits provenant de 1847 non compris dans la loi de crédits supplémentaires, et qui restaient à demander sur l'exercice 1848 pour croisière d'Afrique, construction de paquebots de poste, restitution de produits indirects et de produits d'amende	4.385.808
	1.424.629.415

II. — *Recettes.*

Recettes prévues par la loi du 8 avril 1847		1.370.978.010
A déduire : Excédent d'évaluation ainsi qu'il résultait des faits constatés au dernier budget :		
Droits de douane à l'importation des marchandises.	11.575.000	
Produit des forêts. . .	7.604.000	
Recettes de l'Algérie . .	5.000.000	
A reporter. . .	24.179.000	

Report	24.179.000	1.370.978.010
Bénéfices de la Caisse des dépôts et consignations.	200.000	
	24.379.000	
A déduire de ce chiffre : plus-value résultant de l'établissement des rôles pour les contributions directes de 1848. . . .	1.473.325	— 22.905.675
	22.905.675	
Total.		1.348.072.335

Le déficit était donc au 24 février de :

Dépenses	1.424.629.415
Recettes.	1.348.072.335
	76.557.080

Telle était donc la situation financière quand le gouvernement du roi dut céder la place au parti républicain. Le résultat du bilan était de nature à inquiéter.

La dette publique s'était accrue sans qu'en période de paix, on ait eu le courage de convertir des fonds parvenus au-dessus du pair, ni pu, à cause de la loi de 1833, consacrer à l'amortissement les ressources mises chaque année à la disposition de la caisse créée en 1816 ; le double inconvénient en découlait de donner l'illusion qu'on faisait tout son devoir en amortissant, ce qui était faux, et de dispenser le gouvernement de toute sincérité budgétaire, puisqu'il savait pouvoir combler à coup sûr des déficits trop prévus. Des dépenses étaient engagées pour l'exécution d'un énorme programme de travaux publics, sans qu'on prévît d'autre ressource que ces mêmes fonds d'amortissement, qui s'épuisaient par ailleurs, et qui devenaient ainsi bons à tout, sauf à amortir quelque dette que ce fût. Le crédit public auquel on avait fait appel en 1847 s'était montré si défiant qu'il eût été désastreux, pour le prestige de l'Etat, de faire à nouveau appel à lui. La dette flottante sur laquelle retombait en fin de compte la charge des budgets extraordinaires, était si lourdement grevée qu'on pouvait se demander si ce n'était pas un ressort arrivé à sa limite de tension. Enfin, trois jours après l'ouverture de l'exercice, on pouvait déjà prévoir pour le budget 30 millions de déficit. Et les Cassandre ne manquaient pas dès le début de la session de 1848, pour dénoncer le péril de cette situation.

Est-ce à dire, comme le fit Garnier-Pagès le 9 mars, que la banqueroute était imminente ? L'impartialité historique, qui nous est plus facile qu'à Garnier-Pagès, oblige à répondre non. Un pays dont la richesse était aussi solidement assise que celle de la France, ne fait pas banqueroute parce que sa dette commence à lui peser, que ses engagements à court terme sont plus forts que de raison ou que des travaux dispendieux, mais utiles d'ailleurs à la prospérité actuelle et future de la nation, ont été entrepris avec le seul gage de ressources fictives. Dès le début de 1848, si le gouvernement de Louis-Philippe avait réellement voulu trouver la solution de ces difficultés, il l'aurait pu sans trop de peine ; il n'aurait eu qu'à s'adresser à l'impôt pour solder ses dépenses futures de budgets extraordinaires et à consolider l'arriéré de sa dette flottante, — bref à faire ce que, dans des conditions bien plus désastreuses, dut tenter Garnier-Pagès. Le grand tort de la monarchie de Juillet avait été de ne vouloir augmenter à aucun prix le chiffre des impôts ; c'est ce qui avait causé les embarras toujours croissants des dernières années et les aurait encore augmentés par la suite, si la même ligne de conduite avait été tenue. Mais c'était un danger qui avait son remède, et les ministres de Louis-Philippe auraient pu l'appliquer.

Il ne pouvait donc être question de banqueroute, et Garnier-Pagès exagérait. Mais il faut songer quel était son état d'âme lorsqu'il prononçait ces paroles. Il venait d'accepter avec un réel courage civique la direction peu enviable des finances de l'Etat ; il trouvait le Trésor presque vide, des charges très lourdes, et en période de crise aiguë, au milieu d'obstacles qui semblaient renaître les uns des autres, à peine écartés, il était devenu solidaire de fautes qu'il n'avait pas commises.

Car même en période normale, on se trouvait en face d'une situation financière gâchée ; en usant jusqu'à l'abus de tous les moyens de trésorerie qui permettent d'engager des dépenses sans ressources correspondantes, en tarissant pour des besoins normaux les sources qui doivent alimenter le Trésor dans les cas exceptionnels, les ministres de Louis-Philippe avaient sacrifié tout un avenir qui ne leur appartenait pas. Et de Lasteyrie prévoyait bien toute la détresse qui résulterait d'une situation de crise, lorsqu'il insistait le 3 janvier 1884 sur ce qu'avait de paradoxal l'optimisme officiel. « Je ne puis appeler un plan de finances cette hypothèse mensongère.... qui consiste à supputer en combien d'années on pourra liquider nos finances, à la condition que le budget ordinaire sera toujours en équilibre (il ne l'a été qu'une fois depuis dix ans), à la condition qu'il n'y aura aucune nouvelle dépense, ce qui est impossible — à la condition que tous les devis auront été exacts ; vous savez que cela n'est pas — enfin à la condition qu'il n'y aura désormais ni mauvaise récolte, ni inondation, ni pluie, ni vent, ni soleil, ni aucun événement, c'est-à-dire à la condition de l'impossible. »

Ce fut la condition la moins prévue qui se réalisa. Au matin du 24 février, Louis-Philippe s'enfuyait de Paris grondant d'émeute et, le soir, sur la place de l'Hôtel-de-Ville, la voix de tout un peuple acclamait la République.

CHAPITRE II

GOUDCHAUX, MINISTRE DES FINANCES.

Le 24 février, à trois heures de l'après-midi, dans la Chambre des députés envahie, au milieu d'une affluence tumultueuse de gardes nationaux, d'hommes du peuple en armes mêlés aux rares députés demeurés sur leurs bancs, Ledru-Rollin proclamait les noms des nouveaux membres du gouvernement : Dupont (de l'Eure), Lamartine, Arago, Garnier-Pagès, Marie, Crémieux et lui-même. Et aussitôt tous se rendaient à l'hôtel de ville, lieu traditionnel où se consacrent les révolutions victorieuses.

Réunis là, et parvenus — on sait au prix de quelles difficultés — à s'isoler pour délibérer, ils rédigèrent leurs premières proclamations — celle entre autres où il était dit « que la forme républicaine était adoptée provisoirement par le peuple de Paris et par le gouvernement », puis, sur la proposition de Crémieux, procédèrent à la répartition des ministères. Il est d'ailleurs à noter que le Gouvernement Provisoire, tel qu'il devait fonctionner ultérieurement, n'était pas encore au complet : ce n'est qu'une heure plus tard que survinrent Armand Marrast, Louis Blanc, Flocon et Albert, proclamés membres du gouvernement dans les bureaux de la Réforme et que les premiers occupants durent s'adjoindre un peu à contre-cœur, d'abord sous le titre de secrétaires, puis sans distinction de titres. Mais ceux-ci en tout cas ne participèrent pas à la nomination des ministres.

Il semble qu'il n'y ait pas eu de discussion pour le portefeuille des finances : on fit l'accord sur le nom, sitôt prononcé, du banquier Goudchaux. C'était un ami personnel de Garnier-Pagès, et il est certain que ce fut celui-ci qui le proposa au choix de ses collègues. Tous connaissaient Goudchaux, au moins de réputation, et s'inclinèrent devant l'autorité de son nom. Quant à lui, prévenu dans la nuit, il n'accepta qu'à contre-cœur et par sentiment du devoir, ce poste dont il pressentait les difficultés ; encore mit-il à son concours la condition qu'il n'était que provisoire.

Michel Goudchaux était un banquier israélite très favorablement connu sur la place de Paris pour sa parfaite probité, l'importance de sa clientèle et la bonne réussite de ses affaires. Ses tendances philanthropiques l'avaient poussé à l'avant-garde de la bourgeoisie libérale et en avaient fait un de ces républicains de principe qui furent assez surpris, en février 1848, de voir se réaliser un idéal qu'ils ne voyaient, peut-être n'espéraient, que dans le lointain. Introduit au *National*, il y avait traité avec autorité de sujets financiers et de la question à la mode des rapports du capital et du prolétariat ; mais il était demeuré obstinément fidèle au libéralisme économique et il avait âprement combattu au *National* quand il les avait entendu soutenir les théories de Buchez sur l'association et surtout celles de Louis Blanc, l'« organisateur du travail ». Il avait l'intelligence droite, mais avec des œillères, des intentions excellentes, mais incapables de s'adapter aux circonstances ; avec beaucoup de courage pour appliquer ses idées, il s'affolait à la seule pensée qu'une initiative plus hardie pût lui faire dépasser le but fixé. « Il se posait au milieu des événements, dit Hippolyte Castille, avec la raideur d'un chiffre et voulait que rien ne vînt déranger les colonnes de son addition. » Bref, le caractère le moins fait pour prendre le pouvoir en période révolutionnaire, où il faut nécessairement savoir faire la part du feu. Peut-être même n'aurait-il pas accepté le ministère qu'on lui offrait, s'il avait su dès l'abord que Louis Blanc ferait partie du gouvernement ; mais il ne l'apprit que le lendemain matin en arrivant à l'Hôtel de Ville, et ce fut même l'occasion d'une scène très vive où il fallut les instances de son ami Garnier-Pagès pour l'empêcher de revenir sur son acceptation de la nuit. D'ailleurs la nouvelle de sa nomination fut favorablement accueillie, surtout dans les milieux financiers où elle apparut un sûr garant que la politique financière ne serait pas une politique d'aventures,

Mis en présence de la situation financière, Goudchaux trouva que le Trésor contenait, au 25 février au matin, une somme de 192 millions ; encore sur ce chiffre n'y avait-il que 135 millions en numéraire, dont 127 millions à la Banque ; les 57 millions restants étaient en valeurs de portefeuille à échéance variable, mais sur lesquelles en période critique il était imprudent de compter ; le semestre de rente 5 o/o à payer en mars, montait à 73 millions. Or les dépenses courantes étaient d'environ 125 millions par mois.

Il y avait de quoi effrayer un esprit très résolu. Nous avons vu que par les imprudences du gouvernement tombé, le nouveau ministre des finances ne pouvait user du crédit. La dette flottante surchargée, menacée de voir les capitalistes exiger le remboursement des bons du Trésor à l'heure du renouvellement, n'était d'aucun secours ; un emprunt public trop récent et consenti à des conditions déjà onéreuses, interdisait tout appel efficace aux capitaux disponibles. Et dès les premiers jours de la République, les symptômes de la terrible crise financière qui allait peser sur la France apparaissaient aux gens les moins prévenus. C'étaient les porteurs des caisses d'épargne qui se pressaient aux guichets pour obtenir le remboursement de leurs créances ; c'étaient les dépôts qui s'arrêtaient à la Caisse des consignations ; c'étaient les adjudicataires de l'ancien emprunt qui préféraient faire l'abandon du gage versé que de continuer leurs versements ; de tout côté à la fois les sources par où s'alimentait le Trésor se trouvaient taries.

Nous aurons à revenir plus longuement sur les causes et la nature de cette crise. Mais dès maintenant il faut la définir. Ce fut une crise de peur.

Sans doute la situation commerciale et industrielle, du fait de la mauvaise récolte de 1846 et des embarras qui en avaient été la suite, du fait aussi de spéculations trop aventureuses, cause de ruines inoubliées, était à tout le moins gênée ; mais elle n'était que gênée. Les affaires avaient été forcément suspendues pendant les trois journées révolutionnaires. Par malheur elles ne reprirent pas quand le calme fut rétabli. Les boutiques restèrent fermées ; dès le 25 février, on avait tenté de rouvrir la Bourse ; il y vint trop peu d'agents de change pour qu'on pût légalement reprendre les opérations. Les opérations de banque et de commerce restèrent donc suspendues. A l'échéance, on refusa le paiement des billets ; les ateliers se fermèrent. Le crédit privé n'avait pas meilleure destinée que le crédit public. Une crainte générale paralysait toute initiative.

Pourtant le triomphe n'avait pas été sanglant. Les actes de pillage avaient été rares et aussi sévèrement que vite réprimés ; les adhésions à la République avaient été spontanées et très chaleureuses dans leur forme. Les grandes banques, la Chambre et le Tribunal de commerce, les compagnies d'assurances et de chemins de fer avaient affirmé leur bonne volonté en envoyant des sommes importantes pour venir en aide aux blessés. On avait pu croire devant cet accord que les difficultés seraient aisément vaincues.

Mais ce fut la classe moyenne, la bourgeoisie, dont vite le concours manqua, sous forme de capitaux. La présence de Louis Blanc au Gouvernement Provisoire, la proclamation du droit au travail, l'installation de la commission du Luxembourg et la création des ateliers nationaux, toutes ces concessions, qui d'ailleurs furent sans efficace résultat social, au parti démocratique, semblèrent l'annonce d'une rupture de l'équilibre social. Peut-être de bonne foi, les petits propriétaires et les petits rentiers crièrent que leur capital était menacé d'expropriation, — et les écus se retirèrent de la circulation fiduciaire pour retrouver peureusement l'ancien abri de leur bas de laine. L'argent ne manquait pas, mais on le cachait. Stratégie maladroite d'ailleurs, car cette grève des capitaux déchaîna une crise dont tous les responsables furent atteints. D'ailleurs si réelle qu'ait été la peur causée par les partisans du drapeau rouge, il y avait bien aussi de la bouderie politique de la part d'une classe à qui on enlevait le pouvoir et qui n'était pas fâchée d'embarrasser le gouvernement nouveau. Elle n'y réussit que trop bien.

Car si les ressources étaient modiques, les occasions de dépense au contraire étaient infinies. Et sans parler même des illusions magnifiques qu'un triomphe presque trop aisé avait fait concevoir à la population parisienne, grisée de son jeune républicanisme, il est clair qu'au lendemain d'une révolution, il y avait de nombreuses mesures à prendre d'urgence. Secours aux blessés et aux ouvriers en chômage, réorganisation des forces de terre et de mer en vue d'une intervention de l'étranger, appui de crédit à donner au commerce et aux banques, travaux publics engagés qu'on ne pouvait interrompre sans dommage, tout s'imposait à la fois à un ministre des finances qui pouvait disposer de 72 millions en caisse.

Et les impôts ne rentraient pas. La destruction des barrières de Paris avait interrompu les recettes de l'octroi, ressource principale de la ville de Paris. Sur plusieurs points de la France les bureaux des receveurs des contributions indirectes avaient été renversés ; les percepteurs se heurtaient à des promesses dilatoires fondées sur l'absence de numéraire. Enfin c'était, de toute part, une immense poussée d'opinion contre les impôts dont la nature ou l'assiette étaient impopulaires et qu'on sommait le Gouvernement Provisoire de supprimer ou réformer sans tarder. La suppression de l'exercice, de l'impôt du sel, de l'impôt du cautionnement et du timbre des écrits périodiques, réclamée depuis longtemps par le parti républicain, paraissait s'imposer avant tout. De sorte que le ministre des finances, qui n'avait que les recettes ordinaires de l'impôt pour faire face aux dépenses ordinaires et aux dépenses extraordinaires, voyait menacées jusqu'à ces dernières ressources du Trésor, qui ressemblait, pour employer l'expression, toujours imagée, d'Hippolyte Castille, « à un cheval mort sur lequel s'abattait une volée de corbeaux ».

Mais Goudchaux était décidé à résister : défendre les ressources de l'impôt, s'opposer aux manifestations révolutionnaires qui pourraient effrayer les capitaux, ce fut toute sa politique pendant les quelques jours où il resta au pouvoir.

Le 26 février il s'opposa de toute son autorité à l'adoption du drapeau rouge ; il combattit le décret proclamant le droit au travail, comme celui qui installait Louis Blanc et Albert au Luxembourg, presque, semblait-il,en qualité de législateurs.Son échec sur ce point lui fut sensible.Son esprit pondéré et craintif de l'inconnu ne pouvait prendre son parti d'une évolution démocratique, et les députations ouvrières à l'Hôtel de Ville, les manifestations souvent trop tumultueuses, mais inévitables en un lendemain de victoire, des triomphateurs de la veille,étaient pour lui un cauchemar révolutionnaire.

Au conseil de gouvernement du 29 février, il parla avec énergie pour la défense du budget des recettes. « Je dois « insister auprès de vous de la manière la plus formelle », écrivait-il le matin même à ses collègues, « pour que le

« gouvernement ne diffère pas un moment de donner au « peuple une manifestation sur la nécessité de maintenir « jusqu'à examen ultérieur, toutes les taxes et imposi- « tions qui alimentent aujourd'hui le Trésor public. » Et il proposait à la signature de ses collègues un décret dans ce sens, y ajoutant le vœu « qu'aucune mesure concernant les finances ne fût prise sans que le ministre des finances ait été consulté.

Ce texte contient un exposé de principes important. En théorie, presque tous les membres du Gouvernement étaient partisans d'une réforme financière profonde, et l'opinion publique qui avait fait la révolution, y était fortement attachée ; d'autre part, les nécessités du moment rendaient cette réforme que l'opinion réclamait immédiate, plus impossible qu'à tout autre moment. Par l'effet même de leur victoire révolutionnaire, les républicains étaient dans la dure nécessité de devenir les conservateurs d'un état de choses qu'ils condamnaient ; situation pénible, où il fallait une grande force d'âme pour dire non aux compagnons de la veille encore tout vibrants d'espérance. Avec beaucoup de justesse le décret énonce ce pour et ce contre :

« Le Gouvernement Provisoire déclare que tout système nouveau de politique doit se résumer dans un nouveau système de crédit et d'impôt ;

« Que le système des taxes de la République française doit avoir pour objet une répartition plus équitable des contributions publiques ;...

« Qu'une des premières lois présentées à l'Assemblée Nationale sera un nouveau budget où le Gouvernement Provisoire donnera satisfaction à des vœux qu'il partage, et notamment à ce qui touche les impôts indirects, l'octroi, le timbre de la presse périodique et toutes les autres taxes qui frappent les subsistances du peuple et l'expression de la pensée..

« Mais il croit de son devoir le plus rigoureux de rappeler aux citoyens que tout système d'impôts ne saurait être décidé par un gouvernement provisoire ; qu'il appartient aux délégués de la nation tout entière de juger souverainement à cet égard ; que toute autre conduite impliquerait de sa part la plus téméraire usurpation.

« Il rappelle en outre que la République française, bien qu'elle soit héritière d'un gouvernement de prodigalité et de corruption, accepte et veut fermement tenir tous les engagements, rester fidèle à tous les contrats ;

« Qu'au milieu des difficultés passagères, inséparables de toute grande commotion, il serait de la plus haute imprudence de diminuer les ressources du Trésor ;...

« Arrête : 1° Tous les impôts sans exception continueront à être perçus comme par le passé ;

« 2° Les concitoyens sont engagés au nom du patriotisme à ne mettre aucun retard dans le paiement de leurs taxes ;

« 3° Le Gouvernement Provisoire s'engage à présenter à l'Assemblée Nationale un budget dans lequel seront supprimées les taxes sur le timbre de la presse périodique, l'octroi, le sel, et une loi qui modifiera profondément le système des contributions indirectes. »

Il y avait pourtant là une promesse imprudente. En affirmant qu'il maintiendrait en tout point le *statu quo* jusqu'à la réunion de l'Assemblée Nationale, le gouvernement engageait trop l'avenir : sans doute, il croyait cette réunion du pouvoir législatif plus prochaine que l'événement ne devait la permettre. Mais c'est le rôle d'un pouvoir dictatorial de prendre d'autorité des mesures de salut public, même en matière financière, et le Gouvernement Provisoire dut bien en venir là (1). En annonçant qu'il limitait son champ d'action, ou bien il abdiquait une partie de sa tâche, ou bien il s'exposait, pour le moment où il voudrait la remplir tout entière, au reproche d'inconséquence. Ce qui eut lieu.

A côté de ce décret de principe, Goudchaux prenait diverses mesures pour remédier au mal le plus urgent. Dès le 25 février, il décidait que « les objets engagés au Mont-de-Piété depuis le 1er février et consistant en linge, vêtements, hardes, etc... dont le prêt ne dépasserait pas 10 francs, seraient rendus aux déposants », mesure de générosité fiscale surtout destinée à donner un premier gage à l'opinion démocratique. Et comme la crise révolutionnaire avait suspendu la vie des affaires, interrompu les correspondances, retardé en fait toutes les liquidations, Goudchaux proposa par un décret du 26 mars de reconnaître en droit cet état de fait, de proroger de dix jours les échéances des effets de commerce payables à Paris du 22 février au 15 mars et de suspendre tous les protêts pour une égale période de dix jours. Deux décrets du 28 février et du 3 mars étendirent cette mesure, d'abord à la Seine-Inférieure, puis à la France entière.

Pour faciliter la liquidation de fin de mois, la Banque de France escompta dès le 26 février pour 7 mil-

(1) Conversion des bons du Trésor, cours forcé des billets de banque, impôts de 0 fr. 45, etc.

lions de valeurs : mais la Bourse n'ayant pu rouvrir, cette liquidation eut pourtant été désastreuse : les agents de change avaient donc pris, le 26, la résolution que la liquidation se ferait le 27 pour toutes les valeurs, au plus bas cours du mois (73 fr. 35 pour le 3 o/o). Devant la protestation des vendeurs à terme, privés d'un bénéfice certain, Goudchaux intervint et il fut décidé « qu'aucune opération de fonds publics ni d'actions n'avait été faite en dehors de la Bourse depuis le 23, qu'il ne serait conclu aucun marché avant que la Bourse fût rouverte et qu'il serait établi un cours de compensation pour les marchés à terme contractés pour le 29 février et le 15 mars suivant ». Et la liquidation de fin de mois fut fixée pour chaque valeur à un cours inférieur au plus bas cours du mois, 70 fr. 50 par exemple pour le 3 o/o. Mais tout cela n'était qu'expédient.

Le décret du 29 février avait été approuvé en principe, mais il n'avait désarmé aucun de ceux dont l'intérêt personnel escomptait des modifications d'impôts. Les journalistes surtout restaient intransigeants ; ils avaient annoncé la suppression de l'impôt du timbre ; ils avaient abaissé le prix de leurs journaux qu'on vendait alors pour la première fois au numéro (Emile de Girardin donnait la *Presse* pour un sou). Ils entendaient ne pas revenir en arrière.

En fait, d'ailleurs, l'impôt du timbre n'était plus payé.

D'autre part, le Gouvernement Provisoire ne pouvait se passer de la presse qui dès le premier jour lui avait accordé sa confiance : unanimement, tous les journaux, même les philippistes et les légitimistes, avaient prêché l'union, la concorde, la bonne volonté envers le gouvernement nouveau : le célèbre article de la *Presse* : « *Confiance, Confiance* », donnait le ton. Fallait-il s'aliéner ces sympathies? Mais l'impôt sur le timbre des journaux rapportait trois millions, et si l'on faisait un accroc au principe proclamé, comment résister aux autres revendications ?

Le 1er mars, à 10 heures du soir, dans les bureaux du *Courrier Français*, se réunirent les rédacteurs de la *Réforme*, de l'*Union*, de l'*Estafette*, de la *Presse*, du *National*, du *Constitutionnel*, de la *Démocratie Pacifique*, du *Courrier Français*, du *Charivari*, de la *Patrie*, du *Commerce*, du *Droit*, de la *République*, du *Représentant du Peuple*, du *Peuple Constituant* et du *Populaire* : après discussion, il fut décidé à l'unanimité, moins une voix, de faire une démarche auprès du gouvernement pour lui demander la suppression du timbre.

Le lendemain soir une délégation de journalistes fut donc reçue à l'Hôtel de Ville par Garnier-Pagès, Carnot et Pagnerre, seuls membres présents du gouvernement ; elle exposa « que la République ne pouvait imposer la pensée, que l'intérêt du public autant que celui des journalistes — qui auraient, eux, à redouter une plus forte concurrence — voulait la presse à bon marché ». Garnier-Pagès répondit par les arguments connus et qui n'avaient que trop de sens pour ceux qui avaient la charge des affaires : « ... S'il n'y avait que l'impôt du timbre qui fût lourd, pénible et dur, il n'y aurait pas la moindre hésitation ; mais il y a d'autres impôts : il y a les octrois ; il y a l'impôt sur le sel qui touche à la vie du pauvre ; et cette révolution est faite pour le pauvre et pour le peuple... La première chose qu'il faut sauver, c'est la République ; or, il ne faut pas que la crise financière, conséquence naturelle des dilapidations de l'ancien gouvernement, se prolonge. »

C'était donc un refus ; pourtant, le gouvernement, par décret du 2 mars, fit la concession suivante :

« Considérant qu'en ce qui concerne l'impôt du timbre « relatif aux journaux, lequel continuera à être perçu à « dater du 5 mars courant, il ne peut y avoir actuelle- « ment d'exception ; mais que, sans porter atteinte à ce « principe et dans un intérêt purement politique, il con- « vient d'en suspendre l'exécution au moment où le peu- « ple entier va pour la première fois exercer ses droits « dans toute leur plénitude — le ministre des finances « entendu. Arrête : L'impôt du timbre sur les journaux et « écrits périodiques sera suspendu dix jours avant la con- « vocation des assemblées électorales pour laisser aux « élections la plus grande publicité possible. »

Mais les journalistes ne se tinrent pas pour battus. Maîtres de l'opinion, ils se savaient tout puissants sur un gouvernement qui ne pouvait s'appuyer que sur l'opinion ; ils usèrent donc de leur force. Ce n'est pas une des belles pages de l'histoire de la presse ; sans doute il était désirable qu'elle s'affranchît des entraves apportées à l'expression de la pensée ; mais le moment était mal choisi, — et il n'y a qu'un mot pour caractériser le moyen employé : ce fut du chantage. Le 3 et le 4 mars les journaux de toutes nuances, le *Constitutionnel* comme la *Démocratie Pacifique*, la *Presse* comme la *Réforme*, le *Siècle* comme la *Voix des clubs*, non contents de blâmer la décision gouvernementale, étendaient leurs critiques à la politique générale ; le ton de la *Presse* était le plus caractéristique. Nul n'avait accueilli avec une confiance aussi enthousiaste qu'Emile de Girardin l'avènement du pouvoir nouveau : et voici le ton de son article du 4 avril. « Le gouvernement se compose de 11 membres : les intentions louables dont ils sont animés ne sont pas douteuses : le zèle qu'ils déploient est infatigable : si, s'étant donnés beaucoup de mal, ils n'ont pas fait encore beaucoup de bien, la cause en doit être attribuée au défaut d'unité qui paralyse ce pouvoir presque dictatorial, à la mauvaise distribution du travail... Déjà le peuple s'impatiente et dit : moins de proclamations et plus d'actes...Les membres du gouvernement, enfermés et quelque peu ahuris, ne savent guère ce qui se passe en dehors de l'Hôtel de Ville ; il importe que la vérité leur parvienne au travers de la foule qui les assiège.. »

Peut-être même y aurait-il eu des manifestations dans la rue. Quelques jours après (le 8 mars), la *Voix des clubs* disait : « Si dès le samedi matin, le Gouvernement Provisoire n'avait eu la bonne inspiration d'abroger cet impôt détestable et détesté, cent mille hommes sans armes, mais résolus, devaient se présenter dans la journée devant le Gouvernement Provisoire pour lui apporter une énergique protestation de l'opinion publique. »

Mais le gouvernement avait cédé devant cet égoïsme trop unanime ; le 4 mars, le *Moniteur* contenait la déclaration suivante : « La presse, cet instrument si puissant de « civilisation, de liberté et dont la voix doit rallier à la

« République tous les citoyens, la presse ne pouvait rester « en dehors de la sollicitude du Gouvernement Provisoire ; « résolu comme il l'est à maintenir tous les impôts pour « acquitter les engagements et assurer le service de l'Etat, « il ne pouvait considérer comme un simple revenu fiscal « une taxe essentiellement politique. Le timbre des écrits « périodiques ne saurait être continué à un moment où la « prochaine convocation des assemblées électorales exige « l'expression libre de toutes les opinions, de tous les sen- « timents, de toutes les idées... » D'où le décret :.... « 3° L'im- « pôt du timbre sur les écrits périodiques et supprimé. »

Goudchaux avait-il consenti à cette capitulation ? Ce n'est pas certain : Ce décret ne porte pas la mention qui aurait dû y figurer : « Le ministre des finances entendu », et Goudchaux avait mis à son acceptation du pouvoir la condition du maintien de tous les impôts. On est d'accord en tout cas pour reconnaître que cette abolition de l'impôt de timbre fût la cause immédiate qui brusqua son départ.

Mais auparavant il avait fait adopter une mesure assez grave. Le conseil du gouvernement réuni le 3 mars au soir avait été tragique ; sauf Flocon, tous les membres du gouvernement y assistaient. Goudchaux avait pris la parole et n'avait pas caché sa détresse ; effrayé des menaces de la rue, de l'importance que semblait prendre la commission du Luxembourg, du vide du Trésor et de la mauvaise volonté générale à payer les impôts, il cherchait une solution sans en trouver de pratique ou d'honorable. Il le dit, et son émotion même montrait assez que le danger était grave.

A cette heure, ces hommes furent très grands ; depuis

dix jours, à tout instant sur la brèche, menacés par leurs amis mêmes, sommés de réaliser sans retard à la faveur de leur dictature éphémère le programme de tout un parti, déjà désunis dans leurs tendances gouvernementales, on leur apprenait que l'argent même allait peut-être manquer pour les dépenses les plus inévitables du lendemain. Et le mot de banqueroute courait. Mais ils eurent conscience de leur mission de salut public. Aucun d'eux n'avait un grand génie d'homme politique, ni une forte expérience des affaires publiques ; ils avaient les convictions des hommes de la première Révolution, mais gardaient malgré eux quelque chose de cette mollesse caractéristique de la bourgeoisie de Louis-Philippe. Pourtant ce jour-là leur seule honnêteté, leur dévouement passionné à l'idée républicaine, dont l'espoir reposait sur eux, leur donnèrent assez de force pour résister. Ils ne voulurent pas admettre la possibilité de la défaite, et ce fut assez pour qu'avec l'aide du temps, la plus grave des situations se dénouât sans désastre irréparable.

Avant tout, Goudchaux — et ses collègues furent unanimes à l'approuver — repoussa l'idée d'une banqueroute. Paierait-t-on le 22 mars le semestre de rentes ? Le bruit courait que le gouvernement ne pourrait faire face à cette charge. Certains lui conseillaient même cette extrémité désespérée, dont il aurait pu rejeter la faute sur ses prédécesseurs. Personne n'en voulut. Et pour mieux marquer cette volonté de tenir les engagements de l'Etat, Goudchaux proposa à ses collègues d'anticiper sur l'échéance du 22 mars et de payer dès le 6 le semestre de 5 o/o. Que ce geste presque héroïque de défi à la fortune, et qui est bien un geste de 1848, ait manqué de prudence politique, c'est ce que plus tard les historiens ont sévèrement jugé, Et sans doute du 6 au 22 mars un vide de 73 millions dans le Trésor a pu avoir de fâcheuses conséquences. Mais un geste historique — même un geste financier — a une portée morale, qui ne se mesure pas mathématiquement. A une heure où de défiance les capitaux semblaient s'enfoncer sous terre, où la crainte de la banqueroute hantait tous les porteurs de rente, qui sait si cette anticipation de paiement, malgré son imprudence, n'a pas redonné confiance, au moins pour quelques jours, à ceux qui hésitaient et qui y trouvaient la garantie que le Gouvernement était résolu à l'impossible pour sauver l'honneur de l'Etat ? Et il faut bien constater que l'honneur resta sauf.

Pourtant les conseils tentateurs n'avaient pas manqué, venant même, semble-t-il, de gens qui n'avaient rien de révolutionnaire. Goudchaux affirma par la suite que le banquier Achille Fould était venu le trouver dans son cabinet aux premiers jours de mars et lui avait conseillé de ne pas payer le semestre de rente qui allait échoir ; que vers la même époque un autre banqnier, Delamarre, qui dirigeait le journal la *Patrie*, aurait tenu à Ledru-Rollin le langage suivant : « J'ai appartenu à un établissement considérable de finances ; je connais la fortune de la plupart des capitalistes de Paris ; je crois qu'il faut 30 millions en numéraire à l'heure qu'il est pour que la Banque de France puisse continuer ses escomptes ; il faudrait faire appeler au ministère de l'Intérieur la plupart des capitalistes, leur faire souscrire un engagement, ne les laisser sortir qu'après l'engagement souscrit. Je resterai derrière le voile et au besoin, je dirigerai l'exécution » (Ledru-Rollin : Assemblée nationale, séance du 21 avril 1849. *Moniteur* du 22 avril).

Il faut d'ailleurs ajouter que plus tard les intéressés nièrent vivement, et il resta difficile de connaître la vérité exacte. Le mieux est de s'en rapporter au compte rendu de la séance de la Constituante du 21 avril 1849. La droite conservatrice faisait alors courir le bruit que le Gouvernement Provisoire avait, au temps de sa puissance, songé à renier les dettes de la monarchie, et l'accusation en était même venue à la tribune. Indigné, Goudchaux prit la parole pour repousser le soupçon injurieux, et sans en nommer l'auteur, rappela les propositions d'Achille Fould, qui, en 1849, siégeait sur les bancs de la majorité conservatrice. Ledru Rollin à son tour, plus passionné, jeta dans le débat le nom tenu sous silence, en y ajoutant la révélation de la proposition Delamarre. Au milieu du tumulte, Fould prit la parole : « C'est le 28 février que je suis allé au ministère des finances ; je n'avais pas l'honneur de connaître M. Goudchaux. J'allais chez lui provoqué par un grand nombre de commerçants de Paris qui sollicitaient immédiatement des moyens d'escompte.... Je ne dis pas qu'après avoir terminé ce qui était l'objet de ma visite, nous n'avons pas engagé une conversation sur la situation générale dans laquelle nous nous trouvions. Mais ce que je déclare, c'est que je ne lui ai point insinué ni directement, ni indirectement, qu'il dût y avoir un temps d'arrêt dans le semestre de 5 o/o. » La négation était formelle. Malheureusement d'autres que Goudchaux avaient des souvenirs : Armand Marrast apporta sa parole à l'appui de celle de son ancien collègue : « Je me rappelle que le jour où M. Goudchaux est venu nous prier de payer par anticipation, je lui ai fait l'observation que nous nous défaisions d'un argent qui pourrait nous être nécessaire. Il me dit : Vous ne savez pas ce qui se passe dans le monde financier ; on assure que nous ne pourrons pas suffire au paiement, que nous serons obligés d'arriver à la banqueroute — et je ne veux pas être le ministre des finances de la banqueroute. Mais c'est bien grave, lui dis-je. — Je vous répète que ce matin encore des hommes de finance sont venus dans mon cabinet me demander de suspendre tout paiement. Je répondis alors : c'est là en effet la banqueroute. Qui peut avoir cette pensée dans un pareil moment ? Alors M. Goudchaux me déclara que c'était M. Achille Fould. Mes souvenirs à cet égard sont tellement précis que l'autre jour, au moment où M. Goudchaux était à la tribune et où cette question fut agitée, je me penchai vers lui et lui dis : Vous rappelez-vous notre conversation du 3 mars ? Il me répondit : Oui, mais ne nommez pas... » Et après Marrast, Crémieux : « M. Fould me fit l'honneur de venir me voir un jour. Depuis quelque temps déjà, nous avions suspendu le paiement des caisses d'épargne et des bons du Trésor ; et dans la conversation M. Fould me dit ces mots que je suis bien obligé de répéter : « Si l'on m'avait cru, on n'aurait pas payé le semestre du mois de mars ; ce paiement a été cause qu'on a été obligé de suspendre le paiement des bons du Trésor et des caisses d'épargne ». Fould continua à protester, mais — sans qu'il soit possible d'affirmer sur le fond de l'affaire une vérité absolue, — l'opinion générale fut qu'il plaidait une cause perdue. En tout cas, cet incident historique est intéressant pour expliquer l'état d'âme de ceux qui, le 3 mars, proposaient l'anticipation du paiement de la rente.

Par décret de Goudchaux du 4 mars, l'anticipation fut décidée, précédée des considérants suivants :

« Considérant que les nouvelles parvenues de tous les « points de la République établissent que la perception « des impôts s'opère régulièrement et que de toute part « la manifestation d'un véritable patriotisme fait espérer « des rentrées continues et fructueuses ;

« Considérant que le Trésor a dès à présent à sa dispositi« tion le numéraire nécessaire à l'acquittement du semes« tre des rentes 5 o/o, 4 1/2 o/o et 4 o/o.

« Considérant que les dépenses de tous les services sont « couvertes par les recettes, dont la réalisation est assurée « par le retour à l'ordre et par la sécurité de tous..... »

Mais, le même jour, paraissait au *Moniteur* la déclaration du Gouvernement Provisoire qui abolissait le timbre ; celle-ci, nous l'avons dit, n'était pas contresignée par le ministre des finances.

Le soir même, sans qu'il soit tout à fait possible de dire s'il y a là coïncidence ou relation de cause à effet, Goudchaux annonçait à ses amis Marie et Garnier Pagès son intention de se retirer. Le lendemain, à une réunion du conseil au ministère de la Justice, il fit part officiellement de sa décision. C'était une nouvelle catastrophe pour ces hommes, aux prises avec de si grands dangers. Quel effet produirait ce départ d'un ministre dont l'honnêteté et les aptitudes financières avaient donné confiance aux hésitants? Tous les efforts furent faits pour faire renoncer Goudchaux à son projet. En vain. Il donna pour excuses, et l'épuisement de ses forces, et sa réprobation pour les doctrines auxquelles on faisait des concessions, et la nécessité où il se trouvait en cette période de crise de consacrer tout son temps à la gestion de sa propre banque. Il fallut s'incliner. La plupart des membres présents désignèrent Garnier-Pagès, alors maire de Paris, comme le plus capable de prendre la charge de cette succession si lourde, et bien qu'à contre-cœur et brisé de fatigue, lui aussi, Garnier-Pagès accepta.

CHAPITRE III

LA CRISE FINANCIÈRE ET ÉCONOMIQUE.

Avant de poursuivre cette étude et de caractériser la politique du nouveau ministre des finances, il faut maintenant s'arrêter pour mesurer l'étendue de la crise qui allait bientôt arriver à son point le plus aigu. Ceci nous obligera à anticiper quelque peu sur l'avenir et à faire allusion à des mesures financières qui ne seront étudiées que dans des chapitres suivants, parfois même à dépasser les limites chronologiques de cette étude, parce qu'un bouleversement économique si grave a forcément de lointains contre-coups. C'est pourtant à cette place qu'il convient d'esquisser cette étude, parce qu'on ne peut comprendre les décisions du Gouvernement Provisoire que si l'on a la vision nette du désarroi de la vie économique en mars et au début avril 1848. Garnier-Pagès et ses collègues devaient reconstruire sur des ruines, et le sol n'avait pas cessé de trembler. C'est ce qu'il faut bien voir avant de juger leurs actes.

Les premières mesures prises, le remboursement des objets de moins de 10 francs déposés au Mont-de-Piété, la prorogation au dix mars des échéances, voire une fixation par arrêté de police (28 février) du prix du pain à Paris n'avaient pas eu de résultat et ne pouvaient en avoir d'efficace.

Car la crise trouvait un terrain trop préparé — à Paris surtout. Georges Renard dit que dès 1836 on y comptait 100 indigents pour 1.232 personnes et que sur 24 décès il y en avait 9 à l'hospice ; que dans l'hiver de 1847 — après la crise agricole — il avait fallu secourir plus d'un tiers de la population parisienne et distribuer des bons de pain à 450.000 personnes. Cette misère se compliquait d'un état de gêne industrielle. Le passage de la production manuelle au machinisme et de la petite à la grande industrie dépréciait la main-d'œuvre en même temps qu'il provoquait une surproduction factice : le travail était découragé ; un arriéré de production trop lourd à écouler engageait le capital à se passer de lui. Et quand, après la révolution, capital et travail se posèrent en antagonistes politiques, peu désireux de collaborer, quand les patrons se hâtèrent de fermer les ateliers où les ouvriers ne se pressaient pas de rentrer, la crise économique s'ouvrit fatalement, dans la défiance générale.

La réouverture de la Bourse fut le signal de la débâcle (6 mars). Il suffit de comparer dans le tableau suivant les cours du 18 février à ceux du 6 et du 7 mars pour comprendre la gravité de la situation.

18 février		6 mars	7 mars
116.60	5 0/0	89	75
99.25	4 0/0	80	66
73,95	3 0/0	56	47
3.195	Banque de France........ ..	2.400	1.995
1.177.50	Chemin de fer d'Orléans....	950	800
862,50	— de Rouen...	525	485
420	— du Havre....	250	200
537,50	— du Nord.....	370	345
405	— de Strasbourg	327,50	335
1.205	Quatre-Canaux	1 200	1.050
1.030	Comptoir d'Alger..........	1.055	900
1.075	Caisse Gouin..............	1.070	1.070
970	— Ganneron	960	960
440	— Baudon...	458,75	400
940	— Béchet Dethomas	940	940
5.550	Zinc de Vieille-Montagne.....	5 550	5.550

(1) *Histoire socialiste : la Révolution de 1848*, p. 314.

Et ce n'était qu'un début. Pourtant, dès ces premiers jours, la Caisse d'amortissement se mettait à racheter de la rente, maîtresse maintenant de reprendre ses opérations en 5 o/o, puisque cette valeur était tombée au-dessous du pair : le 7 mars elle avait racheté pour 250.000 francs de rentes ; mais que pouvait cette goutte d'eau, quand tous les spéculateurs se portaient vendeurs à la fois ?

Le jour même de l'ouverture de la Bourse, une nouvelle désastreuse avait accru la panique. On annonçait la suspension de paiement de la maison Gouin, dite Caisse du commerce et de l'industrie, un des plus solides établissements d'escompte de la place. D'autres maisons aussi réputées, les caisses Ganneron et Baudon, devaient bientôt en faire de même. C'était peut-être la faillite, en tout cas une gêne immense pour tous ceux, commerçants et industriels, qui avaient des comptes avec ces maisons. Dès lors, personne n'osa plus avoir confiance dans le lendemain : partout où c'était possible, interrompre les opérations, ne compromettre à aucun prix les capitaux non engagés, parut la règle suprême de sagesse.

Et la peur régna en maîtresse. Les bruits du dehors l'exaspéraient ; livrée à la rue par le chômage, la foule ouvrière ne renonçait pas à des manifestations dont elle avait pris le goût, et le sourd murmure des masses trop souvent en mouvement vers l'Hôtel de ville augmentait l'épouvante du rentier, à qui le cours de la Bourse venait d'apprendre que sa fortune était diminuée de moitié : on se murmurait à l'oreille, avec un frisson, les mots d'expropriation et de communisme, et quand des manifestants promenaient des lampions dans les rues, la bourgeoisie croyait déjà y voir la rougeur des incendies. Jamais aussi le mot échéance n'avait eu pour les commerçants un sens plus tragique.

L'argent, dit un contemporain, semblait rentrer sous terre. « Si vous faites une visite, écrivait la baronne Boude, « vous trouvez une dame aux mains très sales qui vient de « creuser un trou dans son jardin pour y cacher ses bi- « joux. » Les gens riches quittaient Paris, renvoyaient leurs domestiques, vendaient chevaux et voitures. Ceux qui avaient de l'argenterie la portaient à la Monnaie ; orfèvres et bijoutiers eux-mêmes faisaient fondre leurs marchandises ; toute dépense somptuaire était supprimée — et c'était par là toute l'industrie de luxe condamnée à mort.

S'habiller pauvrement devenait une mode, non par sympathie démocratique, mais à la façon dont sous le Directoire on allait danser aux « bals des Victimes » ; il est vrai qu'en mars 1848, personne ne songeait à danser. — Le prix des loyers baissait du tiers ou de la moitié. Les marchandises de première nécessité elles-mêmes se vendaient au rabais : la récolte de blé avait été bonne, mais bien qu'à bas prix ne trouvait pas d'acquéreur. Tous les banquiers sollicitaient du crédit, aucun n'en accordait ; dans les campagnes où demeurait vivace le souvenir des assignats, on cachait l'argent par peur du papier-monnaie. La vie économique était tombée en léthargie.

Il est évident que cette politique de moindre action était la pire. La confiance seule pouvait ramener la confiance, et puisque le manque de crédit était cause de tout le mal, il eût fallu aux capitalistes le courage d'aventurer une partie de leurs fonds, seule façon de sauvegarder le reste. Ils ne l'osèrent pas et la crise redoubla de violence.

Les conseils pourtant ne manquaient pas ; tous les jours, le *Moniteur* ou les journaux à tendance gouvernementale criaient bien haut le danger de cette politique d'abstention économique, que quelqu'un appelait justement la politique de l'autruche : les autres feuilles suivaient ; la *Presse*, les *Débats*, la *République française*, la *Liberté*, exhortaient au calme, à la maîtrise de soi, à la confiance commerciale : mais les capitaux, tant que la situation politique resta incertaine, continuèrent à se dérober. En vain, la banque Rotschild apporta au gouvernement son appui ; le 23 mars on lisait dans le *National* : « On assure « que M. de Rotschild s'est rendu avant-hier à la Préfec- « ture de police et a dit à M. Caussidière que, loin de vouloir « quitter Paris, comme on l'avait annoncé, et de suspendre « ses paiements, il entendait rester, tenir tous ses engage- « ments relatifs à l'emprunt et prendre les mesures les plus « larges pour raffermir le crédit ; que ses frères de Londres « et de Francfort, qui l'accompagnaient, s'étaient rendus « à Paris avec les mêmes intentions et pour se concerter « avec lui ; qu'il ne fallait pas s'abuser sur les sinistres qui « avaient frappé la place de Paris et que ce n'étaient pas les « événements de février qui avaient causé les embarras de « ces maisons ; ces embarras datent pour quelques-unes de « plus haut. M. Caussidière a remercié M. de Rotschild et « lui a demandé s'il voulait une garde pour son hôtel. « M. de Rotschild a répondu : « Loin de la demander, je « vous prie de n'en rien faire : je désire seulement qu'on « sache qu'ayant confiance dans le gouvernement, on doit « avoir confiance en moi. » Mais rien n'y fit : la grève des « capitaux continua. »

Dans la rue, la crise donnait lieu à des manifestations de toute sorte ; le paiement des loyers amena quelques-unes des plus caractéristiques. Déjà le Gouvernement Provisoire avait dû résister à des délégations de commerçants qui venaient le sommer de décréter que les locataires pourraient retirer le montant des loyers payés d'avance. Battus de ce côté, ceux-ci se retournèrent directement contre les propriétaires. Presque tous les loyers avaient été diminués : mais pourtant l'embarras de payer restait grand. Aussi quelques propriétaires généreux avaient-ils fait complètement remise à leurs locataires d'un ou deux termes de loyer.

Mais d'autres propriétaires — les plus nombreux — voulurent rester forts de leur droit : des scènes regrettables se produisirent. On voulut obtenir de force quittance des termes impayés ; à tout le moins on tenta de l'intimidation. Alors que dans les maisons où remise avait été faite du terme, on illuminait, on ornait ses balcons et ses fenêtres de fleurs ou de drapeaux tricolores, dans les autres, où les volets restaient clos, seuls des drapeaux noirs pendaient aux fenêtres. Autour de ces maisons à l'index, la foule hostile s'amassait. Le gouvernement dut intervenir : une circulaire de Caussidière et une circulaire d'Armand Marrast défendirent ces manifestations sous des peines sévères ; une instruction judiciaire fut même ouverte. Ces marques d'autorité suffirent du reste à arrêter le scandale. Mais rien ne montre mieux combien l'extrême besoin d'argent surexcitait les esprits.

A la Bourse, la panique régnait. La situation était si grave qu'après le jour de la réouverture, où toutes les valeurs pourtant avaient fléchi dans une proportion de près de 20 o/o, le gouvernement faisait insérer au *Moniteur* la note suivante : « Quoique bien inférieurs à ceux du 23 février, « les cours étaient encore trop élevés. Il est évident pour « nous qu'ils sont factices et nous prédisons d'avance qu'ils « tomberont plus bas. Il ne faut ni s'en effrayer, ni s'en « montrer surpris. C'est encore là un legs du passé : à l'a- « venir le crédit public, ramené à son état normal, débar- « rassé de la plaie de l'agiotage, reprendra sa marche as- « cendante et régulière pour ne plus s'arrêter. »

Au moins dans leur première partie, ces pronostics furent vérifiés : le 9 et le 10 mars les cours accentuèrent leur mouvement de fléchissement. Voici d'après le bulletin financier de la *Presse* la physionomie de la Bourse au 9 mars : « La panique ne raisonne pas et c'est encore elle aujourd'hui qui a régné sans partage. Tel qui arrivait n'étant pas décidé à se défaire de son 5 o/o à 97, 50 et de son 3o/o à 58 les offrait à 82 ou 46. Mais la difficulté de vendre, même à bas prix, est devenue pour beaucoup de rentiers un obstacle qui leur laissera peut-être le temps de réfléchir et qui les décidera à garder leurs inscriptions. Beaucoup de porteurs n'ont pas l'intention de sortir définitivement du 5 o/o et du 3, mais voudraient vendre leurs titres pour racheter à plus bas cours : mais la baisse est déjà si forte qu'il a fallu renoncer à une si dangereuse spéculation. Les affaires étaient comme hier limitées au comptant : quant à la coulisse, elle se tient tout à fait tranquille et ne fait aucune transaction, aucun courtier n'étant disposé à engager les affaires dans les circonstances actuelles. Les actions de chemin de fer ont été généralement entraînées par la rente et il était impossible de trouver des acheteurs pour les lignes libérées. »

Jusqu'au 11 mars la chute continua : le 12 et le 13 un certain nombre de mesures prises par le gouvernement, la création annoncée des comptoirs d'escompte, l'élévation à 5 o/o du taux des caisses d'épargne, surtout la reprise partielle des paiements de la maison Gouin amenèrent une légère hausse : le 5 o/o qui était tombé à 74 remonta à 77. Mais cela ne devait pas durer : les circulaires de Ledru-Rollin aux commissaires du gouvernement, surtout les journées presque révolutionnaires du 16 et du 17 mars, où, après l'échec de la manifestation des bonnets à poil, les clubistes faillirent réussir un nouveau fructidor, donnèrent l'impression que le calme favorable à la reprise des affaires n'était pas encore revenu. Raisonnement d'ailleurs en cercle vicieux, car le malaise économique dont chacun souffrait était une cause très sûre, en tout cas le meilleur prétexte à de menaçantes revendications : c'étaient les petits commerçants privés de crédit qui faisaient la journée du 16 mars, par crainte de la faillite ; c'étaient les travailleurs, obligés au chômage, qui leur répondaient le lendemain, sous la menace de la faim.

Le 17 mars, le 5 o/o fléchissait jusqu'à 69, le 3 o/o à 46 et l'action de la Banque de France à 1.300 francs. Les autres valeurs ne se comportaient pas mieux ; les actions de la société de zinc, « la Vieille-Montagne », cotées à 5.550 francs avant la Révolution, comptaient parmi ces valeurs du sûr rendement, inabordables au public, tant les gens du métier se les réservent jalousement : le 13 mars on fit pour la première fois un cours sur elles ; en clôture elles étaient à 2.500 francs. Rien de plus éloquent qu'une telle chute. On ne tenta même pas de coter les autres valeurs industrielles.

La promulgation du décret annonçant l'établissement d'un impôt de 0 fr. 45 additionnels au principal des contributions directes ranima un instant la confiance : on entrevoyait pour l'Etat la possibilité d'échapper à la banqueroute ; du 16 au 24 la hausse se maintint. Mais de nouveaux sinistres financiers, non seulement en France mais à l'étranger, ramenèrent l'incertitude, et quand, à la Bourse du 28 mars, on apprit que les élections étaient ajournées et qu'un décret supprimait la commission de surveillance de la Caisse d'amortissement et de la Caisse des dépôts et consignations, ce fut de la débâcle. Jusqu'au 10 avril on assista à un effondrement des cours tel qu'on ne pouvait même tenter aucune mesure par l'arrêter : à l'échéance du 1er avril, les 3/4 des billets à échéance n'avaient pas été payés. La stagnation des affaires était complète. C'est l'époque de 1848 où l'on enregistra les cours les plus bas : le 6 avril le 5 0/0 était à 50 ; le 11, le 3 0/0 à 32.50 ; le 10, l'action de la Banque de France à 950 ; le 7, l'action du chemin de fer à Paris à Orléans à 385.

Et voici pour la physionomie d'ensemble de la Bourse, le cote du 7 avril :

	7 avril
5 0/0	50
4 0/0	46
3 0/0	33
Banque de France	1.075
Quatre Canaux	655
Emprunt Ville de Paris	930
Chemins de fer d'Orléans	385

Continuer sur cette pente, c'eût été à bref délai la banqueroute ; toute réalisation était devenue impossible avec des fonds d'Etat qui en moins de deux mois perdaient 60 o/o de leur valeur.

Mais l'opinion se ressaisissait quelque peu ; mis en présence du résultat navrant de leur politique de bouderie, les capitalistes, tentés d'ailleurs par le bas prix des cours, reprenaient leurs spéculations, — comme la bourgeoisie, rassurée enfin sur l'ordre de la rue, rouvrait ses volets que la peur avait tenus clos. La date des élections, définitivement fixée au 24 avril, approchait et, vu de plus près, le suffrage universel faisait moins peur. Et comme le Gouvernement Provisoire, paralysé dans sa bonne volonté, avait dû borner son activité à sauver l'heure présente et n'avait pu entamer aucune réforme sociale, les idées nouvelles, dont l'application apparaissait très retardée, éveillaient moins de crainte que d'animosité. Ce fut l'époque où dans les rues on cria : « A bas les communistes » et « A la lanterne, Cabet », mais on criait d'autant plus fort qu'on avait pu s'apercevoir que ni Cabet, ni les communistes n'étaient réellement dangereux.

Lentement, timidement, mais d'un mouvement ascensionnel régulier, que seules interrompirent la manifestation du 16 avril et l'éloquence imprudente du 16e *Bulletin de la République*, les cours remontèrent. Le 13 avril, le 5 o/o était passé de 50 à 61 ; il perdait 4 points le 15, mais le 18 revenait à 61, passait à 65 à la veille des élections et, les résultats une fois connus, sautait d'un seul coup à 70. Dès lors, et jusqu'à la réunion de l'Assemblée Nationale, cè taux se maintenait avec une légère tendance à la hausse. Cette tendance ne devait que s'accentuer après la réunion des élus du suffrage universel.

Cette baisse universelle des valeurs, jointe à l'absence de crédit, avait condamné à une liquidation désastreuse toutes les maisons dont les affaires étaient tant soit peu engagées. A chaque page, l'histoire de la crise de 1848 doit enregistrer la chute de vieilles maisons de banque à la renommée solidement assise.

La caisse Gouin avait été la première à suspendre ses paiements. C'était une grosse maison d'escompte, réputée d'une solidité parfaite, la plus forte des anciennes banques mises en action ; elle datait de 1830 et était devenue le principal intermédiaire de la place entre le commerce et la Banque de France : sa déconfiture surprit autant qu'elle émut. C'est le 6 mars que l'avis suivant fut placardé rue Laffitte à la porte de la Banque. « La Caisse générale du « commerce et de l'industrie, reconnaissant l'impossibilité « de réaliser en ce moment la plus grande partie des va- « leurs et billets qui forment son actif et qui assurent le « remboursement de ce qu'elle doit, se voit dans la néces- « sité de suspendre ses paiements et de liquider ses affaires ; « à partir d'aujourd'hui 6 mars, les directeurs de l'établis-

« sement vont convoquer immédiatement une assemblée « de créanciers pour leur faire connaître la situation. » Le lendemain M. Gouin donnait sa démission de président du conseil d'administration du chemin de fer de Paris à Lyon.

L'impossibilité de réaliser les valeurs en portefeuille était la seule raison de la suspension : avec un capital social de 17 millions, la caisse Gouin avait pour 34 millions de valeurs immobilisées ; il lui aurait fallu 15 millions pour répondre aux demandes de paiement qui lui étaient faites de toute part ; ces 15 millions, elle les avait demandés à la Banque de France, en lui offrant en garantie pour 25 millions de titres ; mais comme ces titres étaient en majeure partie des actions de chemins de fer dépréciées, la Banque avait refusé d'avancer plus de 6 millions ; la somme était insuffisante ; il avait fallu se résoudre à fermer les guichets, car dans la gêne universelle aucune autre aide n'aurait pu se trouver.

Pourrait-on éviter la liquidation ? C'est ce que tout le monde désirait ; la prorogation des échéances au delà de la première limite fixée avait été refusée par le gouvernement : le Trésor à vide ne pouvait faire d'avance aux maisons en détresse ; il fallait donc entre créanciers et actionnaires une entente spontanée. Le 9 mars, on inséra au *Moniteur*, la note suivante : « Une réunion des actionnaires de la caisse « Gouin doit avoir lieu vendredi 10 courant à 8 heures du « soir... pour la réorganisation de cet établissement, dont « l'importance et l'utilité sont vivement reconnues, au « moyen d'une augmentation de capital de 15 millions « avec modification des statuts à l'avantage des actionnai-

« res. On ne peut qu'applaudir à un projet de nature à « arrêter les conséquences désastreuses que la suspension « d'une maison si haut placée entraînerait. Nous enga- « geons tout le commerce de Paris à se réunir à cette « idée. »

La réunion eut lieu et on y prit une double résolution : d'abord, s'il fallait liquider, de liquider à l'amiable, et de faire procéder à cette opération par cinq commissaires ou actionnaires nommés par les deux cents plus forts créanciers non actionnaires ; mais, ce cas extrême prévu, de faire l'impossible pour reprendre les opérations : pour cela, un capital de 20 à 25 millions étant jugé nécessaire, on proposait de le former par la création d'obligations de 1.000 francs à 5 o/o, remboursables en trois ans ; on obtiendrait ce capital en convertissant en obligations une partie de chaque créance et en ouvrant pour le reste une souscription où les actionnaires et tout le commerce seraient appelés à participer ; mais il fallait que dans un délai de dix jours cette opération fût réalisée.

Elle ne réussit pas, parce qu'on ne put réunir le capital nécessaire. En vain le *Moniteur* et les journaux officiels invitèrent ils à ce témoignage de confiance envers une vieille maison ; en vain la *Presse*, qui, journal très moderne, faisait volontiers de l'intérêt public une occasion de réclame personnelle, insérait-elle cette lettre de son directeur à M. Gouin : « Vous devez à la *Presse* 100.000 francs qui vous ont été versés en compte courant et dont elle a besoin pour faire face aux exigences impérieuses d'un tirage considérable ; néanmoins la *Presse*, pour concourir autant qu'il est en elle à relever une maison qui a rendu et peut rendre encore au commerce de si importants services, vous annonce que sur les 100.000 francs que vous lui devez elle convertira 30.000 francs en obligations si la souscription qui a été ouverte hier permet à votre caisse de reprendre ses opérations. Nous aurions désiré porter cette somme à 40.000 francs, mais ainsi que je l'ai écrit aujourd'hui même à M. le maire de Paris, les premiers 10.000 francs que vous devez nous compter incessamment ont une destination sacrée : ils sont destinés aux blessés de février. »

Il fallut liquider : les cinq liquidateurs prévus par l'assemblée du 8 mars furent réunis et ils procédèrent à la liquidation amiable qu'on prolongea, dans l'intérêt général, jusqu'au moment où la hausse des cours permit de réaliser les valeurs en portefeuille dans des conditions moins désastreuses. En tout cas la faillite fut évitée.

Le même cas se produisit pour la plupart des grosses maisons qui durent suspendre leurs paiements : elles entrèrent en composition avec leurs créanciers, qui, comprenant parfaitement que la faute était tout entière à l'imprévu d'une crise sans précédent, et soucieux de leur propre intérêt, firent l'impossible pour éviter la liquidation judiciaire ou même la liquidation à date fixe Ce fut le cas pour la maison de banque très importante. Ch. Laffitte, Blount et Cie, qui avait endossé une grande quantité de bons du chemin de fer de Paris à Rouen et de Rouen au Havre, bons que la crise empêchait de négocier ; pendant le cours même de la liquidation, la Compagnie fut autorisée à continuer ses affaires de banque. Dans les mêmes conditions la caisse Ganneron suspendit ses paiements le 16 mars, et la caisse Baudon le 19. D'autres maisons, sans être obligées de suspendre leurs paiements, arrêtèrent leurs opérations et liquidèrent pendant que la situation leur semblait encore pouvoir être sauvée : car l'opinion attendait les pires catastrophes.

Mais à côté de ces grandes maisons dont le volume d'affaires était tel que chacun était intéressé à les préserver d'une ruine complète, combien d'autres établissements de banque ou de maisons de commerce qui sombraient sans retour ! A chaque Bourse nouvelle on enregistrait 4, 5, 6 faillites, ou plus, sur le marché — et chaque fois les cours baissaient en proportion. Ce qui rendait la situation plus grave encore, c'est qu'à l'étranger les grandes places de banque étaient aussi affectées que Paris ; la crise était européenne et la solidarité des marchés, bienfaisante en cas de crise localisée, ne faisait cette fois que rendre les lendemains plus menaçants.

La fin de mars et le commencement d'avril marquèrent la période aiguë de cette crise. Le 21 mars, on annonçait de Francfort la suspension des paiements de la maison Reifuss, alliée de la famille Rotschild, et à qui la banque Rotschild avait avancé récemment un million de florins pour l'aider à sortir d'embarras ; — le 24, la suspension de paiements de la maison d'Eichthal, à Paris, et de la banque Ratisbonne, à Strasbourg ; — le 30, la suspension de la maison Chapuy-Laval, à Auxerre, et la faillite de Bourdesot-Pradet, banquier à Châteauroux, qui laissait un passif de 900.000 francs sur 430.000 ; — le 31, la suspension de la maison Paccard-Dufour, à Paris, qui centralisait les opérations avec la Suisse et avait, elle aussi, commis l'erreur de surcharger son portefeuille d'actions et de bons de la

Compagnie des chemins de fer d'Orléans ; — le 3 avril, la faillite à Cologne, de la banque Schaafhausen, qui laissait un passif de plus de 22 millions ; — le 10, à Francfort, la suspension de la maison Jaeger, connue pour l'importance de ses opérations sur la place de Paris. Et ce ne sont là que les têtes de colonnes ; Londres, Amsterdam, Hambourg, Liverpool n'étaient pas moins éprouvés.

Puis, vers la fin d'avril, lorsque l'horizon politique s'étant éclairci, on se crut plus en droit de compter sur le lendemain, l'épidémie s'arrêta. D'une part, toutes les maisons qui avaient engagé des opérations imprudentes avaient dû liquider, et seules les maisons très sûres restaient debout ; puis, l'extrême prudence où on était tenu avait réduit les opérations au strict minimum et les chances d'aléas se trouvaient diminuées d'autant. La place de Paris entra en convalescence : de l'excès du mal était même venue une partie du remède ; par leur entente avec leurs créanciers, les banques en suspension avaient pu liquider sans subir la position légale du débiteur en déconfiture, c'est-à-dire sans déclaration de faillite; situation anormale : illégale, on pourrait dire révolutionnaire, mais qui facilita singulièrement le dénouement de la crise. Cette liquidation à l'amiable se prolongea encore après la réunion de l'Assemblée Nationale ; mais dès ce moment — et d'ailleurs à partir des élections on n'eut plus à enregistrer de nouvelle faillite — on pouvait prévoir le temps où les affaires reprendraient leur cours normal.

Mais si la crise financière fut limitée à quelques mois — et elle n'aurait pu durer plus longtemps sans amener de terribles bouleversements sociaux — la crise industrielle qui l'accompagna fut de plus longue durée : c'est pendant toute l'année 1848 que la classe ouvrière, contrainte au chômage ou réduite à des salaires de famine, souffrit cruellement.

Il n'entre pas dans le cadre de cette étude d'insister sur cette crise industrielle. Les éléments en ont été rassemblés dans l'enquête ordonnée par l'Assemblée Nationale le 25 mai 1848, et dont les résultats inédits, classés par départements, se trouvent aux Archives de la Chambre des députés ; l'enquête, dite *Enquête sur le travail*, resta du reste sans résultat parlementaire, aucun rapport n'ayant été présenté. M. Renard en fit usage dans son ouvrage, *la Révolution de 1848*. On peut encore trouver des renseignements à ce sujet dans les publications de l'Académie des sciences morales et politiques où Blanqui aîné inséra un rapport sur « *les classes ouvrières en France dans l'année 1848* ».

C'est à Paris que le mal fut le plus évident. De février à octobre, on dut donner pour 88 millions de secours — et tous les corps de métier avaient fourni leur contingent aux ateliers nationaux ; en moyenne chaque établissement licencia son personnel dans une proportion de 50 o/o ; pour l'article de Paris cette proportion monta jusqu'à 75 o/o ; en tout, 186.400 ouvriers furent congédiés.

La province n'était guère mieux partagée ; tous les grands centres industriels furent sévèrement atteints ; dans la Seine-Inférieure, dès la fin de mars, l'absence de crédit forçait les patrons de l'industrie cotonnière à mettre en chômage plus de 30.000 ouvriers. Un rapport d'un directeur d'usine, daté du 15 août, disait : « Nous avions au 24 février « pour 13 millions de commandes et nous occupions envi- « ron 1.000 ouvriers. Aujourd'hui presque toutes ces com- « mandes ont été annulées ; nous avons 500 ouvriers de « moins et nous sommes encore contraints d'en diminuer « le nombre toutes les quinzaines. »

A Lyon les tisseurs n'avaient plus d'autre besogne que la confection des écharpes et des drapeaux commandés par le Gouvernement Provisoire. Aux verreries de Rive-de-Gier, 27 fours sur 37 étaient éteints. Dans le Nord, où 34 établissements cotonniers faisaient mouvoir en février 1848 239.445 broches en fin et 159.000 broches à retordre, ces établissements n'avaient plus en juillet que 21.558 broches travaillant 11 heures par jour, 43.397 travaillant 9 heures et 160.774 travaillant 6 heures. L'industrie du tulle était complètement paralysée et des centaines de dentellières travaillant 15 heures par jour arrivaient à gagner 0 fr. 25 dans leur journée. Les filatures de lin de la région du Nord étaient presque toutes en faillite — et les établissements métallurgistes chômaient du fait de la suspension des travaux de chemins de fer. Même détresse chez les filateurs de coton d'Alsace qui employaient 150.000 ouvriers et qui ne pouvaient même plus se procurer la matière première de leur travail, les suspensions de paiements et l'absence de crédit mettant la place du Havre dans l'impossibilité de fournir le coton nécessaire.

Ce ne sont là que des exemples, mais qui montrent à quel point la crise était générale. Dans de telles conditions, obtenir par le crédit de l'Etat ce que le crédit privé était incapable de fournir, remplir les caisses vides du Trésor public, assurer toutes les dépenses et soulager les maux les plus pressants, tout en restant dans la légalité, était une tâche singulièrement difficile. Ce fut celle que Garnier-Pagès dut entreprendre.

CHAPITRE IV

GARNIER-PAGÈS. — PREMIÈRES MESURES. — CRÉATION DES COMPTOIRS D'ESCOMPTE.

Garnier-Pagès avait accepté en victime le portefeuille des finances. Ancien courtier de commerce, il était sans doute de tous les membres du Gouvernement Provisoire le moins inexpert en questions financières ; après la démission de Goudchaux, ses collègues se tournèrent vers lui comme vers le sauveur possible. Mais lui, qui savait bien qu'il manquait de cette forte pratique des finances d'Etat, qui seule, en temps de crise surtout, peut faire un grand ministre des Finances, se sentit tout malheureux à la pensée de quitter la mairie de Paris où sa bienveillance lui aurait acquis la popularité qu'il rêvait. Il accepta pourtant le poste d'honneur redoutable qu'on le priait d'occuper ; mais ce fut avec l'égal sentiment qu'il y avait là un devoir auquel il ne pouvait se soustraire, mais qu'on ne lui en aurait aucune reconnaissance et que son avenir politique avait bien des chances d'être sacrifié.

Garnier-Pagès n'était entré dans la vie politique qu'en 1841, à la mort de son frère, le grand avocat, chef du parti réformiste. Héritier de l'influence politique et de la popularité attachées au nom, il avait siégé à la Chambre comme député de l Eure, en 1842, s'y était fait une solide réputation d'orateur d'affaires et avait fait bonne figure — sans plus — dans l'opposition de gauche. C'était un esprit aimable, de ce libéralisme facile du bourgeois de Louis-Philippe, tout imprégné d'humanitarisme, incapable de compromission ni de pensée violente, aisément attendri. Il avait une forte idée du devoir, mais s'admirait beaucoup et hautement quand il le remplissait. Flottant dans ses idées et mou dans ses décisions, il prenait volontiers pour des actes les phrases généreuses de ses discours ou de ses proclamations. Au physique, une belle tête honnête, aux traits arrondis, encadrée de favoris et de longs cheveux bouclés, aux yeux limpides, un peu naïfs. Bref un excellent homme, mais de caractère médiocre et qui n'avait certes rien de cette « férocité » que Thiers disait être la marque nécessaire d'un bon ministre des Finances.

A défaut d'un génie plus grand, il mit donc au service de sa tâche nouvelle tout ce qu'il avait d'application, de conscience et d'infinie bonne volonté ; il eut le courage, que n'avait pas eu Goudchaux, de rester jusqu'au bout, malgré les difficultés, malgré les attaques incessantes. Il travailla beaucoup, réforma avec fougue, fit adopter un grand nombre de mesures inégalement heureuses. Peu de chose resta de son œuvre, mais il put avoir la satisfaction — ce devait être la seule — au jour de la reddition des comptes, de laisser le Trésor public en meilleur état qu'il ne l'avait reçu.

Le 6 mars au matin, en prenant possession du portefeuille des finances (1), Garnier-Pagès ne trouva plus en caisse que 107 millions ; et comme il allait falloir payer

(1) Il s'était adjoint Duclerc, un de ses amis, comme sous-secrétaire d'Etat.

les 73 millions du semestre de rentes, 34 millions seuls restaient disponibles pour les dépenses courantes. Or la situation empirait; les impôts ne rentraient pas, et le numéraire, nous l'avons vu, faisait totalement défaut sur la place.

Il fallait aviser. Sur l'initiative de Garnier-Pagès, le Gouvernement Provisoire lança une proclamation pour « inviter tous les citoyens à sauver la fortune publique.... ». « Le Gouvernement Provisoire recherche avec activité les moyens de diminuer dans une large proportion les dépenses de l'Etat....Le reste regarde les citoyens : leur sort, celui du commerce, de l'industrie, l'avenir et la prospérité du travail national sont entre leurs mains. Le Gouvernement les adjure d'y aviser..... En même temps il n'exige d'eux aucun sacrifice extraordinaire. Pour parer à toutes les difficultés financières que la prudence commande impérieusement de prévoir, une simple anticipation dans la rentrée des impôts suffira; que tous les citoyens versent immédiatement et par anticipation dans les caisses du Trésor ce qui leur reste à payer sur leurs contributions de l'année, ou au moins les six premiers douzièmes, et toutes les difficultés financières sont vaincues... » (7 mars).

Cet appel ne fut pas tout à fait vain, mais les versements anticipés qui se produisirent devaient rester bien insuffisants.

Deux jours plus tard (9 mars) Garnier-Pagès adressait au Gouvernement le rapport sur la situation financière que nous avons déjà analysé. Quelques chiffres, nous l'avons vu, en étaient majorés, et l'affirmation finale, que sans la proclamation de la République on allait à la banqueroute, quelque peu téméraire. Mais ceci dit, le cri d'alarme poussé était sincère ; les budgets en déficit, la dette flottante sursaturée, de grands travaux publics engagés sans ressources correspondantes, l'emprunt nouveau irréalisable, tout cela n'était que trop vrai et tout cela était bon à dire pour justifier les mesures d'exception qu'il allait bien falloir prendre. On reprocha au ministre des Finances de semer la panique par ses déclarations trop franches : mais, représentant d'un régime qui prenait son soutien dans l'opinion publique, il pouvait répondre que puisque l'opinion allait apprécier ses actes. il fallait bien qu'elle sût dans quelles conditions il prenait le pouvoir ; puis quel meilleur moyen de provoquer un élan de patriotisme financier, sauveur de la République nouvelle ?

D'ailleurs le rapport de Garnier-Pagès ne représentait pas la situation désespérée, et l'on pourrait plutôt trouver trop optimiste la note qui le terminait. «... Les perspec-« tives actuelles du Trésor sont rassurantes. Grâce aux « mesures qui ont été ou qui vont être prescrites, la situa-« tion prochaine sera bonne. Dans ce premier moment « d'inquiétude, qui succède toujours aux grandes commo-« tions publiques, les demandes d'argent ont afflué. Mais « déjà cette panique se calme. Tout le monde comprend « que la fortune de la France est aujourd'hui ce qu'elle « était hier, et l'on aperçoit dans un avenir prochain les « améliorations qui doivent nécessairement résulter des « nouvelles institutions que le pays s'est données. D'ail-« leurs le zèle des citoyens se montre supérieur à toutes « les difficultés. »

Mais il fallait autre chose qu'une profession de confiance en l'avenir. Deux nécessités s'imposaient au ministre des Finances : régler les dépenses courantes, condition de la vie de l'Etat, et venir en aide au commerce et à l'industrie, menacés par le manque de crédit. Le second danger était le plus immédiat ; nous avons vu quelle baisse formidable avait atteint toutes les valeurs de portefeuille et comment, dès le début de mars, la place de Paris avait été paralysée par la suspension de paiement des maisons d'escompte les plus solides. Tout le commerce, grand et petit, se sentait donc menacé ; aucune maison n'acceptait plus de faire l'escompte même au vu de signatures d'ordinaire respectées ; dans le monde des affaires, où le crédit mutuel est la condition même de la vie, cette défiance générale jointe à la raréfaction de numéraire fatale en temps de crise, rendait menaçante pour chacun l'échéance prochaine.

D'un commun mouvement, les commerçants se tournèrent vers l'Etat, pour lui demander ce crédit que l'initiative privée refusait. Réunis passage Montesquieu et à la Bourse, les commerçants résolurent de demander au gouvernement la prorogation à trois mois de toutes les échéances ; le 8 mars, une députation de 3.000 commerçants, aussi tumultueuse, aussi emportée dans son effroi et sa colère, aussi menaçante presque que les manifestations du drapeau rouge, vint à l'Hôtel de ville sommer le gouvernement de faire cette concession révolutionnaire. Les échéances avaient déjà été prorogées au 10 mars ; porter ce délai de 10 jours à 3 mois eût été l'équivalent d'une banqueroute, et la Banque de France y eût dès l'abord sombré ; dès que la demande des commerçants fut connue, le gouverneur et le sous-gouverneur de la Banque accoururent au ministère pour protester contre une telle mesure ; mais le gouvernement était déjà résolu à ne pas céder. L'entrevue fut violente ; aux reproches d'égoïsme de Garnier-Pagès, un des commerçants, raconte Daniel Stern, répliqua : « Vous « nous vantez votre peuple ; nous vous ferons voir ce que « c'est que le peuple. Demain nous fermons nos ateliers, « nos boutiques, nous jetons les ouvriers dans la rue : « nous leur disons à qui ils doivent s'en prendre et vous « verrez alors s'il vaut mieux avoir affaire à eux qu'à « nous. » Mais les élèves des Ecoles étaient venus apporter leur appui au gouvernement, qui tint bon ; ce que Garnier-Pagès appela « l'émeute de l'honneur et du désespoir », dut reculer elle aussi devant la raison d'Etat.

Une deuxième tentative pour obtenir une prorogation de quinze jours seulement ne fut pas et ne pouvait pas être plus heureuse ; tout ce qu'accorda le gouvernement, ce fut la nomination d'une commission (1) qui étudierait, de concert avec le conseil de la Banque de France, les facilités de liquidation que pourrait concéder la Banque.

Mais la prorogation des échéances n'était pas la seule forme sous laquelle on implorait l'appui du gouvernement ; tous les jours, et de tous les coins de Paris et de tous les départements de France, lui venaient des demandes de secours directs ; dans la disette générale du numéraire, les mains se tendaient toutes vers ce Trésor public, qu'on voulait croire inépuisable. Un milliard, dit

(1) La commission fut composée de MM. Dethomas, Gaillard, Cusin-Legendre, Pavie, Blondel et Lehideux.

Garnier-Pagès, n'aurait pas suffi à répondre à toutes les demandes.

Et pourtant, comme le ministre qui les recevait sentait bien tout ce qu'il y avait de tragique dans la monotonie de ces plaintes ! C'était la Banque de Toulouse qui envoyait un délégué à Paris, pour demander à la Banque de France un prêt d'un million sur dépôt de rentes. C'était le commissaire général de Nantes qui, dès le début de mars, réclamait 700.000 francs au Trésor, et un inspecteur des finances, M. Nau de Sainte-Marie, envoyé en Loire-Inférieure, écrivait le 4 mars : « La Caisse d'épargne est menaçante ; elle a fait pour le 13 une demande de rembour-« sement de 450.000 francs. La Banque de Nantes qui a « payé 1.200.000 de ses billets en deux jours épuise son « numéraire et a suspendu ses opérations.... Les départe-« ments voisins ont demandé 600.000 francs ; on ne peut « satisfaire à ces demandes. » — La Banque de Rouen refusait tout escompte ; un des premiers négociants de la ville qui avait besoin de 60.000 francs pour ses échéances, ne pouvait les trouver avec 2 millions de papier sûr en son portefeuille et accourait à Paris pour demander au ministre le crédit qu'on lui refusait. — Le commissaire du gouvernement dans le Nord écrivait à Garnier-Pagès : « Le commerce de Cambrai vient de m'envoyer quatre délégués pour m'exposer la situation critique des négociants et des industriels. Le manque de numéraire rend impossibles les transactions. Les négociants, les banquiers ont leurs portefeuilles bourrés de valeurs et ne peuvent trouver d'argent. Si le gouvernement ne leur vient pas en aide, il faut compter sur la suspension de tous les travaux. Il faudrait

500.000 francs. » Et de chaque département venaient des nouvelles aussi pessimistes.

Fournir en capital les sommes demandées, il n'y fallait pas songer : le Trésor était vide. On ne pouvait tenter qu'une chose : ranimer le crédit ; c'est ce que le gouvernement tenta par l'institution des Comptoirs d'escompte.

Proudhon avait déjà justement observé que la vie économique reposait sur le crédit plus que sur la propriété ; sur les 15 milliards qui représentaient à peu près la circulation française en 1848, le numéraire n'entrait que pour 2 milliards et les billets de banque pour 600 millions. Or les spéculations imprudemment engagées sur les chemins de fer et la crise agricole avaient déjà rendu instable la vie du crédit ; la crise politique de février acheva de détraquer le système. Celui-ci, qui n'a d'ailleurs pas changé, pouvait se résumer ainsi : le commerce intermédiaire qui recevait directement les produits de l'industrie, les livrait au commerce de détail contre règlement à terme ; pour se libérer lui-même d'une dette souvent immédiatement exigible, il lui fallait escompter les billets reçus. Le grand établissement d'escompte était la Banque de France : mais la Banque de France, gardienne d'intérêts d'Etat et tenue à la prudence, n'escomptait que du papier de toute sûreté ; non seulement son taux était élevé — 4 o/o d'ordinaire, haussé à 5 o/o en 1846 — mais alors que les caisses privées d'escompte se contentaient de deux signatures, elle en exigeait une troisième. De sorte que pour entrer dans le portefeuille de la Banque, un effet à deux signatures devait recourir à une banque privée escompteuse, qui le garantissait de sa signature supplémentaire. Ce sont ces banques privées, les caisses Gouin, Baudon, Ganneron, etc... qui suspendaient bruyamment leurs opérations au début de mars. Un rouage indispensable venait donc à manquer, et c'est à ce rouage que l'institution nouvelle des Comptoirs d'escompte dut suppléer. Puisque l'initiative privée faisait défaut, il fallait que l'Etat provoquât l'escompte du papier de commerce à deux signatures et le réescomptât à la Banque de France avec une garantie de plus.

L'idée n'était pas nouvelle : lors de la Révolution de juillet 1830, une crise analogue à celle de 1848 — bien que de moindre étendue et gravité — s'était produite, et le gouvernement avait dû remplir le rôle des maisons escompteuses en détresse ; il avait donc consacré, pour la création d'un Comptoir d'escompte à Paris, 1.300.000 fr. sur les 30 millions votés par les Chambres pour le soutien du commerce et de l'industrie ; la somme, dans la suite, avait été augmentée de 400.000 francs et la ville de Paris avait ajouté sa garantie propre jusqu'à concurrence de 4 millions. Ainsi constitué, ce Comptoir avait fonctionné jusqu'en 1832.

La tâche était plus difficile en 1848, parce qu'il n'y avait aucun fonds disponible, — et d'autre part, il faut reconnaître, à l'honneur de Garnier-Pagès, qu'il hésita moins qu'on ne l'avait fait autrefois à recourir à ce moyen de salut ; c'est en octobre 1830 seulement, près de trois mois après le début de la crise, que le premier Comptoir d'escompte avait été créé. C'est dès le 7 mars que Garnier-Pagès fit signer à ses collègues le décret posant les bases de l'institution nouvelle.

La décision de principe avait été prise au cours d'une

courte délibération entre Garnier-Pagès, Duclerc, Marrast et Pagnerre ; l'organisation d'ensemble fut arrêtée par une commission que nomma le ministre et qui comprenait : Duclerc, Marrast, Pagnerre, Biesta, fondeur en caractères, A. Fould, banquier, Bourget, président du Tribunal de commerce, Léon Faucher, ancien député — et futur ministre de l'intérieur — Charles Gosselin, Legentil, président de la Chambre de commerce, Langlois, libraire-éditeur, Emile Pereire, l'ancien saint-simonien, administrateur du chemin de fer du Nord, Hachette, libraire-éditeur, Aristide Guilbert, économiste, Esnée, notaire, Shayé, agréé. Sénac, maître des requêtes, Pinard, banquier et Boissaye, négociant en tissus, ces deux derniers plus spécialement délégués des négociants de Paris.

A la suite de leurs travaux, le décret suivant fut rendu le 7 mars.

« Le Gouvernement Provisoire ; Attendu que par suite « des événements, un trouble considérable existe aujourd'hui dans les moyens de crédit privé, et que ce trouble « affecte particulièrement soit la fabrique, soit le commerce de détail ; que dans de telles circonstances, il « importe de donner l'exemple d'une de ces associations « fécondes qui, en unissant les forces, assurent à tous le « bienfait du crédit et la garantie du travail ; qu'un des « devoirs essentiels de l'Etat est d'intervenir dans une juste « mesure quand les citoyens sentent eux-mêmes le besoin « de se réunir pour créer entre eux une sorte d'assurance « mutuelle ; qu'il importe de généraliser ce genre d'association et d'en faire l'application dans tous les centres « de fabrication et de commerce. Décrète :

« 1° Dans toutes les villes industrielles et commerciales, « il sera créé un Comptoir national d'escompte destiné à « répandre le crédit et à l'étendre à toutes les branches de « la production.

« 2° Les Comptoirs auront un capital dont le chiffre « variera selon les besoins des localités.

« 3° Le capital sera formé dans les proportions suivan- « tes : un tiers en argent par les souscripteurs, un tiers en « obligations par les villes, un tiers en bons du Trésor « par l'Etat.

« 4° Les propositions sur la création de ces Comptoirs « seront adressées au ministre des Finances qui, après avoir « vérifié les versements faits par l'industrie privée, assu- « rera la part de contribution des villes et du Trésor. »

Le même jour, par arrêté du Gouvernement Provisoire, le Comptoir national de Paris était formé au capital de 20 millions, et le lendemain un décret nouveau fixait les bases de son organisation.

Le Comptoir national d'escompte de la ville de Paris devait être administré par une société anonyme, dispensée exceptionnellement de l'autorisation du Conseil d'Etat. Sa durée était fixée à trois ans et ce terme pouvait être prorogé par délibération des actionnaires, après consentement de la ville de Paris et approbation du ministre des Finances.

Suivant les termes du décret général du 7 mars, le capital (20 millions) devait être composé, pour un tiers en numéraire par les actionnaires souscripteurs, pour un tiers par la Ville de Paris en obligations et pour le dernier tiers par l'Etat en bons du Trésor. Le tiers fourni par les actionnaires serait divisé en actions de 500 francs, et les opérations du Comptoir commenceraient aussitôt que 5.000 actions auraient été souscrites. Quant au capital de la ville et de l'Etat (obligations et bons du Trésor), qui devait rester dans la caisse du Comptoir, il ne devait servir qu'éventuellement, en garantie des pertes qui pourraient résulter des opérations. D'ailleurs les bénéfices devaient appartenir aux seuls actionnaires, à l'exclusion de la Ville et de l'Etat.

Quant aux opérations du Comptoir elles devaient consister exclusivement dans l'escompte des effets de commerce sur Paris et les départements ; ne seraient admis à l'escompte que les effets de commerce revêtus de deux signatures au moins, dont l'échéance ne dépasserait pas 105 jours pour le papier sur Paris, 90 jours sur les places où il y aurait une banque locale ou un comptoir de la Banque de France et 60 jours sur les autres villes des départements.

Le 9 mars, le ministre des Finances nomma le conseil d'administration de quinze membres (MM. André, Augereau, Avrial, Boissaye, Cerceuil, Depouilly, Dubochet, Gillet, Hachette, Laveyssière, Levillain, Niel, Outin, Sommier et Thuilleaux). Pagnerre, secrétaire du Gouvernement Provisoire, fut nommé directeur, délégué du gouvernement, mais ne voulut accepter ces fonctions qu'à titre gratuit. Pinard fut nommé sous-directeur, et le 20 mars on adjoignit encore Biesta comme sous-délégué du gouvernement.

Un point important est à noter dans cette organisation du nouveau Comptoir d'escompte. L'entreprise était constituée en société anonyme, mais sans l'autorisation préalable du Conseil d'Etat ; c'était toute une révolution dans le domaine des sociétés commerciales. Sous le Code de commerce et jusqu'à la loi de 1867, aucune société anonyme ne pouvait se former sans autorisation du Conseil d'Etat. Or, suivant une jurisprudence constante, le Conseil d'Etat refusait son autorisation aux sociétés anonymes qui se proposaient de faire l'escompte ; les caisses privées jouissaient donc d'un monopole de fait. Mais elles venaient de prouver leur insuffisance et le décret du Gouvernement Provisoire qui dispensait les Comptoirs d'escompte de l'autorisation préalable du Conseil d'Etat, ne devait pas tarder à faire brèche. Même avant 1867, d'autres sociétés anonymes se créèrent pour faire les opérations d'escompte, et le système des caisses privées ne reparut plus. Il n'est pas sûr que Garnier-Pagès se soit rendu compte de cette portée de son décret, mais c'était un grand pas de fait vers la démocratisation du crédit.

Il fallait la souscription de 5.000 actions de 500 francs, soit 2.500.000 francs, pour que les opérations du Comptoir pussent commencer ; le 18 mars on n'avait encore réuni en souscription, malgré le concours de la Chambre et du Tribunal de commerce, que 1.587.021 fr. 45. Mais le 16 mars, était intervenu le décret instituant un impôt supplémentaire de 0 fr. 45 sur le principal des contributions directes et un décret annexe avait décidé que :

« 1° Une somme de soixante millions serait mise à la « disposition du ministre des Finances ;

« 2° Que cette somme serait répartie entre les divers « Comptoirs de Paris et des départements, proportion« nellement aux besoins des localités. »

Sur ces soixante millions que devait produire l'impôt

nouveau, le gouvernement avança immédiatement un million au Comptoir de Paris qui, ayant ainsi un capital de 2.587.021 francs, put commencer le lundi 18 mars ses opérations. Les bureaux avaient été installés dans une partie des appartements du Palais-Royal.

Dès le premier jour, 600 comptes courants furent ouverts et il resta à statuer sur 800 autres demandes. Le lundi, le Comptoir escompta pour plus d'un million de valeurs et le mardi pour 1.200.000 francs. Ces chiffres suffisent à montrer à quel besoin répondait l'institution nouvelle.

On trouve des renseignements sur les opérations du Comptoir de Paris dans le compte rendu de la première assemblée générale des actionnaires du 19 septembre 1848. A cette époque, le capital montait à 4.392.901 fr. 88, un second million ayant été mis par le Trésor à la disposition du Comptoir le 23 août.

Pour compenser l'insuffisance des souscriptions, le conseil d'administration avait décidé de retenir 5 o/o sur le montant des sommes escomptées, retenue qui, portée au fur et à mesure au crédit des comptes courants, donnerait droit, dès que le chiffre de 500 francs serait atteint, à une action du Comptoir. Toutefois, le conseil d'administration avait décidé d'exempter de cette retenue les comptes courants supérieurs à 100.000 francs ; mais cette mesure, qui établissait en somme un privilège en faveur des grands commerçants au détriment des petits, rencontra de l'opposition. Le *National*, en particulier, mena pendant quelques jours (20 et 21 mars) une vive campagne, et le 25 mars, on annonça que la retenue serait faite sur tous les bordereaux, à quelque somme que s'élevât le compte courant. Au 31 août, les retenues ainsi faites sur les bordereaux avaient produit 1.241.970 francs, qui avaient augmenté d'autant le capital social.

Le mot d'ordre donné par le ministre des Finances — et les dirigeants du Comptoir d'escompte entrèrent à merveille dans ces vues — était, dans la déroute générale du crédit, de sauver avant tout les maisons menacées, quitte à exposer quelquefois les capitaux du Comptoir. On ne se montra donc pas d'une rigoureuse sévérité sur les valeurs présentées à l'escompte, et pourvu qu'on sût venir en aide au commerce ou à l'industrie, on fit le plus large crédit.

Il n'y eut qu'une restriction : en raison de la modicité de son capital, le Comptoir ne put d'abord faire l'escompte que des valeurs sur Paris et sur les succursales de la Banque de France ; ce n'est qu'après le versement du second million par le Trésor (en septembre), qu'on commença à recevoir l'escompte des valeurs à 30 jours sur un certain nombre de places de province. C'était encore une limitation regrettable et dont on se plaignit ; mais elle était rendue nécessaire par l'insuffisance des capitaux.

Par contre une autre mesure fut généralement approuvée: les Comptoirs d'escompte devaient suppléer au manque de la troisième signature commerciale, réclamée par la Banque de France ; mais deux signatures déjà étaient, en temps de crise, difficiles à trouver : la création des sous-comptoirs de garantie vint remédier à cette difficulté. Mais leur fonctionnement est lié à une autre innovation de Garnier-Pagès, qu'il faut d'abord faire connaître. C'est celle des Magasins généraux, qui, pratiqués en Angleterre, étaient encore inconnus en France avant 1848.

Un rapport de Garnier-Pagès à ses collègues montre bien comment, dans son esprit, cette institution se liait à celle des Comptoirs d'escompte.

« La crise industrielle s'est manifestée sous deux aspects : « l'encombrement des portefeuilles, l'encombrement des « magasins. Par la chute des principaux établissements de « crédit, les négociants et les industriels se sont trouvés « subitement destitués des moyens de se procurer les capi- « taux qui leur étaient nécessaires, en même temps que « l'amoindrissement de la consommation les chargeait de « marchandises invendues. Préoccupés de cette double « nécessité, vous avez, sur ma proposition, décrété l'éta- « blissement de Comptoirs d'escompte à Paris et dans tous « les grands centres agricoles, industriels et commerciaux. « Unis dans une association puissante, le crédit de l'Etat « et celui des particuliers ont déjà rendu des services et « sont appelés, dans un prochain avenir, à exercer la plus « féconde influence.

« Aujourd'hui, vous devez faire pour la marchandise « ce que vous avez fait pour le papier : elle a besoin d'is- « sues ; il faut lui en ouvrir. Un grand nombre de mai- « sons recommandables et auxquelles se rattache par les « liens les plus étroits l'existence de plusieurs millions de « travailleurs, tombent ou sont sur le point de tomber, « quoique leur situation soit réellement favorable. Dans « peu de jours, si nous n'y prenons garde, la situation « pourrait s'aggraver. Les valeurs commerciales, créées « par les transactions antérieures, s'épuisent et les échanges « ayant diminué, elles ne se renouvellent que lentement.

« En cet état de choses, j'ai pensé que le meilleur moyen

« de remédier au mal, c'était d'anticiper sur la consom-
« mation par la circulation. J'ai pensé qu'il fallait ren-
« dre la vie, pour le moment, à des valeurs aujourd'hui
« stagnantes, et voici ce que j'ai l'honneur de soumettre
« à vos délibérations.

« Dans le but de mettre les chefs d'industrie en mesure
« de disposer dès aujourd'hui du prix de leurs marchandi-
« ses, il serait établi à Paris et dans les départements, des
« magasins généraux, où les négociants et les industriels
« viendraient déposer les matières premières, marchandi-
« ses et objets fabriqués, dont ils seraient propriétaires.
« En échange de leurs dépôts, ils recevraient une recon-
« naissance extraite d'un registre à souches. Ce récépissé,
« indiquant la valeur vénale de la marchandise, estimée à
« dire d'experts, constaterait la propriété qui serait trans-
« missible par voie d'endossement. Les porteurs des récé-
« pissés du magasin central seraient admis à les déposer en
« garantie au Comptoir d'escompte de leur circonscription.
« Revêtus du timbre de la République et représentant une
« valeur matérielle, solide, tangible, prochainement réa-
« lisable, les récépissés seraient regardés comme équiva-
« lant à une seconde signature. Je ne doute pas que cette
« seconde signature ne soit accueillie avec faveur par tous
« les grands établissements de crédit et que les souscrip-
« tions de billets si solidement garantis n'arrivent ainsi,
« par le seul intermédiaire des Comptoirs d'escompte, aux
« grands réservoirs des capitaux.

« Convaincu que cette mobilisation de valeurs aujour-
« d'hui paralysées contribuera puissamment à revivifier
« l'industrie, le commerce et conséquemment le travail,

« j'ai l'honneur de présenter à votre approbation le projet « de décret suivant :

« 1° Il sera établi à Paris etdans les autres villes où le be- « soin s'en fera sentir, des Magasins généraux où les négo- « ciants et industriels pourront déposer les matières pre- « mières, les marchandises, les objets fabriqués dont ils « sont propriétaires.

« 2° Les Magasins pourront être établis d'urgence par les « commissaires du gouvernement, sur la demande des « Chambres de commerce ou des Conseils municipaux.

« 3° Il sera délivré aux déposants des récépissés revêtus : « *a*) du timbre de la République ; *b*) du timbre des maga- « sins où les marchandises auront été déposées. Ces récé- « pissés, extraits de registres à souche transférant la pro- « priété des objets déposés, seront transmissibles par voie « d'endossement. Ils seront passibles d'un droit fixe qui « ne pourra dépasser un franc dix centimes.

« 4° Les magasins seront placés sous la surveillance de « l'Etat... (21 mars). »

Un arrêté du même jour affectait pour Paris l'entrepôt réel des douanes au dépôt des marchandises et chargeait l'administration de l'entrepôt de la délivrance des récépissés.

Ces mesures furent complétées par un décret du 26 mars : les marchandises déposées dans les Magasins généraux seraient inscrites, contre récépissé, sur un registre spécial indiquant la date du dépôt, le nom du déposant, l'espèce et la quantité des marchandises : des experts en détermineraient au cours du jour la valeur vénale qui serait inscrite au registre spécial. Tout transfert du récépissé serait mentionné sur le registre avec indication de la somme prêtée, que l'endos fût fait à titre translatif de propriété ou bien qu'il conférât simplement un privilège de nantissement sur la marchandise.

Deux articles ont une importance particulière :

« Art. 8. — Les Comptoirs nationaux d'escompte pour-
« ront admettre comme seconde signature le récépissé
« joint à un billet à ordre. Ce billet devra faire mention
« du récépissé. L'appréciation de la somme à avancer sur
« le récépissé sera faite par le Comptoir d'escompte ; la
« durée du prêt ne pourra excéder 90 jours.

« Art. 9. — La Banque de France et ses Comptoirs, ainsi
« que les banques départementales, pourront admettre les
« récépissés comme troisième signature. »

L'article 9 ne porte pas la mention du billet à ordre, mais il faut la considérer comme sous-entendue.

Tel fut le système général des récépissés (on ne disait pas encore des warrants) sur marchandises : il n'eut pas très grand succès, et pour bien des raisons. Les formalités compliquées d'inscription sur registre, d'énonciation de la valeur des marchandises à dire d'experts, etc., les conditions de forme et de publicité multiples qu'un décret d'août 1848 vint encore ajouter pour la transmission des récépissés, forçaient l'emprunteur à des démarches, des frais et même une divulgation de l'état de ses affaires, qui devaient l'éloigner des Magasins généraux. Quant à la nécessité du billet à ordre accompagnant le récépissé, pour que celui-ci pût servir de deuxième signature au Comptoir national d'escompte, ou de troisième à la Banque de France, le commerce l'accueillit fort mal ;

de fait, le récépissé n'avait plus ainsi que la valeur d'une signature jointe au billet à ordre. Enfin et surtout, le récépissé était un titre unique qui devait servir à la fois d'instrument de transmission de la propriété et d'instrument de nantissement ; cette dualité était embarrassante pour chacune des deux fonctions. Plus tard seulement, en 1858, on imagina de partager l'opération en deux, d'avoir et un récépissé dont l'endos transmît au cessionnaire la propriété de la marchandise, — et un warrant ou bulletin de gage dont l'endos valût simplement nantissement.

Mais pour toutes ces raisons, en 1848, le système des récépissés sur marchandises ne prit pas grande extension ; si, dans le courant de l'année, on ouvrit une soixantaine de Magasins généraux en province, beaucoup durent vite fermer, faute de clientèle. A Paris on envisagea surtout l'institution comme une sorte de Mont-de-Piété industriel, prêtant sur gage, et on en usa comme tel — ce qui rend d'ailleurs quelques services au commerce. Mais en ce temps de détresse financière, il en résulta contre les Magasins généraux une assez forte prévention ; un commerçant qui a recours au Mont-de-Piété ne passe jamais pour bien au-dessus de ses affaires.

C'est pour faciliter auprès des Comptoirs nationaux la négociation de ces récépissés sur marchandises que Garnier-Pagès créa les Sous-comptoirs d'escompte.

Le décret qui les institua, le 24 mars, était précédé d'un rapport de Pagnerre, directeur du Comptoir d'escompte de Paris, qui se terminait ainsi :

« Les mesures relatives à la Banque de France et aux « banques départementales, l'établissement d'un Comptoir

« national d'escompte à Paris, modèle d'établissements « semblables dans les départements et la création de ma- « gasins de dépôt, tendent déjà à assurer à la haute indus- « trie et au commerce intermédiaire tous les bienfaits du « crédit.

« Le projet de décret que nous vous présentons, citoyens, « entre naturellement dans l'ensemble du système répu- « blicain en matière de crédit industriel. Il crée sur tous « les points du territoire des sous-comptoirs de garantie, « qui portent les facilités de l'escompte jusque dans les « plus faibles régions de la vie industrielle, commerciale « et agricole. Désormais tous les intérêts, toutes les posi- « tions, tous les commerçants, tous les industriels, tous « les travailleurs, participeront également aux avantages « sociaux. Aucune espèce de valeur, quelque minime « qu'elle soit, ne restera stagnante et improductive ; elles « entreront toutes, sans exception, par des signes repré- « sentatifs, dans la circulation générale qui, ravivée par « tant de sources nouvelles, redonnera bientôt à toutes les « transactions, une immense et féconde activité. »

Le décret précisait ces considérations.

« Considérant que le décret du 8 mars 1848 relatif aux « Comptoirs d'escompte ne permet à ces établissements de « faire l'escompte que des valeurs revêtues de deux signa- « tures au moins ;

« Que le plus grand nombre des petits commerçants, des « industriels et des agriculteurs ne peuvent avoir cette « seconde signature ; qu'ils se trouvent ainsi privés des « ressources du Comptoir, n'ayant d'autres moyens de cré- « dit qu'un actif nécessairement immobilisé entre leurs « mains ;

« Qu'il importe de faire participer aux bienfaits du cré-
« dit par des institutions démocratiques tous les membres
« de la société qui en avaient été déshérités jusqu'à présent.

« Décrète :

« 1° Dans les villes où un Comptoir d'escompte existera, « il pourra être établi soit par localité, soit par agrégation « d'industries, des Sous-comptoirs de garantie destinés à « servir d'intermédiaires entre l'industrie, le commerce et « l'agriculture d'une part et les Comptoirs nationaux d'es- « compte de l'autre.

« 2° Les Sous-comptoirs seront organisés au moyen de « sociétés anonymes, dont le fonds social ne pourra être « moindre de 100.000 francs, divisé en actions au porteur « de 100 francs chacune. Ils seront autorisés à fonctionner « quel que soit le nombre des actions souscrites...

« .... 4° Les opérations des Sous-comptoirs consisteront à « procurer aux commerçants, industriels et agriculteurs, « soit par engagement direct, soit par aval, soit par endos- « sement, l'escompte de leurs titres et effets de commerce « auprès du Comptoir principal, moyennant des sûretés « données aux Sous-comptoirs par voie de nantissement « sur marchandises, récépissés des magasins de dépôt, « titres et autres valeurs.

« 5° Le fonds social des Sous-comptoirs n'est pas destiné « à la réalisation de l'escompte, mais seulement à garan- « tir les opérations du Sous-comptoir envers le Comptoir « principal. En conséquence tous les fonds constituant le « capital social seront versés au Comptoir principal dont « le Sous-comptoir de garantie formera l'annexe, et portés « au crédit de ce dernier et productifs d'intérêts.

« 6° Les Sous-comptoirs ne pourront se livrer à aucune « opération de quelque nature qu'elle soit, si ce n'est « comme intermédiaires du Comptoir principal, afin que « l'actif des Sous-comptoirs soit exclusivement affecté à la « garantie des opérations admises par le Comptoir prin- « cipal.

« 7° Pour compléter et même pour augmenter leur capi- « tal social, les Sous-comptoirs seront autorisés à faire sur « chaque opération une retenue de 5 o/o qui sera portée « au crédit de chaque commerçant, industriel ou agricul- « teur, lequel deviendra propriétaire d'une action à me- « sure que ces retenues auront atteint le chiffre de « 100 francs.

« 8° Les Sous-comptoirs seront autorisés à prélever sur « le produit net des sommes procurées 1/4 o/o par mois « de commission, indépendamment des frais de magasi- « nage ou autres.

« 9° Par dérogation aux dispositions du Code civil, re- « latives à l'exécution et aux effets du nantissement, les « Sous-comptoirs sont autorisés, huitaine après une simple « mise en demeure, sans qu'il soit besoin d'aucune autori- « sation de justice, à faire procéder à la vente publique des « marchandises données en nantissement par les officiers « ministériels compétents...

« 10° Les actes de société contenant les statuts des Sous- « comptoirs seront dispensés de l'avis du Conseil d'Etat et « de toute formalité autre que l'inscription au *Bulletin des* « *lois*. »

Le Sous-comptoir n'était donc qu'un intermédiaire entre le Comptoir et l'industrie : la défense qui lui était faite de se livrer à aucune opération propre, limitait étroitement son rôle.

Au 31 août, six sous-comptoirs étaient organisés et fonctionnaient à Paris ; en voici la liste, suivant l'ordre de leur création, avec indication de leur capital social :

Librairie	11 avril	26.000 fr.
Métaux	11 avril	101.411 fr.
Entrepreneurs	11 avril	129.967 fr.
Denrées coloniales	18 avril	41.708 fr.
Mercerie	15 juin	17.941 fr.
Tissus	15 juin	15.719 fr.

L'importance particulière du Sous-comptoir des entrepreneurs fit que le 4 juillet l'Assemblée Nationale mit 500.000 fr. à sa disposition, en même temps qu'elle garantissait ses opérations avec la Banque de France et le Comptoir national jusqu'à concurrence de 4.500.000 francs.

C'est dans ces conditions, avec le double secours des Magasins généraux et des Sous-comptoirs de garantie, que le Comptoir national d'escompte de Paris entreprit ses opérations.

En voici un aperçu pour les premiers mois, d'après le compte rendu de l'assemblée générale des actionnaires du 18 septembre 1848.

Les escomptes forment naturellement la part importante de ces opérations : on peut les distinguer en trois catégories.

1° Escompte d'effets à deux signatures sur Paris et les succursales de la Banque de France.

	Jours	Effets	Sommes
Mars	11	12.330	11.046.271 fr. 49
Avril.	26	20.864	15.449.377 » 43
Mai	27	23.559	14.911.660 » 42
Juin	25	17.657	11.876.741 » 22
Juillet.	26	22.543	14.174.869 » 41
Août.	26	19.534	12.919.406 » 20
	141	116.487	80.378.326 fr. 17

2° Escompte d'effets sur Paris à une signature, accompagnés de récépissés de marchandises.

Ceci fut la suite des décrets sur les Magasins généraux, et de l'autorisation donnée au Comptoir d'escompte d'escompter les certificats de dépôt, en comptant pour une signature la marchandise déposée.

Du 18 mars au 31 août, le Comptoir national escompta 2.014 effets accompagnés de récépissés, effets dont la valeur montait à 6.924.266 fr. 42.

3° Escompte des effets sur Paris présentés par les six Sous-comptoirs de garantie.

On se rappelle que les Sous-comptoirs avaient pour mission de procurer aux négociants, grâce à une garantie transmise par endossement, l'escompte par le Comptoir national d'un effet à une seule signature, les sûretés exigées consistant en nantissement de marchandises, récépissés de dépôt, titres ou autres valeurs.

Les Sous-comptoirs admirent à l'escompte et transmirent au Comptoir national, par endossement pendant la période qui nous occupe, 1.024 effets ayant une valeur de 5.822.994 fr. 83.

Ce qui fait une somme totale de 119.525 effets escomptés pour une valeur de 93.125.587 fr. 51.

A côté de l'escompte sur Paris et sur les places bancables, le Comptoir d'escompte se chargea du recouvrement des effets sur la province ; l'absence de maisons de banque correspondantes dans les villes de province rendait ces opérations difficiles ; aussi, le ministre des Finances, par des arrêtés du 17 mars et du 13 juin, chargea-t-il les receveurs généraux de faire le service des recouvrements des Comptoirs nationaux, jusqu'à ce qu'il y ait eu un assez grand nombre de Comptoirs de province. Le Comptoir recouvra ainsi jusqu'au 31 août, 70.041 effets pour une valeur de 15.904.956 fr. 75.

Enfin, le chiffre des réescomptes à la Banque de France s'éleva à la somme de 59.389.215 francs en 73.356 effets.

Mais ce ne sont là que les opérations du Comptoir national de Paris. Le décret du 7 mars avait aussi prévu la constitution de Comptoirs nationaux dans les grandes villes de province. Dès le 22 mars le Comptoir de Marseille commençait ses opérations. Mais les autres tardèrent un peu plus.

Aussi le 24 mars, deux circulaires importantes étaient-elles envoyées en province : l'une, du ministre du Commerce (1) aux Chambres de commerce et aux Chambres consultatives des arts et manufactures ; l'autre du ministre des Finances aux commissaires du gouvernement. Tous deux donnaient des conseils sur l'organisation des Comptoirs.

(1) Bethmont.

« Votre premier soin, disait la première, doit être de « constater la proportion habituelle des affaires de votre « circonscription, afin de déterminer comparativement « l'importance que doit avoir le capital du Comptoir à « fonder dans votre ville. Vous désignerez ensuite, séance « tenante, trois membres de votre chambre qui s'enten-« dront avec les délégués de l'autorité municipale pour « arrêter d'accord les bases d'organisation de l'établisse-« ment, en rédiger les statuts sur les bases de ceux de « Paris, dresser la liste des administrateurs et préparer les « arrangements matériels nécessaires pour l'installation « immédiate du service... Les autres membres se rendront « individuellement chez tous les propriétaires, banquiers, « commerçants et industriels pour leur demander leur « souscription personnelle. Ils leur feront connaître l'im-« portance du capital fixé par votre Chambre et leur rap-« pelleront... que les actionnaires ne doivent supporter « qu'un tiers des pertes éventuelles... Aussitôt que vous « aurez réalisé les souscriptions pour le tiers environ du « capital à fournir par les actionnaires et que vous aurez « reçu l'approbation du ministre des Finances, le conseil « d'administration déclarera le Comptoir constitué et les « opérations commenceront. Réduit à ses ressources pro-« pres, le Comptoir bientôt épuisé par le mouvement des « escomptes ne pourrait exercer sur votre place qu'une « action fort limitée. Pour remédier à cet inconvénient, « vous vous adresserez à la Banque départementale (ou au « Comptoir d'escompte de la Banque de France) établie « dans votre ville ; elle recevra les bordereaux des effets « escomptés par le Comptoir et vous en fournira la contre-

« valeur. Vous pourrez ainsi renouveler vos ressources et « en tenant votre escompte à un taux supérieur de 1 à 2 o/o « à celui de la banque, vous vous assurerez les moyens de « pourvoir à vos dépenses. »

L'appel fut écouté, et au début d'avril, les Comptoirs de Nantes, de Reims, de Clermont-Ferrand, de Mulhouse, de Troyes, de Bordeaux et de Rethel fonctionnaient déjà. En mai, les Comptoirs étaient au nombre de 44 et dans le courant de 1849, de 67. Pourtant le capital prévu n'avait été réuni nulle part, pas plus en province qu'à Paris, et comme sur les 60 millions, dont il avait été question d'abord, le gouvernement n'en fournit qu'une douzaine, c'est avec une somme totale de 33 à 35 millions que les Comptoirs firent leurs escomptes jusqu'en 1850.

Mais tels qu'ils étaient, ils rendirent de grands services : nous avons vu les opérations du Comptoir de Paris. En province, grâce aux Comptoirs, le taux de l'argent qui était monté jusqu'à 15 o/o, redescendit aux environs de 6 o/o, et en 1849, ceux-ci avaient escompté pour 385 millions d'effets et encaissé 800 millions de francs. C'étaient là des services inappréciables en un temps où tout crédit était suspendu.

Cette institution des Comptoirs d'escompte est sans doute la partie la plus heureuse de l'œuvre de Garnier-Pagès. Sauver le commerce privé par le crédit privé auquel l'Etat donnait à la fois son aide matérielle et l'appui de son autorité, était la seule façon de conjurer la crise. La décision en fut prise sans tarder et l'organisation bien conçue, rapidement conduite. Les Comptoirs d'escompte ne purent empêcher la déconfiture de maisons trop engagées dans des opérations hasardeuses, ni d'autres même, qui avaient eu le seul tort d'une politique confiante ; mais ils enrayèrent la crise, permirent aux commerçants affolés de se ressaisir et de se sauver, rien qu'en reprenant confiance en eux-mêmes.

Les Magasins généraux eurent un moindre succès : les formalités de dépôt étaient trop compliquées et onéreuses, la marchandise insuffisamment mobilisée. Et les Sous-comptoirs sur lesquels on avait tant compté, ne furent que d'un secours limité ; la perspective en effet d'avoir à vendre aux enchères les produits entreposés, n'était pas rassurante dans tous les cas ; l'opération n'était même possible que pour les produits non susceptibles de dépréciation : pour les autres, les risques étaient trop grands. D'où le petit nombre de Sous-comptoirs qui se créèrent et la réussite parmi eux des seuls Sous-comptoirs des métaux et des entrepreneurs (1).

Mais les Magasins généraux n'étaient en somme qu'une annexe des Comptoirs d'escompte, et de ceux-ci on peut dire qu'ils rendirent tous les services qu'on avait attendus d'eux.

(1) V. le tableau de la page 92.

CHAPITRE V

LA DETTE PUBLIQUE.

Si la création des Comptoirs d'escompte avait redonné quelque confiance au crédit privé, la situation du Trésor public n'en était pourtant pas améliorée.

Garnier-Pagès en arrivant au pouvoir le 5 mars avait trouvé en caisse 34 millions disponibles : depuis il fallait avec ces faibles ressources subvenir aux dépenses courantes et aux dépenses extraordinaires, de sorte que — l'expression est de Garnier-Pagès — on voyait l'argent s'écouler du Trésor comme l'eau d'une écluse ouverte. Non seulement les ressources ordinaires faisaient défaut, mais le gouvernement était obligé de répondre à des demandes de remboursements, auxquelles il ne pouvait faire face.

Les Caisses d'épargne se trouvaient débitrices au 24 février de 355 millions dont 66 seulement en compte courant au Trésor. Le reste se trouvait immobilisé en rentes ou actions de canaux dans la proportion suivante :

5 o/o	34.106.135
4 o/o	202.316.175
3 o/o	34.084.447
Actions des 4 canaux. . .	14.059.120
Actions des 3 canaux. . .	4.818.218
Total.	289.384.095

Dès le 26 février, il y eut des demandes de remboursement de livrets : à mesure que la crise commerciale s'étendit, elles allèrent en nombre croissant. Elles ne furent que d'un million la première semaine, mais d'un million 800.000 francs la seconde, — et la progression s'accentua. Le 15 mars, il fallut rembourser 3.353.000 francs. Or, au taux où était tombé la rente, le gage était en fait indisponible, de sorte que le Trésor supportait directement le poids du remboursement.

De même les porteurs des 318 millions de bons du Trésor qui venaient à échéance refusaient de les renouveler au fur et à mesure de ces échéances ; les receveurs généraux, harcelés par ceux qui avaient versé de l'argent en compte courant au Trésor, réclamaient ces avances exigibles ; les villes, obligées de faire des prêts à leurs habitants pour entretenir le travail ou même pourvoir aux subsistances, retiraient leurs fonds de la Caisse des dépôts et consignations, — et tous les autres consignants, pour pouvoir en faire de même, transigeaient à tout prix. Les Compagnies de chemins de fer, pour ne pas suspendre leurs travaux, demandaient à l'Etat des avances sur leurs cautionnements ; les administrateurs du chemin de fer de Lyon réclamaient ainsi 2.440.000 francs ; ceux du chemin de fer de Dieppe 170.000 francs de remboursement de cautionnement et un prêt de deux millions : ils ajoutaient que si on ne leur envoyait 150.000 francs pour la paie du prochain samedi, leurs 4.000 ouvriers non payés abandonneraient leurs ateliers pour refluer sur Rouen ou même sur Paris. De même la Compagnie du chemin de fer de

Nantes, de même celle du Nord, qui d'ailleurs devait à l'Etat et refusait de s'acquitter.

Bref tous les créanciers de l'Etat se montraient exigeants et aucun débiteur n'acceptait de payer.

Pour ce qui est des impôts, les indirects rentraient très mal : ce qui se conçoit, puisque chacun restreignait au minimum ses consommations.

En février, les droits de douane à l'importation baissaient de 2.800.000 francs ; en mars, de 6.300.000 ; les droits de timbre, de 104.000 francs en février et de 1.310.000 francs en mars ; les droits d'enregistrement et d'hypothèque, de 3.687.000 fr. en mars ; les droits sur les boissons de 1.850.000 francs en mars, etc. Au total, en février, les droits indirects perdaient 2.027.000 francs, sur le chiffre correspondant de 1847 et en mars, 14.238.000. Pour le trimestre entier, le déficit était de 16.310.000 sur un produit total de 177.964.000 francs, soit près de 10 o/o.

Il faut pourtant ajouter que les contributions directes accusaient en ce même mois de mars une forte plus-value : les appels pressants du Gouvernement Provisoire n'avaient pas été vains et beaucoup de contribuables avaient eu à cœur de verser en une seule fois le montant total de leurs douzièmes exigibles. Le douzième de mars n'était que de 35.483.310 francs et ce furent 59.550.540 francs qui rentrèrent dans les caisses de l'Etat, soit un excédent de versement de plus de 24 millions. Mais cet excédent même n'arrivait pas jusqu'au Trésor central : arrêté en route par les receveurs généraux, obligés de rembourser, comme on l'a vu, les avances des comptes courants, le seul impôt recouvré dans de bonnes conditions ne pouvait presque pas fournir de fonds disponibles.

On comprend dans ces conditions la réelle détresse de Garnier-Pagès, lorsque le directeur du mouvement des fonds venait l'informer des entrées et des sorties d'un Trésor dont le niveau baissait à vue d'œil. Sur un ton pathétique, il raconte quels regards navrés il échangeait avec son Sous-secrétaire d'État quand on leur répétait : « Nous pouvons encore vivre quinze jours, dix jours, huit jours. » Et. si la situation est peut-être un peu dramatisée sous sa plume, on comprend pourtant l'angoisse de cet honnête homme devant la pire des catastrophes sociales imminentes.

Car si le Trésor se vidait, une autre caisse. elle aussi, allait bientôt se trouver sans ressource, celle de la Banque de France, et c'était peut-être plus grave encore, car aux époques de crise, la Banque de France est le soutien et la sauvegarde du Trésor. Or la Banque sur l'ordre du gouvernement — et à juste titre — n'avait pas voulu précipiter la crise du crédit par des mesures de défiance. Elle avait consenti à escompter les effets comme par le passé, et si en temps ordinaire les trois signatures qu'elle exigeait la couvraient amplement, l'opération en mars 1848 était beaucoup plus hasardeuse. Du 26 février au 15 mars, elle avait pourtant escompté pour 110 millions. Mais cela n'eût pas été grave, si l'on ne s'était aussi pressé aux guichets de la Banque pour obtenir le remboursement de ses billets. Etait-ce crainte du cours forcé et souvenir des assignats, ou simple désir d'obtenir des pièces d'or dont, quelque graves que pussent être les catastrophes à venir, la valeur marchande ne baisserait pas ? l'un et l'autre sans doute ; en tout cas, le mouvement fut général ; pour payer à bureau ouvert, on dut doubler les guichets ; au 14 mars, l'encaisse était descendue de 140 à 70 millions, le 17 mars à 59. Or il restait pour 260 millions de billets en circulation et la Banque était encore redevable de 85 millions de dépôts. Et sur l'encaisse, 45 millions appartenaient au Trésor. Là aussi le gouverneur, d'Argout, surveillait avec angoisse les mouvements de la caisse et apportait ses inquiétudes au ministre des Finances. « Quelques jours encore », disait-il, lui aussi, « et c'est la faillite. »

A tant de maux, tant bien que mal, Garnier-Pagès tenta de trouver des remèdes. La tâche était malaisée et de celles qu'aucun financier sans doute n'eût pu entreprendre à la satisfaction de tous. Il est certain que la plupart des mesures prises furent des mesures d'à peu près, qui lésaient certains intérêts et rejetaient sur l'avenir, à une époque moins troublée, la solution des difficultés. La critique était fatale, mais même avec le recul du temps et à tête reposée, il est malaisé d'imaginer une politique en tout point moins imparfaite.

Les Caisses d'épargne furent l'objet d'une des premières mesures : le 9 mars un décret portait de 4 à 5 o/o l'intérêt des sommes versées. « De toutes les propriétés, disait Gar-« nier-Pagès, la plus inviolable et la plus sacrée, c'est l'é-« pargne du pauvre. Les Caisses d'épargne sont placées « sous la garantie de la loyauté nationale. La situation de « ces Caisses a été la première sollicitude du ministre des « Finances et du Gouvernement Provisoire. Le Trésor tien-« dra tous ses engagements... »

Garnier-Pagès avait-il compté que l'élévation du taux de l'intérêt suffirait à arrêter les demandes de remboursement? Il se trompait en tout cas, puisque le 10 mars ces demandes, atteignant leur chiffre le plus élevé, dépassaient 3.300.000 fr. Il fallait une mesure radicale, malheureusement en contradiction avec les principes proclamés la veille.

Le 10 mars, le ministre des Finances proposa donc un nouveau décret à la signature de ses collègues ; il constatait que sur les 335.087.717 fr. 32 versés aux Caisses d'épargne sous la monarchie, il ne restait de disponible en espèces que 65.703.620 fr. (soit à cette date presque tout le disponible du Trésor) ; en même temps il posait les principes suivants : « Attendu que les petits dépôts appartiennent en principe à des citoyens nécessiteux ; que les dépôts élevés appartiennent au contraire à des personnes généralement aisées ; qu'il importe de concilier l'intérêt de la justice avec celui du Trésor, celui des particuliers avec celui du public... » Et voici l'application : tous les livrets de 100 fr. et au-dessous seraient remboursés en espèces ; ceux de 101 à 1.000 francs toucheraient 100 francs en espèces : pour le surplus, jusqu'à concurrence de la moitié de la somme versée, le remboursement se ferait en bons du Trésor à 4 mois, portant intérêt à 5 o/o. et pour la dernière moitié, en rentes 5 o/o au pair. Si le total du livret dépassait 1.000 francs, la proportion des remboursements serait la même, mais les bons du Trésor seraient à 6 mois.

Seuls les livrets des sociétés de secours mutuels, et les livrets inscrits depuis le 24 février 1848 pourraient être remboursés intégralement en espèces.

Le décret fut généralement très mal accueilli et sa nouvelle accentua le fléchissement de la Bourse. On prononça le mot de spoliation. Il est certain que la mesure était désastreuse pour les déposants qui demandaient le remboursement : la rente 5 o/o qu'on leur donnait au pair était cotée le 10 mars à 75 et depuis le 24 février les bons du Trésor n'étaient plus cotés du tout ; on prévoyait même déjà (ce qui ne tarda pas) le remboursement des bons du Trésor eux-mêmes en rente au pair. La perte se chiffrait donc au moins à 25 o/o. Mais il faut aussi songer que, le remboursement en espèces étant impossible, il n'y avait guère d'autres moyens d'enrayer la crise.

Ce qui est surtout critiquable, c'est la limitation à 100 francs des remboursements en espèces ; car le principe proclamé que les faibles dépôts appartenaient aux citoyens les plus nécessiteux et ceux de plus de 100 francs aux citoyens aisés, n'était pas démontré : aucun capitaliste ne place ses fonds à la caisse d'épargne ; comme aujourd'hui, c'étaient en 1848, les petits commerçants, les ouvriers économes qui formaient la masse des déposants, et si leurs dépôts étaient plus forts c'est que leur économie avait été plus diligente, ce n'est pas que leur besoin d'argent en cette heure critique fut moins grand. Or la différence faite entre eux était très sensible : en comptant, comme il semble logique, 25 o/o de perte sur la rente et les bons du Trésor, un déposant de 100 francs ne perdait rien, un déposant de 200 francs perdait 25 francs ; un déposant de 1.000 francs perdait 225 francs. La progression était trop abrupte et on comprend le mécontentement provoqué.

Plus tard, d'ailleurs, l'Assemblée Constituante tâcha de

réparer le mal fait par cette banqueroute partielle qui atteignait surtout la classe la moins fortunée.

Les bons du Trésor durent bientôt subir un sort analogue à celui des dépôts de Caisses d'épargne : nous avons vu comment le gouvernement de Louis-Philippe en avait lourdement chargé la dette flottante, si lourdement que, même avec élévation du taux, toute émission nouvelle en était rendue difficile et limitée. Aussi, tous les bons qui arrivaient à échéance étaient-ils présentés au remboursement et à aucun prix les porteurs ne voulaient-ils entendre parler de renouvellement de leur créance. Du 25 février au 15 mars, il fallût ainsi rembourser pour 44 millions de bons.

Il fallait donc à tout prix boucher cette nouvelle fissure par où les fonds s'écoulaient du Trésor ; il n'y avait qu'un moyen : consolider cette autre partie de la dette flottante. Le 16 mars, Garnier-Pagès présentait un rapport en ce sens au Gouvernement Provisoire ; il y motivait ainsi ses raisons :

« Quant aux bons du Trésor, je n'avais encore soumis « au gouvernement de la République aucune proposition « directe ; voici pourquoi. L'examen à la fois rapide et « approfondi des éléments divers qui composaient alors « la situation générale du pays, sous le rapport financier « et politique, m'avaient donné l'assurance que les bons du « Trésor pourraient être successivement retirés de la cir- « culation. Il m'avait paru que le gouvernement de la « République ne pouvait manquer d'obtenir, pour un bon « usage, les facilités dont le gouvernement déchu avait si « largement abusé. J'avais pensé que quelques-unes des « sommes les plus immédiatement exigibles pourraient

« être reportées sur des époques moins difficiles ; et je dois « dire que quelques offres m'étaient spontanément parve- « nues. Dans cette situation, je vous avais proposé et vous « aviez décidé que le paiement des bons du Trésor ne subi- « rait aucune modification. En effet, depuis le jour de « l'installation de la République, nous avons éteint 44 mil- « lions de bons de Trésor.

« Depuis quelques jours malheureusement cette pers- « pective s'est un peu troublée. La confiance qui reparais- « sait s'est encore éloignée. Une inquiétude mal fondée a « momentanément prévalu. Les exemples d'intelligent « patriotisme donnés par quelques hommes ont trouvé « peu d'imitateurs. Tous les bons échus ont dû être rem- « boursés en espèces et il est à craindre qu'il n'en soit « ainsi pour la somme totale de ce qui reste encore des « émissions antérieures à l'établissement de la République.

« Le danger que vous aviez voulu éloigner subsiste donc « dans toute son intensité ; je vous propose d'y parer défi- « nitivement en décidant que le ministre des Finances « sera autorisé à offrir aux porteurs la conversion de leurs « bons en coupons de l'emprunt national, rente 5 o/o au « pair ou leur ajournement à six mois du jour de l'échéance. « Si le Gouvernement Provisoire adopte la mesure que j'ai « l'honneur de lui soumettre, voici quelle sera désormais « la situation de la dette flottante ;

« Le 24 février elle était de 872 milions ; par votre décret. « elle sera réduite à 487.157.600 francs, savoir :

« 362.157.600 Montant des fonds presqu'immobilisés au « Trésor tels que les fonds des commu- « nes et des établissements publics,

« de la marine, avances des receveurs « généraux, etc.

« 125.000.000 Evaluation des sommes exigibles tant en « argent qu'en bons du trésor à 4 mois « et à 6 mois, sur les Caisses d'épargne « en vertu du dernier décret.

« 487.157.600

« Vous le voyez, citoyens, cette mesure, que les hommes « les plus compétents s'accordent à réclamer, ne blesse « réellement qu'un très petit nombre d'intérêts respecta- « bles. Je ne crains point que ceux-là s'en plaignent. La « nécessité des sacrifices est dans tous les esprits, tous les « cœurs. Nous en avons demandé aux petits capitalistes qui « alimentent les Caisses d'épargne ; nous en demandons « aujourd'hui aux propriétaires (1) ; nous en demandons « aux industriels et aux commerçants. Serait-il juste dès « lors que les plus riches échappassent à la loi commune ? « Vous ne le pensez pas. Ils ne le voudraient pas.... »

On avait hésité quelque peu sur le mode de consolidation : à la Bourse du 16 mars, on avait tablé sur la consolidation en 3 o/o au cours de 50 francs, au fur et à mesure de l'échéance des bons. Or, à la Bourse du 16 mars, le 3 o/o oscillait entre 48 et 46, et les porteurs de bons n'étaient pas trop mécontents. Mais le gouvernement dut s'avouer que dans ces conditions aucun renouvellement ne se produirait, et la lecture du *Moniteur*, le matin du 17, vint détruire chez les capitalistes la confiance de la veille ; les conditions qu'on leur imposait étaient singulièrement plus dures. Voici le texte du décret :

(1) Allusion à l'impôt de 45 centimes décrété le même jour.

« Considérant que le gouvernement déchu a légué à la « République une dette flottante immédiatement ou pro- « chainement exigible et qui,à la date du 25 février dernier, « ne s'élevait pas à moins de 872 millions.

« Que les bons royaux,dont une partie a déjà été acquit- « tée par le Trésor de la République, figurent encore dans « la dette flottante pour une somme de 274.533.900 « francs (1).

« Que ces bons sont en majeure partie la propriété des « capitalistes, dont les intérêts ne sont pas directement « liés à ceux de l'industrie et du commerce.

« Que ces bons ne seront pas stérilisés dans les mains « des détenteurs, puisque les intérêts continueront d'être « servis à raison de 5 o/o.

« Le Gouvernement Provisoire décrète :

« 1° A partir du jour de la promulgation du présent « décret et jusqu'à la décision de l'Assemblée Nationale, « les détenteurs des bons royaux, créés antérieurement à « la date du 24 février 1848, pourront les échanger contre « des coupons de l'emprunt national, rente 5 o/o au pair. « Dans le cas où l'échange ne serait pas accepté, ces bons « seront remboursés par le Trésor public en espèces dans « les six mois du jour de leur échéance.

« 2° Les bons du Trésor émis contre espèces ou en renou- « vellement de bons échus par le département des Finan- « ces depuis l'établissement de la République seront de « plein droit remboursés en monnaie légale. »

(1) 274 millions et 44 millions remboursés font bien les 318 millions indiqués par le rapport Ducos comme formant le total des bons du Trésor au 24 février.

Comme l'emprunt national en 5 o/o n'avait pas de cote en bourse, la mesure équivalait à une consolidation en 5 o/o au pair. Au 17 mars la cote du 5 o/o était à 71, ce qui équivalait pour les porteurs de bons à une perte de 30 o/o. La situation qui leur était faite était donc encore plus mauvaise que celle faite aux porteurs de livrets de caisse d'épargne. Mais c'était la seule façon pour le Trésor d'avoir chance de voir renouveler ses bons.

Le plus grave reproche qu'on puisse faire à Garnier-Pagès est d'avoir trop tardé à prendre cette mesure, qui à une heure où le 5 o/o était encore à un taux plus élevé, eût été moins désastreuse pour les porteurs de bons et eût épargné des remboursements au Trésor.

Quant à l'emprunt national auquel il était fait allusion dans le décret de consolidation des bons du Trésor, ce fut une tentative un peu naïve de la part de Garnier-Pagès.

L'emprunt de 1847 en 3 o/o (350 millions, — sur lesquels la maison Rotschild en avait soumissionné 250 — émis à 72 fr. 48) se soldait par versements mensuels. La révolution de février suspendit ces versements et les souscripteurs — Rotschild finalement comme les autres — déclarèrent qu'ils ne pouvaient dans les circonstances nouvelles tenir leurs engagements anciens.

Privé de cet appoint, Garnier-Pagès crut — ou feignit de croire — qu'il suffirait de faire appel au patriotisme français pour fournir au Trésor l'argent qui lui manquait. Il fit promulguer le décret suivant (9 mars) :

« Le Gouvernement Provisoire,

« Considérant qu'un grand nombre de citoyens a offert « au Gouvernement Provisoire de la République le don

« volontaire et gratuit de sommes et valeurs considéra-
« bles.

« Considérant que la situation financière de la Répu-
« blique est trop rassurante pour que le gouvernement
« puisse équitablement accepter ce témoignage d'une pa-
« triotique abnégation.

« Considérant néanmoins qu'il importe d'accueillir,
« autant que faire se peut ces nobles manifestations du
« dévouement à la patrie. Décrète :

« 1° La somme de 100 millions qui reste encore à émet-
« tre sur le montant de l'emprunt décrété par la loi du
« 8 août 1847 sera immédiatement émise par les soins du
« ministre des Finances.

« 2° Cet emprunt portera le nom d'Emprunt National.

« 3° Les souscriptions resteront ouvertes pendant un
« mois à partir de la promulgation du présent décret.

« 4° Les souscripteurs recevront une rente 5 o/o nomi-
« native ou au porteur, laquelle sera inscrite au Grand-
« Livre de la dette publique, jouissance du 22 mars 1848.

« 5° Quand bien même la rente 5 o/o dépasserait le pair,
« dans le mois qui suivra la promulgation du présent dé-
« cret, les titres de l'emprunt national seront délivrés au
« pair.

« 6° Conformément aux dispositions du paragraphe 2 de
« l'article unique de la loi du 8 août 1847, la dotation de
« la Caisse d'amortissement sera accrue à partir de la clô-
« ture des souscriptions d'une somme égale au centième
« du capital nominal des rentes, qui seront négociées en
« vertu du présent décret. »

Quelques jours plus tard, une proclamation de Garnier-

Pagès développait les considérants du décret (14 mars) :

« Citoyens... L'emprunt national n'est pas une opération « financière : c'est une mesure politique. Au moment où « la rente est au-dessous du pair, le gouvernement vient « demander aux capitalistes grands et petits de montrer « par un éclatant témoignage qu'ils regardent le crédit de « l'Etat comme au niveau du pair. Cet appel sera entendu : « il l'a été ; le chiffre des premiers versements atteste que « tout le monde comprend combien est étroite la solidarité « du crédit public et du crédit privé. Améliorer le sort du « peuple, rétablir la circulation un moment diminuée, « vivifier l'industrie et le commerce qui vivifient le tra- « vail ; donner au travail et aux travailleurs tous les en- « couragements, toutes les garanties qui leur sont dus ; « fonder l'ordre sur la justice ; rassurer tous les intérêts « légitimes ; les protéger tous avec une égale sollicitude, « avec une égale fermeté ; telle est la mission du gouver- « nement de la République. Il y réussira, mais à une con- « dition, c'est que le crédit public se relèvera promptement « de cette déchéance factice où le précipite une panique « irréfléchie.

« Citoyens, la volonté est en nous : le pouvoir est en « vous. J'attends avec le calme du devoir accompli que « vous nous fournissiez les moyens de fonder pacifique- « ment la République. »

Ce chaleureux appel resta sans résultat. Il y eut à peine pour 500.000 francs de souscriptions spontanées. En pouvait-il être autrement ? La sentimentalité financière du décret de Garnier-Pagès pouvait-elle éveiller un écho ? Le ministre des Finances avait raison de dire que ce n'était pas une opération financière qu'il proposait. Au 10 mars le crédit de l'Etat coté en 5 o/o valait 75 francs. Offrir du 5 o/o au pair, c'était demander aux souscripteurs de faire cadeau à l'Etat de 25 o/o du montant de leur souscription.

Sans doute Garnier-Pagès avait pu rêver d'un élan patriotique semblable à celui des engagés de 92 et d'estrades où se presseraient à l'envi pour souscrire les volontaires nationaux de l'emprunt ; mais c'est une vieille constatation que le sacrifice de la fortune est plus malaisé à obtenir que celui de la vie. Il n'en est guère qu'un exemple historique, c'est la nuit du 4 août, et encore sait-on que le lendemain plus d'un regrettait sa griserie. L'enthousiasme ne manquait pas en 1848, mais c'était plutôt un enthousiasme intellectuel et sentimental pour de nobles idées, que cet élan passionné, presque farouche qui avait soulevé la nation entière de 89 à 93 et avait vraiment fait taire pour un temps les égoïsmes au profit du salut de tous. Puis la population ouvrière, qui avait applaudi en février à la chute du roi, n'avait pas de capitaux à offrir ; des ouvriers économes aient fait généreusement don des quelques cent francs qu'ils avaient épargnés ; mais de tels sacrifices fort émouvants — quoiqu'on eût organisé autour d'eux une réclame bien bruyante — ne pouvaient que rester isolés. La petite et la grande bourgeoisie, que la République effrayait et qui cachaient leur or, n'avaient nulle envie de se montrer généreuses. Leurs journaux raillèrent la crédulité du ministre des Finances et l'Emprunt National — qui ne fut jamais coté — sombra dans l'oubli.

Pour compléter cette étude en matière de dette publique,

il faut indiquer la politique d'amortissement suivie par Garnier-Pagès.

Les dangereuses pratiques financières du gouvernement de Louis-Philippe avaient engagé jusqu'en 1859 les réserves de l'amortissement pour l'exécution des travaux publics en cours, sans imaginer que, par suite d'une crise, les fonds publics, qui dépassaient le pair, pourraient retomber au-dessous et qu'ainsi les ressources de l'amortissement devraient être rendues à leur destination naturelle, prévue par la loi de 1833.

C'est ce qui se produisit après février : dès la réouverture de la Bourse, tous les fonds publics étant tombés au-dessous du pair, le directeur de la Caisse des dépôts et consignations rappela au ministre que la loi de 1833 l'obligeait à mettre à sa disposition les ressources aussi bien de la dotation que de la réserve de l'amortissement du 4 1/2 et du 5 o/o, devenues applicables au rachat des rentes (1). Garnier-Pagès répondit dans son rapport du 9 mars au Gouvernement Provisoire. « L'amortissement doit être maintenu ; c'est un « engagement de l'Etat envers ses créanciers : il faut que « cet engagement soit rempli. Mais le gouvernement déchu « avait disposé par avance des réserves de l'amortissement. « Lorsque la rente est tombée au-dessous du pair, nous « nous sommes donc trouvés dans cette alternative ou de « faire mouvoir l'amortissement et de suspendre les tra- « vaux, ou de les continuer en donnant comme par le

(1) La réserve disponible pour 1848 s'élevait à 84 millions. Sur ce chiffre 25.816.000 francs avaient été affectés à solder le déficit probable du budget de 1847 et le surplus devait servir à couvrir celui qu'on pouvait déjà prévoir sur le budget de 1848.

« passé des bons du Trésor au lieu de numéraire à la caisse « d'amortissement. Ce dernier parti avait le double avan-« tage d'assurer du pain à ceux qui n'en ont pas et de lais-« ser les espèces dans les caisses du Trésor : plus de « 500.000 francs par jour. Il était donc impérieusement « commandé par les circonstances. Je l'ai pris. j'ai décidé « que la Caisse d'amortissement continuerait de recevoir « des bons du Trésor au lieu d'espèces. en ce qui touche « les rentes 5 o/o et 4 1/2 o/o. »

On voit donc la situation inextricable dans laquelle le gouvernement de Louis-Philippe avait laissé ses successeurs. Les réserves de l'amortissement dans les dernières années avaient toutes passé à couvrir les déficits des budgets, et les travaux en cours se soldaient par des bons du Trésor. En une confiance présomptueuse, le budget proposé pour 1848 affectait les réserves de l'amortissement à ces travaux en cours, jugeant impossibles de nouveaux déficits. Et non seulement ces déficits apparaissaient, mais — autre éventualité imprévue — les conditions de l'amortissement posées par la loi de 1833 allaient se trouver réalisées. Le maintien du statu quo, c'est-à-dire l'émission de bons du Trésor pour faire mouvoir l'amortissement, était donc bien la seule mesure possible.

Le 3 et le 4 o/o étaient au-dessous du pair avant la révolution ; rien ne fut changé en ce qui les concerne : la Caisse put continuer à se servir de la dotation propre de ces deux fonds pour les racheter en espèces. Mais alors la différence de traitement qui en résulta pour les différents fonds — le 3 et le 4 o/o jouissant seuls du privilège de l'amortissement effectif, contrairement à l'esprit de la loi de 1833 — parut en général critiquable. Une délibération de la commission de surveillance de la Caisse d'amortissement protesta (14 mars) contre la destruction du principe d'égalité entre les divers porteurs. Le ministre des Finances supporta mal ces critiques et par décret du 25 mars 1848 supprima la commission de surveillance de la Caisse d'amortissement et de la Caisse des dépôts et consignations... « Considérant qu'en l'état des choses ce n'est que « par le ministre des Finances et sous sa responsabilité que « peut être régulièrement exercée la surveillance des opé- « rations de la Caisse d'amortissement et de la Caisse des « dépôts et consignations... » Cette mesure peu justifiée et presque rancunière eut le même jour en Bourse un retentissement fâcheux : les dispositions étaient déjà mauvaises. L'annonce du nouveau décret causa une panique. Le 5 o/o baissa de 4 points ; le 3 o/o de 3 points et demi, l'action de Banque de France de 150 francs...

Mais Garnier-Pagès alla plus loin : par décision du 27 mars, il interdit l'achat de rente à la Bourse, même avec les fonds provenant de la dotation du 3 et du 4 o/o. Les versements que le Trésor aurait eu à faire de ce chef, devraient être consacrés à retirer, pour les amortir, les rentes déposées par les Caisses d'épargne dans la Caisse des dépôts. Cet amortissement occulte avait le double inconvénient de son défaut de publicité et d'une réalisation à des cours avilis du gage des porteurs de livrets. C'était une préface qui annonçait déjà le décret du 14 juillet 1848, qui devait consolider définitivement les fonds des Caisses d'épargne ; à cette époque, d'ailleurs, tous les fonds de la Caisse d'amortissement furent employés au solde des déficits du budget de 1848, qui avait grand besoin d'aide.

Mais il faut, pour être juste, reconnaître que — quelqu'arbitraire et maladroite dans ses détails, qu'ait été la politique de Garnier-Pagès en matière d'amortissement — les fautes du règne précédent lui rendaient d'avance impossible une utilisation régulière des fonds de la caisse. Même sans crise financière, la nécessité de soutenir un budget déficitaire dès sa naissance et de solder des travaux engagés sans recettes correspondantes eût détourné les fonds de l'amortissement de l'usage prévu par la loi de 1833.

CHAPITRE VI

LA BANQUE DE FRANCE.

Plus que toute autre encore, la situation de la Banque de France était grave ; nous avons dit que dès le début de la crise elle avait tenu à faire courageusement face aux exigences. Elle n'avait pas restreint son escompte ; en quelques jours elle avait remboursé au Trésor 70 millions sur les 127 qu'il avait en compte-courant. Enfin, quand les porteurs de billets, inquiets, s'étaient présentés aux guichets, elle n'avait pas hésité à rembourser en espèces. Mais cette attitude (en un seul jour, le 15 mars, le remboursement porta sur 10.800.000 francs) avait eu pour résultat de faire baisser l'encaisse de Paris à 59 millions : sur cette somme, 45 millions appartenaient au Trésor. C'était donc la suspension des paiements à brève échéance.

Il y eut, le soir du 15 mars, une réunion au ministère des Finances, où, d'Argout, gouverneur de la Banque, était accouru. Ici il vaut mieux laisser la parole à Garnier-Pagès (1), dont le récit ne manque pas de vivacité : « Le gouverneur fait le récit saisissant de la journée : la Banque, « assiégée par une foule innombrable et impatiente ; les « avenues intérieures envahies ; les guichets multipliés « presqu'au delà du possible, insuffisants. Il termine

(1) Garnier-Pagès, *Hist. de la Révolution*, liv. IV, chap. I, p. 27.

« par ces mots : « le peu de numéraire qui reste est dû à « l'Etat, Monsieur le Ministre. Il vous est indispensable « pour les approvisionnements de Paris, pour l'armée, « pour la garde mobile, pour les ouvriers, pour les travaux « publics. Nous sommes perdus. Que faut-il faire ?». C'était « ce dernier mot du désespoir que le ministre et le sous-« secrétaire des Finances attendaient pour sauver la Banque « par l'Etat, le Trésor par la Banque, la France par le Tré-« sor et la Banque. C'était de l'excès du mal qu'ils espé-« raient le remède. « Votre perte est-elle donc bien cer-« taine ? » réplique le ministre, qui, suivant heure par « heure le développement de la crise et ne voulant parta-« ger la responsabilité qu'avec le sous-secrétaire d'Etat, a « préparé avec lui un projet complet. « Le public est-il bien « convaincu que vous devez succomber ?— Oui certes », ré-« pond M. d'Argout. « La chute du cours de nos actions et « la foule qui se presse autour de nos caisses en sont la « triste preuve. — Eh bien nous allons déclarer vos billets « monnaie légale ! Plus tôt, cette mesure prématurée eût « semé le trouble et l'inquiétude ; vos billets eussent perdu « 25 à 30 pour cent. Aujourd'hui tout le monde en com-« prendra l'absolue nécessité et l'opinion publique applau-« dira. » A cette réponse inattendue le gouverneur et le « sous-gouverneur de la Banque se sentent délivrés ; l'évi-« dence du salut jaillit à leurs yeux. M. d'Argout fait obser-« ver qu'il serait peut-être convenable et prudent que la « Banque elle-même prît l'initiative de la demande et la « justifiât devant le public... »

Qu'y a-t-il d'exagéré dans le pathétique de cette mise en scène ? Il est difficile de le dire ; mais il faut pourtant bien reconnaître que l'attitude de surprise et de joie du gouverneur de la Banque n'est pas bien vraisemblable. L'hypothèse du cours forcé n'était pas difficile à faire, et d'Argout avait dû y songer au moins aussi tôt que le ministre des Finances. Mais ceci est de peu d'importance ; l'important fut la mesure prise.

Comme il était convenu, le gouverneur de la Banque de France adressa un rapport au ministre des Finances.

« J'ai eu l'honneur de vous rendre compte jour par jour « des opérations de la Banque ; vous avez bien voulu ap- « précier les efforts qu'elle a faits pour soutenir les tran- « sactions commerciales et le crédit public.

« Du 26 février au 15 mars, c'est-à-dire en quinze jours « ouvrables, la Banque a escompté à Paris la somme de « 110 millions. Sur 125 millions qu'elle devait au Trésor, « elle en a remboursé 77. Nous ne comprenons pas dans « ce chiffre 11 millions mis à la disposition du Trésor dans « divers Comptoirs pour subvenir aux besoins urgents des « services publics dans certains départements.

« De plus la Banque a escompté 43 millions dans les « villes où elle possède des Comptoirs et elle a ainsi soutenu « le commerce et le travail à Angoulême, Besançon, Caen, « Châteauroux, Clermont-Ferrand, Grenoble, Montpellier, « Mulhouse, Reims, Saint-Etienne, Saint-Quentin, Le Mans, « Strasbourg et Valenciennes.

« Par les escomptes à Paris, elle a empêché la sus- « pension des paiements des banques départementales de « Rouen, du Havre, de Lille et d'Orléans. La Banque de « Marseille a été aidée par le Comptoir de Montpellier.

« La promptitude et la largeur des opérations de la Ban-

« que lui donnaient l'espoir de dominer la crise : elle s'en « est flattée jusqu'à ce jour ; elle y serait probablement « parvenue sans les demandes provoquées par des besoins « extraordinaires et exagérées par la peur. Dans l'intervalle « du 24 février au 14 mars au soir, l'encaisse de Paris a « diminué de 140 à 70 millions. Ce matin, une panique « s'est déclarée. Les porteurs de billets se sont présentés « en foule à la Banque ; de nouveaux guichets d'échange « ont été ouverts pour accélérer le service. Plus de dix « millions ont été payés en numéraire. Il ne reste ce soir à « Paris que 59 millions. Demain la foule sera plus consi- « dérable ; encore quelques jours et la Banque sera entiè- « rement dépouillée d'espèces. Dans ces graves circons- « tances ; nous devons recourir à votre vigilante et éner- « gique sollicitude et à celle du gouvernement... »

Et le décret suivant venait donner une sanction aux propositions de la Banque (15 mars) :

« 1° A partir du jour même de la publication du présent « décret, les billets de la Banque de France seront reçus « comme monnaie légale par les caisses publiques et par « les particuliers.

« 2° Jusqu'à nouvel ordre la Banque est dispensée de « l'obligation de rembourser ses billets avec des espèces.

« 3° En aucun cas le chiffre des émissions de la Banque « et de ses Comptoirs ne pourra dépasser 350 millions.

« 4° Pour faciliter la circulation, la Banque de France « est autorisée à émettre des coupons qui toutefois ne pour- « ront être inférieurs à 100 francs. »

« 5° Les dispositions du présent décret s'appliquent à

« tous les Comptoirs que la Banque a établis dans les dé-
« partements.

« 6° La Banque de France publiera tous les huit jours sa « situation dans le *Moniteur*. »

Le 25 mars, un second décret donnait cours forcé, dans la circonscription du département de ces banques, aux billets des neuf banques départementales, en limitant leur maximum d'émission à

20	millions	par la Banque	de Lyon.
15	—	—	de Rouen.
22	—	—	de Bordeaux.
6	—	—	de Nantes.
5	—	—	de Lille.
20	—	—	de Marseille.
6	—	—	du Havre.
5	—	—	de Toulouse.
3	—	—	d'Orléans.

soit : 102 millions en tout.

La limite totale d'émission pour la Banque et ses succursales était donc portée à 452 millions.

Garnier-Pagès avait raisonné juste en prévoyant que la mesure aurait un heureux effet ; sans doute au premier moment il y eut de l'incertitude et de la mauvaise humeur. On cria au papier-monnaie et à la faillite prochaine des nouveaux assignats ; mais on ne tarda pas à s'apercevoir que la limite d'émission fixée (et que très sagement la Banque ne voulut même pas atteindre) garantissait amplement contre les dangers du cours forcé. Pendant les premiers jours qui suivirent le décret du 15 mars, les billets subirent une dépréciation sensible, mais elle fut de courte durée. On ne trouve de trace de difficulté à l'acceptation des billets que dans cette note du *Moniteur* du 25 mars : « Quelques préposés à des caisses publiques ont refusé de « recevoir des billets de banque de personnes qui se pré-« sentaient pour faire des versements : le commissaire du « gouvernement près le tribunal de la Seine, informé de ces « faits, a requis contre les préposés une instruction pour « leur faire appliquer les peines prononcées contre ceux « qui refusent de recevoir les monnaies et valeurs natio-« nales. » Ce simple acte d'énergie suffit. Au bout de quelques jours les billets revenaient au pair, et l'on peut dire que grâce à la mesure prise, la Banque de France sauva à la fois son encaisse et son existence même.

Tranquillisée de ce côté, elle put mieux venir en aide au Trésor public. Dès le 31 mars, elle lui avança 50 millions sur dépôt de bons du Trésor, et sans intérêt pendant un an. Ce fut la seule somme que la Banque prêta au Gouvernement Provisoire lui-même ; mais il faut indiquer, parce qu'ils sont une conséquence de la même politique, deux autres prêts importants que la Banque consentit aux successeurs immédiats du Gouvernement Provisoire : un prêt de 30 millions sur transfert de rentes de la Caisse des dépôts fait le 5 mai à l'Assemblée Nationale, réunie la veille, et un prêt de 150 millions au gouvernement de Cavaignac après les journées de juin (30 juin). La Banque avait donc pu reprendre toute sa liberté d'action et jouer dans l'économie financière de la France le grand rôle qui lui était traditionnel.

Il faut dire d'ailleurs, que si la situation fut sauvée pour l'avenir, puisque le danger le plus pressant était écarté, la

Banque ne reprit pourtant pas d'un jour à l'autre son ancienne prospérité. Le décret du 15 mars avait prescrit une mesure excellente : la publication hebdomadaire du bilan de la Banque. Grâce à cela, on peut suivre, pendant la période qui nous occupe, les difficultés que présentèrent les opérations.

C'est ainsi que la comparaison des bilans fait apparaître la proportion variable de l'encaisse métallique et des billets en circulation : la limite d'émission avait été fixée par le décret du 15 mars à 350 millions, sans d'ailleurs fixer de proportion minima avec le montant de l'encaisse ; or au 15 mars, la proportion (Banque centrale et Comptoirs de province réunis) était de 123 millions d'encaisse contre 272 millions de billets en circulation ; par gradations successives (108/285 le 22 mars ; 101/299 le 30 mars ; 96/300 le 6 avril : 92/308 le 12, 88/313) ces chiffres passèrent le 27 avril à 88 millions d'encaisse sur 317 millions de circulation, c'est-à-dire que l'écart s'accrut de près d'un tiers. Si l'on descend dans le détail, on constate que ce sont surtout les Comptoirs de province qui virent diminuer leur numéraire après l'établissement du cours forcé, puisque leur encaisse tomba de 64 à 34 millions, tandis que celle de la Banque centrale ne fléchissait que de 59 à 54. Il en faut donc conclure qu'on tint moins énergiquement en province qu'à Paris au respect du cours forcé, et aussi (ce qui s'explique, puisque les Comptoirs d'escompte fonctionnèrent moins vite en province) que sur plus d'un point les besoins du commerce amenèrent les Comptoirs de la Banque à se dessaisir de leurs espèces. D'ailleurs en vérifiant de près les chiffres de l'émission, on constate vite une irrégularité au bilan. Le 31 mars, la Banque avait avancé 50 millions au Trésor ;or cette avance, qui n'apparaît nulle part dans le bilan,aurait dû y inscrire 50 millions de billets en circulation de plus. Mais cette inscription aurait, dès le 6 avril (308 millions + 50 millions). fait apparaître un dépassement de la limite d'émission fixée à 350 millions par le décret du 15 mars ; c'est ce qu'on ne voulut pas. L'irrégularité vaut d'être signalée.

Un autre chapitre des bilans doit attirer l'attention :c'est, à l'actif,celui des effets en souffrance ; il passe d'un chiffre de 524.747 francs au 15 mars, à 2.704.274 au 22 mars, 7.143.579 au 6 avril, 19.655.541 au 27 avril, 23.579.480 au 5 mai. Cela seul en dit long sur le sérieux de la crise.

Au passif,le compte courant du Trésor décroît avec rapidité : il est de 177 millions au 24 février,de 42 millions le 15 mars,de 19 le 22 mars.Le 30 il est de 58 millions (8 millions de solde, 50 millions avancés par la Banque). Et la chute reprend : 43 millions au 12 avril, 36 au 20, 26 au 27 avril, 22 seulement au 4 mai, quand le Gouvernement Provisoire remet ses pouvoirs à l'Assemblée Nationale. Tous ces chiffres sont éloquents, et plus peut-être encore ceux des dividendes que la Banque répartissait entre ses actionnaires ; de 423.000 francs au 15 mars,ils tombaient à 214.000 francs au 4 mai....

C'est à partir du 27 avril (les élections venaient enfin d'avoir lieu) que les bilans s'améliorent. L'encaisse qui était de 88 millions au 20 avril passe à 90 millions au 4 mai. L'émission du 27 avril au 4 mai tombe de 317 à 307 millions. Les comptes courants passent de 59 millions au 20 avril à 61 millions au 27 et 65 au 4 mai.

Bref, sans être brillante, la situation de la Banque laissait alors entrevoir un avenir plus rassurant.

Une dernière mesure prise par Garnier-Pagès n'avait pas été étrangère à ce résultat. C'était la fusion des banques départementales avec la Banque de France. L'établissement du cours forcé pour les billets des banques départementales dans les limites de la circonscription de leurs banques, rendait cette mesure fatale (1). Dans un rapport très détaillé fait par Garnier-Pagès à ses collègues du Gouvernement, et sans doute inspiré par d'Argout, la situation est exposée avec beaucoup de force ; le mieux est d'en donner les passages principaux :

« Mais... en dehors des Comptoirs d'escompte ... pré-« existaient d'autres établissements de crédit : les banques. « Ces établissements étaient au nombre de dix : la Ban-« que de France à Paris, les Banques de Lille, Orléans, « Marseille, Lyon, Nantes, Rouen, le Havre, Bordeaux « et Toulouse ... les banques, malgré toutes les imperfec-« tions qu'on y peut reprendre, ont rendu au pays des ser-« vices considérables.

« Les Banques vivaient d'une vie propre et d'une vie « communiquée. Elles étaient à la fois indépendantes et « subordonnées, libres sous une surveillance efficace. « Cette indépendance limitée a produit les plus heureux « résultats. D'une part, la Banque de France notamment a « recueilli la confiance qui découle de la garantie morale

(1) Les Banques locales demandaient aussi toutes à augmenter le chiffre de leurs émissions : ce fut un argument de plus pour la fusion, car leur capital trop restreint rendait une augmentation d'émission imprudente.

« d'un surveillant clairvoyant et désintéressé ; elle a obtenu « ensuite, par sa propre gestion, un grand crédit personnel « séparé du crédit de l'Etat. D'où cette conséquence que « le crédit de l'Etat et celui de la Banque ne sont point « également affectés par les mêmes vicissitudes... et qu'ils « peuvent dans les temps de crise trouver, l'un chez l'au-« tre, un appui réciproque.

« Séparées de l'Etat, les Banques étaient aussi séparées « entre elles ; elles fonctionnaient isolément, n'ayant les « unes avec les autres que des rapports facultatifs et inter-« mittents. Dans les temps ordinaires, il y avait à cela peu « d'inconvénient. Comme la circulation était garantie « par une réserve métallique, chaque banque, toujours « prête à rembourser ses billets, trouvait dans ses ressour-« ces personnelles des moyens suffisants pour fomenter « suffisamment l'industrie et le commerce. Mais la crise a « éclaté ; le numéraire a disparu ; les moyens de circula-« tion ont fait défaut. La nécessité parlait ; nous l'avons « entendue et sans hésitation nous avons déclaré que les « billets de banque seraient reçus comme monnaie légale « dans toutes les transactions publiques et particulières ; « ceux de la Banque de France dans toute l'étendue de la « République ; ceux des banques locales dans la circons-« cription de leurs départements respectifs.

« Cette mesure était indispensable, elle était salutaire ; « mais elle avait un inconvénient grave ; en restreignant « dans un cercle infranchissable la circulation de neuf dif-« férentes espèces de billets reconnues monnaie légale, « elle paralysait une grande masse de transactions. Les « relations établies entre les départements pourvus de

« banques et les départements limitrophes se trouvaient « forcément rompues ; le service du Trésor lui-même était « compromis ; car d'une part ses agents étaient contraints « de recevoir, en paiement des contributions, les billets des « banques locales ; et d'autre part ils ne pouvaient envoyer « ces mêmes billets à Paris, où ils n'avaient pas cours.

« Ce n'est pas tout : la crise avait produit ses ordinaires « et inévitables effets ; de toute part affluaient les deman- « des d'argent, de crédit. Pour satisfaire à toutes ces « réclamations, les banques s'étaient vues forcées d'ac- « croître dans une proportion énorme les émissions de « leurs billets : sur quelques points, ces émissions furent « portées jusqu'à huit, jusqu'à onze fois le capital réel. « Et cependant, en dépit de cette imprudente audace, les « besoins se produisaient avec une énergie de plus en plus « instante.

« L'Etat se trouvait donc placé dans cette double néces- « sité, ou de faire rentrer dans des limites sages et régu- « lières la circulation des billets, et alors, en aggravant la « crise, de déchaîner une catastrophe, ou bien de lâcher « la bride aux émissions, et alors d'exposer les porteurs « de billet-monnaie à une perte certaine et le commerce « tout entier à la banqueroute, qui, vous ne l'ignorez pas, « est la fin dernière et inévitable de l'excès des émissions.

« Enfin, citoyens, les banques, obligées de concentrer « autour d'elles toute la puissance de leur action, avaient « dû interrompre leurs mutuels rapports.

« Une telle situation ne pouvait durer sans péril. Il « n'était pas possible de laisser plus longtemps les grands « centres industriels livrés à toutes les infirmités d'une

« circulation locale et partant insuffisante. Après avoir « posé un premier remède par l'unité du billet de banque, « il fallait nécessairement élargir la circulation, en créant « l'unité des banques elles-mêmes... Elle ne produira que « d'heureux résultats... Pour les banques et pour les por- « teurs de leurs billets, c'est d'abord une diminution de « risques, la fusion n'étant au fond qu'une assurance mu- « tuelle, c'est-à-dire une condition de force. Pour l'in- « dustrie et le commerce, c'est une circulation plus active « et plus large, une plus grande facilité d'escompte, des « rapports multipliés et non interrompus entre tous les « grands établissements de crédit. Pour l'Etat c'est le ser- « vice de la Trésorerie complètement assuré.

« A côté de ces avantages, quels dangers ? Quels incon- « vénients ? Je n'en vois aucun. Quelques esprits s'alarme- « ront peut-être de cette concentration de force dans un « établissement qui n'est pas l'Etat lui-même. Ils crain- « dront ou affecteront de craindre que le pouvoir de la « Banque ne se pose un jour en rival du pouvoir de l'Etat. « Alarme irréfléchie et vaine ! Dans le projet que nous « avons conçu et qui va vous être soumis, nous avons pru- « demment, complètement réservé les droits essentiels de « l'Etat... »

Un décret du 27 avril (1) décida donc que les Banques de Rouen, de Lyon, du Havre, de Lille, de Toulouse, d'Orléans

(1) Ce décret du 27 avril fut rendu sur l'avis d'une commission spéciale où siégeaient auprès de Garnier-Pagès et de Duclerc, Armand Marrast, Pagnerre, les gouverneur et sous-gouverneurs, directeur et sous-directeurs de la Banque et divers hommes politiques ou financiers, parmi lesquels d'Artigues, Corbon, Danguy, Biesta, Odier, etc.

et de Marseille seraient réunies à la Banque de France et fonctionneraient comme comptoirs de celle-ci ; que les actionnaires de ces banques recevraient en échange de leurs titres annulés des actions de la Banque de France, valeur nominale de 1.000 francs ; que pour ce, la Banque de France émettrait 17.200 actions nouvelles.

Le capital de la Banque était ainsi porté à

	actions	francs
Banque de Rouen. . .	3.000	3.000.000
» de Lyon . . .	2.000	2.000.000
» du Havre . .	4.000	4.000.000
» de Lille . . .	2.000	2.000.000
» de Toulouse .	1.200	1.200.000
» d'Orléans . . .	1.000	1.000.000
» de Marseille. .	4.000	4.000.000
	17.200	17.200.000
Banque de France . .	67.900	67.900.000
	85.100	85.100.000

En même temps la Banque de France était autorisée à ajouter à son maximum de circulation (350.000.000) celui fixé pour les banques départementales par le décret du 25 mars (74 millions pour les banques visées par le décret du 27 avril) : les nouveaux billets émis par les banques incorporées auraient sur toute l'étendue du territoire le cours légal des billets de la Banque de France. C'est aussi à partir de ce décret du 27 avril que les comptoirs anciens et nouveaux de la Banque prirent le nom de succursales.

Il faut reconnaître que les banques locales ne subirent la fusion qu'à regret : la Banque de Lyon ne céda qu'après d'énergiques protestations ; plus tenaces, celles de Nantes et de Bordeaux résistèrent huit jours de plus que les autres : le décret qui les réunit à la Banque de France et par conséquent réalisa définitivement l'unité des banques n'est que du 2 mai. Cette mauvaise volonté se comprend : les actions des banques locales avaient subi une moins forte dépréciation que celles de la Banque centrale même ; en les confondant au pair, on infligeait une perte aux actionnaires des banques locales. Inversement d'ailleurs, la fusion consolidait la situation de la Banque de France : la mesure fut si favorablement accueillie en Bourse que du 25 au 26 avril l'action de Banque de la France passa de 1.200 francs à 1.350 et du 26 au 27 de 1.350 à 1.500 : aussi dans ces conditions les banques locales eurent-elles moins à se plaindre (1).

Si donc le crédit de la Banque de France fut en ces heures de crise d'un inappréciable secours pour le Trésor, il faut convenir que les mesures prises par le gouvernement aidèrent puissamment la Banque. Le cours forcé, décrété à l'heure opportune, sauvegarda l'encaisse ; la limitation des émissions écarta la crainte des assignats ; la fusion avec les banques départementales généralisa le crédit de la Banque et lui donna ce caractère de stabilité qui était nécessaire à la sécurité de ses opérations.

Des projets plus vastes avaient été discutés. Au conseil du 16 mars, lors du décret sur le cours forcé, Louis Blanc avait proposé — l'idée chez lui était d'ancienne date — la transformation de la Banque de France en banque

(1) Ce n'est qu'à partir du 18 mai que le bilan de la Banque de France porte trace de la fusion avec les banques départementales.

d'Etat « capable de fournir à tous les besoins du crédit public et du crédit privé ».

Sur intervention de Garnier-Pagès — et sans grande opposition — la proposition fut écartée. Discutable aux yeux de beaucoup en théorie, elle parut inopportune à presque tous. Ce qui soutenait encore en mars 1848 la Banque de France, c'était l'ancienneté de son crédit, sa réputation de prudence avisée, et la confiance que donnait le contrôle de l'Etat sur une gestion qui avait eu d'heureux résultats. A une époque où la rente d'Etat perdait 40 o/o de sa valeur, édifier une banque nouvelle sur le seul crédit de l'Etat eût été désastreux. Il eût bien fallu le tenter si la Banque de France avait été perdue sans espoir ; mais tant qu'il était possible de la soutenir, le gouvernement en avait le devoir. Il n'eut pas à se repentir de l'avoir rempli.

CHAPITRE VII

LES REMÈDES AU DÉFICIT.

Malheureusement toutes ces mesures n'alimentaient pas le Trésor. Redonner des forces au crédit privé, enrayer la débâcle du crédit public, c'était bien. Mais le ministre des Finances avait une autre tâche, plus considérable, plus difficile encore.

Avec quelles ressources acquitter les dépenses ? Les crédits ouverts au budget (voté d'ailleurs en déficit) ne suffisaient même pas aux dépenses courantes, puisqu'on constatait des moins-values sur les rentrées d'impôts. Et l'impôt sur le timbre avait été supprimé ! et le parti républicain demandait des réductions sur l'impôt des boissons et la suppression de l'impôt du sel !

Mais surtout il fallait acquitter les dépenses nouvelles que l'avènement de la République, la crise économique, la crise politique rendaient nécessaires. La situation européenne était troublée : comme en 93 le mouvement révolutionnaire s'était propagé de Paris aux capitales monarchiques. Soit qu'on eût à se défendre, comme au temps de Brunswick, contre une coalition absolutiste, soit qu'on décidât d'aider au dehors les républiques naissantes, il fallait prévoir des conflits armés. Dès le début de mars on pressait hâtivement les armements sur terre et sur mer : on achevait de mettre en état les fortifications de Paris et des côtes, on complétait les approvisionnements, l'armement ; on équipait la garde mobile. Tous les crédits demandés par les ministres de la Guerre et de la Marine leur étaient accordés (1). A l'intérieur, l'Etat subventionnait ou garantissait les Comptoirs d'escompte. Pour venir en aide à la misère générale, il fallait distribuer une infinité de secours, qui corrigeaient un peu, si peu ! l'insuffisance du budget de l'assistance. Enfin les ateliers nationaux étaient créés pour remédier au chômage. Comment se procurer les fonds nécessaires, et sans tarder ?

Ce fut l'obsédante préoccupation de Garnier-Pagès de trouver cet argent, et l'on peut dire que la solution, combien critiquée ! à laquelle il rallia ses collègues, fut la grande pensée de son ministère. En tout cas, ce fut de toutes les mesures financières du Gouvernement Provisoire, la plus retentissante, et celle dont les échos se prolongèrent le plus longtemps. Elle est bien connue sous le nom d'impôt des quarante-cinq centimes.

Les quarante-cinq centimes furent violemment attaqués et par tous les partis. Il est évident que plus d'un point de détail fut à critiquer dans le décret qui les institua. Mais puisque le besoin d'argent était si pressant qu'il exigeait une solution presque sur l'heure, il faut savoir ce qu'on aurait pu proposer à la place de cet impôt de circonstance. Dans la suite, les historiens qui blâmèrent Garnier-Pagès furent muets sur ce point. En revanche, au moment où la décision était à prendre, les conseils ne

(1) Pour tout l'exercice 1848, la guerre obtint 116 millions et la marine 26 millions de crédits supplémentaires.

lui avaient pas été épargnés. Avant d'étudier l'impôt des quarante-cinq centimes il faut donc s'arrêter à ces projets restés lettre morte.

La gravité de la crise financière touchait vivement les esprits. Aussi, tout comme aux heures de lutte armée, les bureaux du ministère de la Guerre sont assiégés par de patriotiques inventeurs de canons à portée inédite ou d'explosifs foudroyants, en mars 48, les projets de réforme financière pleuvaient sur la table de Garnier-Pagès. On connaît cette tournure d'esprit bien française, faite à la fois de passion pour la chose publique et de sottise touche-à-tout, raillée si souvent depuis Daumier jusqu'à Huard quand ils crayonnent les *Si j'étais le Gouvernement* des cafés de province. C'est une tendance courante, mais aux heures de crise elle s'affirme avec une violence qui devient redoutable. Car ces conseillers improvisés sont fort susceptibles. Persuadés de bonne foi que leurs projets peuvent sauver l'Etat, ils s'en prennent avec colère au ministre qui ne les écoute pas. Cela fait un beau tapage, dont le malaise général est accru.

Donc en 1848, tout le monde avait son projet de réforme financière. Garnier-Pagès, chaque matin, trouvait des promesses de milliards dans son courrier. On peut retrouver beaucoup de ces projets à la Bibliothèque Nationale (1), car leurs auteurs recouraient volontiers à l'impression. La plupart sont simplement naïfs, mais quelques-uns contiennent des observations justes.

En voici quelques titres :

(1) Catalogue de l'*Histoire de France*, Lb 53.

Ce que je ferais si j'étais ministre des Finances, par un vieux comptable ; — Fournier Saint-Ange, *Rachat de la dette consolidée par l'impôt foncier* ;— Lehideux, aîné, banquier, *Remède à la crise financière* ;— *Recherches pour substituer le papier monnaie au numéraire* (sans nom d'auteur) ; — Motard, *Moyen pour sauver de la banqueroute* ;— Jaumasse fils, marchand tailleur à Niort, *Profession de foi sur l'augmentation provisoire des contributions* ; — Morellet, ancien notaire à Bourg, *Projet de banque hypothécaire* ;— *Lettre adressée au ministre des Finances*, par L. Richard, ancien négociant à Bercy, délégué par le Congrès central d'agriculteurs à Paris ; — *Projet de crédit agricole par les assurances*, par Garnier, cultivateur de la ménagerie communale de Versailles, délégué du Comice agricole de Seine-et-Oise, aux Congrès de 1845, 1846, 1847 et 1848, etc.

Si encore il n'y avait eu que des brochures ! Mais tous les clubs votaient journellement des motions financières et envoyaient à l'Hôtel de ville des délégations pour les soutenir ; mais tous les journaux avaient leur plan de réforme ; chaque matin en vingt-cinq « Premier-Paris », Garnier-Pagès était sommé d'exécuter un projet nouveau.

Parmi ces journaux, l'un d'eux fut plus particulièrement pressant et impérieux. Ce fut la *Presse*. A titre d'exemple, il est intéressant d'étudier sur ce point le journal d'Emile de Girardin.

Un esprit sans cesse en éveil, du plus libre examen qui se pût concevoir, une audace peu commune au service de toute idée comme de toute spéculation neuve, une ambition exaspérée par d'anciens insuccès, une dialectique rompue à toutes les souplesses du syllogisme, assuraient en 1848 à Emile de Girardin, sinon le premier rang, au moins le rang le plus en vue parmi les journalistes contemporains. Malheureusement pour lui, il avait trop haute opinion de sa valeur personnelle et pour satisfaire son vif appétit du pouvoir, il n'avait pas su comprendre qu'il est des moyens de réussite qu'il ne faut pas employer. Avec des procédés de polémique haineux, il affectait un sans-gêne dans la spéculation et une manière à la fois cavalière et mercantile de ramener toute question à un compte en doit et avoir, qui avaient détourné de lui les sympathies.

La *Presse* portait la marque de ce caractère aventureux. Fort lue, bien informée, peu coûteuse, elle portait sur tout événement un jugement personnel autant que paradoxal. Mais elle ne groupait pas ses lecteurs autour d'idées communes : elle n'avait ni politique, ni doctrine ferme. Aussi les 1.500 abonnés de la *Réforme* faisaient-ils derrière Ledru-Rollin un bloc plus compact que les 25.000 abonnés de la *Presse* derrière Emile de Girardin. L'éclectisme de son directeur pouvait séduire : il ne convainquait pas.

Dès le premier jour, la *Presse* avait fait bruyamment adhésion à la République de février : comme, la veille encore, de Girardin avait prodigué ses efforts pour faire confier la régence à la duchesse d'Orléans, on ne put s'empêcher de suspecter ce fervent républicanisme du lendemain. Peut-être avait-on tort : un succès si éclatant et sans tache, ce qu'il y avait de généreux dans l'idéal républicain, auraient pu suffire à expliquer cette volte-face ; mais on préféra une autre explication : la place était libre aux ambitions déterminées : il importait donc de se ranger sans tarder au parti du Gouvernement Provisoire, qui n'était pas si fort qu'il pût refuser le concours d'un esprit d'élite. Il faut reconnaître que l'avenir sembla donner raison à cette hypothèse. Mais le pouvoir tant désiré ne vint pourtant pas au directeur de la *Presse* ; les membres du Gouvernement Provisoire le tinrent à l'écart.

Aussi, dès le début de mars, le ton de la *Presse* devint-il aigre-doux. Quelques jours plus tard, c'était la guerre ouverte : pour attaquer le Gouvernement Provisoire, toute occasion, dès lors, fut bonne : la baisse de la rente, les paniques à la Bourse, la fermeture des ateliers, les circulaires de Ledru-Rollin, les travaux de la Commission du Luxembourg, la manifestation du 17 mars et toutes les mesures prises et toutes les mesures qu'on ne prenait pas : lutte incessante, de mauvaise foi — et meurtrière.

Cette lutte, Emile de Girardin la mena de préférence sur le terrain financier, ce qui était habile, puisque le Gouvernement Provisoire se heurta là à ses pires difficultés. D'ailleurs il y fut souvent sincère : il avait, en matière de finances et de crédit, des idées fort personnelles et il était naturel qu'en une période si grave, il crût de son devoir de les mettre en avant ; d'autant que Garnier-Pagès manquait plutôt de ces idées neuves que le directeur de la *Presse* avait à revendre. Celui-ci les développa donc durant tout le temps du Gouvernement Provisoire, avec cette verve autoritaire et agressive qui était sa marque. Car on peut dire que chez lui la façon de donner gâtait ses meilleurs cadeaux.

Présentait-il un jour quelqu'idée nouvelle au ministre des Finances ? Il la rédigeait d'avance sous forme de décret et il le sommait de le promulguer. Et le lendemain, et le surlendemain, sans trêve, il revenait à la charge : Pourquoi n'avait-on pas donné suite à cette mesure excellente qu'il avait proposée ?... Aujourd'hui cette immixtion de la presse dans le gouvernement nous est familière, mais elle était neuve alors, et le procédé devait paraître au moins irritant au ministre.

En voici un exemple (*Presse*, 22 mars) :

« Travailleur solitaire, ouvrier sans ambition . . . je n'ai « eu qu'à consulter des notes recueillies depuis quinze ans « pour réunir les éléments de la lettre que je vous adresse... « Toute idée juste appartient à l'Etat, quand c'est le patrio- « tisme qui l'a seul inspirée. Je ne me considère que « comme un volontaire administratif, enrôlé au service « des divers départements ministériels ; je lis tous les pro- « jets qui, pour la plupart, me sont adressés en même « temps qu'au Gouvernement Provisoire ; je les lis avec le « désir d'y trouver une idée qui le serve . . .

« *Résumé en forme de projet de décret.*

« L'amortissement est aboli ; la portion des impôts des- « tinée à sa dotation servira à solder les dépenses de l'Etat. « Les rentes constituant sa réserve sont radiées du Grand « Livre de la dette publique.

« La caisse d'amortissement est supprimée.

« Il n'y a plus d'agents de change ; il n'y a plus que des « agents du Trésor rétribués par l'Etat.

« L'achat, la vente et le transfert de tout effet public « admis à la cote officielle de la Bourse sont gratuits.

« Il est délivré des billets de un franc de rente.

« Il est créé des billets à rente de 3 fr. 65 par an, un

« centime par jour, avec ou sans tirage de lots analogues « à ceux des obligations de la ville de Paris.

« L'Etat est autorisé à émettre successivement, soit des « inscriptions de rente de 3 o/o au cours de 50 francs, soit « des billets à rente dans la proportion limitée par l'extinc- « tion de la dette flottante et le rachat par l'Etat des che- « mins de fer et des canaux concédés, des concessions de « mines, des fabriques de sucre de betterave et des exploi- « tations de sel.

« Toute émission d'inscription de rente ou de billets à « rente sera délibérée et approuvée en conseil par le Gou- « vernement Provisoire, signée par le ministre des Finan- « ces, affichée à la Bourse et publiée dans le *Journal officiel*.

« Une commission est nommée pour arrêter les bases « des rachats précités et préparer les moyens de transfert « des titres et tous les autres moyens de transition.

« Les billets à rente seront reçus comme monnaie légale « par toutes les caisses publiques et par les particuliers.

« Des règlements pourvoiront aux détails d'exécution « des dispositions qui précèdent. »

Cette idée de billets à rente était le leit-motiv des articles financiers d'Emile de Girardin. Mais elle faisait partie de tout un système qui ne manque pas d'originalité.

Avant tout, Emile de Girardin réclamait des économies, économies sur les gros traitements, sur le personnel administratif, sur les dépenses intérieures des ministères. Cela restait insuffisant, et il s'attaquait au gros bloc des dépenses militaires. Même avant 1848, il avait préconisé dans la *Presse* le désarmement ; il reprit l'idée avec ardeur ; en une série d'articles brillants, il démontra que la France républicaine n'avait pas besoin de l'armée nécessaire à la monarchie. L'heure des conflits sanglants entre peuples n'était-elle pas passée ? « Je fais la guerre à la guerre », disait-il (*Presse*, 16 juin). Si la suppression de l'armée n'était pas immédiatement possible, ne pourrait-on au moins réduire son budget de moitié ?

Sans doute ces économies seraient encore insuffisantes pour réaliser toutes les réformes sociales qu'il rêvait. Ces réformes se résumaient à peu près pour lui en la mainmise de l'Etat sur les exploitations d'intérêt général et de forme sociétaire. Il demandait par exemple le monopole du sucre et du sel, le rachat des chemins de fer, des canaux et des mines.

Pour compléter les ressources nécessaires, il fallait, selon lui, recourir à l'emprunt, mais, ajoutait-il (et c'est là une vieille idée saint-simonienne, développée par Enfantin et Bazard vers 1830), à l'emprunt perpétuel, sans amortissement. L'amortissement était une mesure si vaine à ses yeux qu'il demandait qu'on cessât d'amortir les emprunts anciens « pour consacrer aux dépenses courantes la part de l'impôt qui leur était affectée ».

Mais il allait plus loin, et voici ce que proposait son ingéniosité : « dans une proportion limitée (au début tout au moins), à l'extinction de la dette flottante et au rachat des chemins de fer, canaux et mines, l'Etat pourrait émettre des billets à rente de 3 fr. 65 par an ou 0 fr. 01 par jour, avec ou sans tirage de lots, et qui auraient cours légal » (bien qu'il ne le dise pas, le cours forcé aurait sans doute rapidement suivi). Et sur cette pente son imagination l'entraînait : le billet à rente pourrait résoudre la question sociale. Grâce à lui, le crédit public serait démocratisé : l'Etat pourrait prêter des capitaux indirectement au commerce et à l'industrie par l'intermédiaire des banques, directement à la propriété, par une modification du système hypothécaire. « Le billet à rente, disait la *Presse*, facilite la solution de la grave question des travailleurs, en la ramenant à son véritable terrain : l'union des travailleurs et du crédit. Le billet à rente, c'est le principe et la puissance du warrant, franchissant la limite des docks, l'universalisant, ayant pour gage l'Etat, l'Etat ayant à son tour gour gage toutes les valeurs acquises ou entreposées par lui... C'est le warrant social. »

Tels sont, brièvement résumés, les plans de réforme que chaque jour, en termes comminatoires, la *Presse* offrait aux méditations du ministre des Finances en les accompagnant de meurtrières critiques sur son administration. Conseiller modéré, impartial, Emile de Girardin aurait pu rendre de réels services à Garnier-Pagès, qui aurait aisément subi l'influence d'un esprit plus déterminé que le sien. Menaçant, amer et prétendant imposer ses idées en bloc, il fut réduit à son rôle d'opposition qui fit autant de mal au crédit de l'Etat qu'à la personnalité du ministre des Finances. Une fois de plus dans sa vie — et ce ne devait pas être la dernière — de Girardin se heurtait à la défiance instinctive qu'on éprouvait pour ce remueur de capitaux et d'idées, qui manquait de cette dignité morale, à qui va le respect.

Les autres réformateurs — et ils étaient légion — avaient moins d'autorité et de verve que le directeur de la *Presse*, mais ils n'étaient pas moins convaincus de l'excellence de leurs raisonnements.

Ce qui manquait généralement à leurs projets, — nous parlons des plus sensés, — c'était de connaître les données du problème. Garnier-Pagès n'avait pas le temps d'entreprendre une refonte du système financier de la France, mais il lui fallait trouver, presque d'un jour à l'autre, une centaine de millions. On songeait trop peu à cette nécessité de faire vite.

Dans son *Histoire de la Révolution*, Garnier-Pagès a résumé ces projets et a montré avec force ce que la plupart avaient d'inapplicable ou d'insuffisant. Suivons sa démonstration.

L'hypothèse de la banqueroute avait été examinée en conseil des ministres, au temps où Goudchaux était encore à la tête des finances ; l'idée en avait été écartée avec horreur, comme immorale et destructrice de tout crédit. Il n'y avait pas à revenir sur une telle discussion, et l'on n'y revint pas. Des allusions y furent encore faites ; des conseils de recourir à ce moyen désespéré vinrent du dehors, mais les membres du Gouvernement Provisoire étaient résolus à tout tenter pour rester dans la légalité, et vers le 15 mars (époque de la discussion des 45 centimes) — par cela seul que la République avait vécu et qu'elle apparaissait viable pour l'avenir — on pouvait déjà compter que la crise financière se dénouerait honorablement.

L'aliénation des biens du domaine privé de la famille d'Orléans, proposée elle aussi, fut elle aussi écartée. Les biens de la liste civile avaient fait tout naturellement retour au Trésor public et un décret du 1er mars en avait constitué Armand Marrast administrateur au nom du gouvernement ; quant aux biens du domaine privé ils avaient été mis sous séquestre provisoire.

La liste civile comprenait une dotation et des biens meubles et immeubles. La dotation était éteinte naturellement : un décret du 25 février avait annoncé que « le Gouvernement Provisoire rendait aux ouvriers, auxquels il appartenait, le million qui allait échoir de la liste civile ». Mais ce ne fut qu'une formule ; le million de la liste civile figura simplement en moins au budget des dépenses.

Quant aux biens de la liste civile, le ministre des Finances se fit donner l'autorisation d'aliéner tout ce qui n'était pas objet d'art. Deux décrets du 9 mars réglèrent les conditions de cette vente. Le premier visait les diamants de la couronne, l'argenterie et les lingots.

« Considérant que les diamants de la couronne, dont « la royauté n'était qu'usufruitière, appartiennent à la « nation ; que les autres valeurs mobilières qui servent « à l'ornement et à la splendeur des résidences royales « lui appartiennent également ; qu'elle a le droit d'en « disposer dans l'intérêt public.

« Attendu que la circulation du numéraire est en ce « moment insuffisante. Décrète :

« Le ministre des Finances est autorisé :

« 1° A aliéner les diamants de la couronne au prix qui « aura été fixé par les experts assermentés.

« 2° A faire convertir immédiatement en monnaie, au « type de la République, l'argenterie et les lingots provenant des Tuileries, du château de Neuilly et de toutes « les résidences attribuées, par la loi de 1832 sur la liste « civile, à la royauté déchue. Les objets d'art sont exceptés « de cette mesure. »

Le second avait trait aux immeubles :

« Considérant que par l'établissement de la République « les biens de l'ancienne liste civile ont fait retour à l'Etat ; « considérant que l'aliénation des bois, forêts, terres, corps « de ferme, etc., qui composent cette propriété nationale « peut offrir de grands avantages au double point de vue « de la politique et de la finance ; Décrète :

« 1° Le ministre des Finances est autorisé à aliéner, s'il « le juge nécessaire, les bois, forêts, terres, corps de ferme « etc., qui composent les biens de l'ancienne liste civile.

« 2° Cette aliénation aura lieu dans les conditions sui- « vantes :

« I. L'acquéreur devra payer immédiatement en espèces « le quart du prix d'acquisition.

« II. Pour les trois quarts restants, il souscrira des bil- « lets à l'ordre du receveur des finances de sa circonscrip- « tion. L'échéance de ces billets ne pourra pas dépasser « un an à partir du jour de l'acquisition.

« 3° Les billets revêtus de l'estampille de l'Etat et garantis « par lui au porteur pourront être négociés. »

Seule la vente des bois et forêts de la liste civile apporta quelque secours au budget ; au budget rectifié de 1848, les bois de l'ancienne liste civile figurent pour une somme de 2.537.474 francs. L'époque n'était pas propice à la vente des diamants, et Garnier-Pagès ne put guère user de l'autorisation donnée ; quant à la fonte de l'argenterie royale c'était une goutte d'eau dans le budget.

L'économie durable fut celle de la dotation, qui était de beaucoup plus d'un million, puisque celle-ci figurait au budget voté pour 13.300.000 francs, et l'économie fut portée au budget rectifié (janvier et février ayant été payés) pour 11.108.333 fr. Il faut à vrai dire mettre en face les dépenses du gouvernement nouveau (Gouvernement Provisoire, Assemblée Nationale et Pouvoir exécutif) qui figurent au budget rectifié pour 6.486.684 francs. Si l'on ajoute à ce chiffre un crédit annuel de 500.000 francs décrété le 22 mars pour l'entretien des anciens châteaux de la liste civile (Tuileries, Louvre, Versailles, Fontainebleau, Compiègne, etc.), on voit que l'économie annuelle fut pour le budget de 6.313.316 francs. En y ajoutant les 2.537.474 fr. de l'aliénation des bois, on trouve 8.850.790 francs pour l'année 1848. Mais ces suppléments de ressources s'échelonnaient sur tous les mois de l'exercice. Ils ne fournissaient pas la solution recherchée.

Quant à la vente des biens du domaine privé, elle ne l'aurait pas fournie davantage ; elle n'aurait pu être faite, en cette période de gêne économique, qu'à des prix très inférieurs à la valeur des immeubles, et on aurait crié à la spoliation. Sans rechercher si la mesure pouvait ou non se justifier, elle n'eût en tout cas pas été de politique opportune.

Rappeler le milliard des émigrés voté en 1824 n'eût pas été plus heureux ; on applaudit dans les clubs à cette formule simpliste et qui satisfaisait les vieilles rancunes : « la restitution du milliard » ; des motions impératives furent envoyées au ministère des finances ; mais on ne s'y arrêta pas. Sans parler du danger de ranimer des divisions anciennes et de l'injustice de cette spoliation en retour, c'eût été une difficulté presqu'insurmontable de rechercher sur le Grand-Livre de la dette ou dans la succession des actes notariés, ce qu'étaient devenues au bout de 25 ans les sommes autrefois versées. Le Gouvernement Provisoire eut la sagesse de se refuser à une mesure qui n'aurait été pas été plus heureuse financièrement que moralement.

Un emprunt forcé sur les riches — réclamé lui aussi par les plus violents des clubistes — fut écarté pour les mêmes raisons : il eût fait naître la guerre civile. Nous avons vu combien ceux-là même qui l'avaient conseillé (chap. II, p. 45) s'en défendirent énergiquement... C'était une de ces mesures révolutionnaires aisées à faire acclamer, parce qu'elles sont accessibles aux esprits les plus simples et que leur justice brutale les rend séduisantes aux heures de crise — mais elles sont inapplicables dans une société dont les rouages sont complexes. Sur quelles bases asseoir une telle contribution ? Quelle sanction donner à une perception qui resterait sans doute lettre morte ? Enfin une telle mesure ne pourrait à la rigueur se justifier que si elle fournissait immédiatement les fonds indispensables au salut public — or il faudrait des mois entiers de procédure financière.

Nous avons déjà noté l'échec des emprunts volontaires. L'idée en fut très populaire aux premiers jours de la Révolution, parce qu'elle semblait répondre à l'enthousiasme et au besoin de dévouement, presque de sacrifice, qui était dans les cœurs des vainqueurs de février. Les ouvriers de Paris en firent eux-mêmes, et à plusieurs reprises, la proposition. Le 18 mars, par exemple, les ouvriers imprimeurs de la maison Boulé se rendirent en délégation à l'Hôtel de ville pour remettre au gouvernement un projet d'emprunt : cet emprunt de 50 millions à 5 o/o, dit « emprunt des travailleurs », aurait dû être couvert du 20 mars au 31 mai et converti en bons du Trésor au porteur remboursables par tirage en six, neuf, douze, quinze et dix-huit mois. Chaque atelier aurait calculé la somme pour laquelle il aurait pu s'engager dans le laps de temps indiqué. Les versements auraient été faits chaque semaine à un délégué nommé par l'atelier et qui aurait remis à chaque souscripteur un bon de 20 francs lorsque son versement aurait été complet. Les ouvriers de la maison Boulé s'engageaient à souscrire pour 800 francs... Sans doute l'intention était excellente : quelques ateliers de Paris et des grandes cités républicaines auraient souscrit peut-être — mais un emprunt, quel qu'il soit, ne peut se faire qu'avec l'aide de ceux qui ont quelque fortune — et ceux-ci faisaient la sourde oreille. Témoin l'échec piteux de l'emprunt national de 100 millions. On a pu néanmoins reprocher à Garnier-Pagès d'avoir attendu trop longtemps, d'avoir laissé tomber la belle fièvre d'enthousiasme des premiers jours, où un appel chaleureux eût pu trouver de l'écho. C'est possible, mais il est pourtant permis de garder quelque scepticisme sur le résultat. Beaucoup d'ouvriers auraient de grand cœur offert tout ce qu'ils possédaient ; mais que possédaient-ils, surtout à une époque de chômage ? Les capitalistes grands et petits n'en auraient pas moins continué la grève du crédit.

Il en était de même pour les dons spontanés : aux premiers jours de la Révolution, les grands établissements financiers avaient souscrit avec empressement pour les blessés des journées de février. Plus tard, quand on connut la détresse du Trésor, on songea à le secourir par des dons volontaires, et aux délégations qui venaient apporter à l'Hôtel de ville la garantie de leur républicanisme, s'en joignirent d'autres qui apportaient de l'argent réuni par cotisation. Quelques envois isolés furent aussi faits au ministère des Finances. Garnier-Pagès ne pouvait avoir grande confiance dans ce moyen de remplir les coffres de l'Etat. Obligé de faire argent de tout, il voulut pourtant donner à ces dons une consécration officielle et rédigea la proclamation suivante (30 mars) :

« Citoyens : Les dons patriotiques affluent à l'Hôtel de « ville. Chaque jour tous les corps d'état rivalisent d'ab- « négation et de générosité. Des ouvriers qui peuvent à « peine, par de trop rares travaux, nourrir leurs familles, « savent encore prélever de civiques offrandes sur un sa- « laire insuffisant. La pauvreté même, oubliant ses besoins, « se fait un devoir et un bonheur d'une privation nou- « velle quand il s'agit de subvenir aux besoins de la Répu- « blique, notre mère commune.

« Citoyens, vous donnez au monde un sublime exem- « ple ! L'Hôtel de ville, ce palais du peuple, en est tous « les jours le silencieux témoin ; mais si votre modestie « veut cacher ces héroïques vertus, le Gouvernement Pro- « visoire doit les révéler à la France et à l'Europe qui vous « contemplent !

« La monarchie brisée par vous en février avait cor- « rompu bien des âmes, mais le mal n'a point pénétré « jusqu'au cœur de la nation. Citoyens, vous le prouvez « tous les jours. Il est beau de combattre et de vaincre pour « la liberté ; il est encore plus beau de fonder la liberté sur « l'inébranlable base d'un désintéressement et d'un pa- « triotisme que ne découragent point les épreuves les plus « poignantes.

« Citoyens, le Gouvernement Provisoire doit le procla-
« mer hautement : la France est fière de vous et la Répu-
« blique, appuyée sur des cœurs tels que les vôtres, peut
« regarder sans crainte son avenir.

« Citoyens, au nom de la patrie, au nom de la France,
« au nom de l'humanité, le Gouvernement Provisoire vous
« remercie. »

Un décret accompagnait cette page de littérature.

« Le Gouvernement Provisoire, — Considérant qu'il im-
« porte de régulariser les dons volontaires offerts sponta-
« nément par les citoyens généreux ; qu'il est nécessaire
« de donner à cette œuvre patriotique toute la solennité
« qu'inspirent à la fois et la situation présente et la re-
« connaissance méritée par le dévouement. — Arrête :

« 1° Une commission est instituée pour recevoir et or-
« ganiser les dons volontaires et patriotiques offerts à la
« patrie.

« 2° Cette commission sera l'organe de la reconnaissance
« publique envers les citoyens qui ont déjà donné l'exem-
« ple des sacrifices.

« 3° Elle prendra toutes les mesures nécessaires pour
« que ces sacrifices soient connus et honorés.

« 4° La commission est composée comme suit : les ci-
« toyens Lamennais, président ; Béranger, poëte, vice-
« président ; Littré, membre de l'Institut, Ch. Thomas,
« secrétaire. Ils pourront s'adjoindre d'autres citoyens
« pour compléter la commission. »

La commission siégea ; elle ne recueillit pas beaucoup d'argent, mais reçut en grande pompe celui qu'on apporta et dont mention élogieuse était faite au *Moniteur* du lendemain ; de sorte que tant d'emphase et de publicité données à des gestes qui auraient dû rester simples, jeta quelque discrédit sur des actes d'abnégation, qui certes méritaient mieux.

Car certaines offres sont vraiment touchantes et belles : « Citoyens », disait une délégation d'ouvriers imprimeurs sur étoffes, « lorsqu'ils croient la patrie en danger, ses enfants viennent lui offrir tête, bras, cœur, biens et courage ; car c'est surtout dans les moments difficiles qu'il faut être courageux. Ouvriers nous-mêmes, nous vous offrons notre faible concours : nous vous apportons 2.000 francs pour aider à la réussite de votre noble création. Le seul regret que nous ayons est de ne pouvoir centupler notre modique offrande, que nous vous donnons avec bonheur » (Garnier-Pagès, IV, p. 142). « Le Gouvernement Provisoire, écrivait aussi un ouvrier, ayant fait connaître à un journal par un rapport du ministre des Finances le triste état dans lequel le gouvernement qui vient de tomber a laissé la France, je viens vous prier de faire savoir que je tiens à la disposition du gouvernement une somme de 400 francs que j'ai à la Caisse d'épargne » (Garnier-Pagès, IV, p. 49).

Un autre écrivait encore au ministre des Finances : « Permettez à un pauvre ouvrier qui, comme le dit Lamartine, est dévoué à la République « tête, cœur et poitrine », de pouvoir ajouter « et biens ». J'ai pour toute fortune 500 fr. à la caisse d'épargne : soyez assez bon pour m'inscrire le premier pour une somme de 400 francs que je tiens à votre disposition trois jours après votre demande pour vous aider dans l'exécution de telle mesure que ce soit que vous jugerez convenable de prendre pour le bien de la République.

Que la patrie me pardonne si je garde 100 francs pour mes besoins, mais depuis six mois je suis sans travail et je n'en espère pas de suite : je déclare pour l'exemple que non seulement je ne sollicite aucun emploi du gouvernement, mais encore que je n'en accepterais aucun s'il m'était offert. Seulement je me réserve de demander au Gouvernement Provisoire de l'ouvrage comme homme de peine, conformément à sa proclamation, si dans cinq ou six semaines je n'avais encore trouvé en ville ni ouvrage comme ouvrier, ni emploi comme commis. Je déclare que mon offre n'est inspirée que par le « Premier-Paris » de la *Presse* de ce matin. Par ma conduite publique pendant et depuis les trois jours, je crois avoir mérité la faveur de voir mon offre acceptée... » Moriot, ouvrier fumiste, 17, rue Lafayette (*Moniteur*, 10 mars).

Dans le même esprit, les ouvriers de Puteaux offraient une journée de leur salaire au profit des Comptoirs d'escompte. C'était enfin l'archevêque de Paris qui proposait au ministre des Finances d'envoyer à la Monnaie son argenterie et celle de son clergé. Mais ces actes de générosité restèrent isolés, et il est clair que Garnier-Pagès ne pouvait établir son projet nouveau de budget sur des ressources aussi incertaines.

Il était au contraire une catégorie de citoyens dont on pouvait obtenir des sacrifices plus facilement que des autres : c'étaient les fonctionnaires et pensionnés de l'Etat. On avait conseillé à Garnier-Pagès d'opérer une retenue proportionnelle sur les sommes que leur versait le Trésor (1),

(1) Voir Lehideux aîné, banquier, *Remède à la crise financière* 16 mars. *Bibl. nat.*, Lb[53], 561.

et après avoir hésité à cette mesure peu égalitaire, celui-ci prit, le 4 mars, le décret suivant, dont l'échelle est une intéressante application du principe de progressivité.

« Le Gouvernement Provisoire, — Considérant que les « nécesités impérieuses qui pèsent sur la République im- « posent à tous les citoyens le devoir des sacrifices ; que « les serviteurs de l'Etat doivent aux autres citoyens « l'exemple du dévouement à la patrie, — Décrète :

« 1° A compter du 1er avril jusqu'au 31 décembre de la « présente année, tous les traitements, appointements, « salaires, pensions et dotations, payés sur les fonds du « budget de l'Etat, et toutes remises accordées sur les « sommes reçues ou payées pour le compte de l'Etat, se- « ront assujettis à une retenue proportionnelle conformé- « ment au tableau ci-après :

« De 2.000	à 2.500	francs :	4	centimes de retenue.
2.501	3.000	—	5	—
3.001	4.000	—	8	—
4.001	5.000	—	10	—
5.001	6.000	—	12	—
6.001	7.000	—	13	—
7.001	8.000	—	15	—
8.001	9.000	—	16	—
9.001	10.000	—	18	—
10.001	15.000	—	20	—
15.001	18.000	—	23	—
18.001	20.000	—	25	—
20.001	25.000	—	28	—
25.001	et au-dessus :		30	—

« 2° La présente disposition n'est point applicable aux

« armées actives de terre et de mer jusqu'au grade de « chef de bataillon et de capitaine de corvette et grades « correspondants exclusivement, ni aux traitements, pen- « sions et dotations au-dessous de 2.000 francs. »

Si la mesure était peu justifiable en droit, — car le prétexte invoqué, que les fonctionnaires de l'Etat devaient l'exemple aux autres citoyens, ne valait pas grand'chose — elle eut du moins des résultats financiers satisfaisants pour le budget ; au budget rectifié de 1848, les retenues sur traitements et salaires figurèrent pour 8.655.152 francs en diminution des dépenses. Ce n'était pas assez pour subvenir à tous les besoins nouveaux ; mais c'était au moins une économie notable.

D'autres propositions, comme une anticipation sur les recettes futures ou la vente des forêts de l'Etat, n'avaient au contraire aucune chance d'aboutir pratiquement, Quand on proposait une anticipation sur les recettes de 1849 ou de 1850, sous forme de billets négociables à la Banque qu'on aurait fait souscrire aux contribuables, on oubliait que Garnier-Pagès avait déjà obtenu à l'amiable une anticipation sur les douzièmes non échus de l'exercice 1848 ; d'ailleurs il n'est pas de politique plus dangereuse et plus égoïste que de tarir les sources de revenus de l'avenir, pour léguer à ses successeurs ses propres embarras décuplés. Ç'avait été la grande erreur du gouvernement de Louis-Philippe ; le Gouvernement Provisoire devait prendre garde d'y retomber.

Quant à la vente des forêts de l'Etat, Garnier-Pagès, par décret du 9 mars, se fit bien autoriser à y procéder jusqu'à

(1) Des crises d'argent (*Bibl. nat.*, Lb53, 712).

concurrence de 100 millions, mais il dut bientôt se rendre compte que la dépréciation générale des immeubles rendait l'adjudication impossible. Il masqua cette défaite en disant dans son *Histoire* (IV, p. 41) que ce décret « n'avait d'autre but que de faire apparaître aux imaginations malades l'immensité des ressources dont la France pouvait disposer *in extremis* ».

Mais c'est dans le domaine du crédit que les imaginations se donnèrent surtout libre cours ; l'idée simpliste que la volonté des gouvernements pouvait créer des valeurs gagées sur son crédit ou sur sa fortune personnelle, ou, quand on réfléchissait mieux, sur les fortunes immobilières de l'ensemble des Français, valut à Garnier-Pagès de lyriques invocations. Duclerc déclara à la tribune de l'Assemblée Constituante qu'il avait eu pour sa part, comme sous-secrétaire d'Etat, à dépouiller plus de 200 projets d'émission de billets hypothécaires.

Certains proposaient le papier monnaie pur et simple, idéal si l'on peut dire, puisque ne reposant sur aucune valeur réelle, avec tout son cortège d'autoritarisme et de pénalités, comme ce Churchill qui demandait « que le « papier de la République ait non seulement cours forcé, « mais encore seul cours légal, que dans toute transaction « commerciale, soit par acte public, soit sous seings privés, « il soit expressément stipulé que tout paiement men- « tionné dans l'acte aurait été fait ou se ferait en papier de « la République, sous peine de nullité et de confiscation « tant de l'objet vendu que du prix d'achat, qu'on devait « dénoncer tous les paiements faits en valeur autre... »

Mais, en majorité, les auteurs des projets proposaient

la propriété foncière comme gage des billets à émettre. Certains en profitaient pour ajouter à leur innovation toute une refonte du régime hypothécaire.

Pour mobiliser la propriété immobilière (ce qui était de tradition républicaine, — les assignats avaient eu pour origine la mise en vente des biens nationaux) les moyens proposés étaient divers. Voici par exemple le texte d'une pétition envoyée au ministre des Finances par des propriétaires de Paris. « Nous venons offrir à l'Etat d'hypothéquer « nos immeubles dans une sage proportion, qui serait au « surplus déterminée par un jury spécial d'estimation, « et nous lui demandons de nous couvrir de ces hypothè- « ques par des billets de banque immobilière, auxquels « une loi donnerait cours forcé. Ces billets devenant pour « nous l'équivalent du numéraire, nous en paierions l'in- « térêt à l'Etat. Nous lui laisserions encore, s'il le jugeait « nécessaire 1/10 de ces billets qu'il pourrait rembour- « ser en titres de rente. Cette combinaison fournirait immé- « diatement : à l'Etat un capital de plus d'un milliard, un « revenu annuel de plusieurs centaines de millions ; à l'in- « dustrie, le refoulement vers elle de tous les capitaux « placés par hypothèque.... Ces billets mériteraient plus « de crédit que ceux de la Banque de France, car ces der- « niers ne reposent que pour une faible partie sur du « numéraire, qui pourrait, dans des circonstances graves, « être enlevé, et pour le surplus sur des billets de com- « merce, tandis que ceux que nous demandons seraient « garantis par première hypothèque sur des immeubles, « par la solvabilité des emprunteurs et par l'Etat. «

D'autres, avec des moyens différents, mais dans un esprit tout aussi optimiste, visaient plus particulièrement la propriété foncière. Morellet (1), par exemple, demandait la création d'une banque hypothécaire par arrondissement, en limitant l'émission des bons en fonction de la quotité de l'impôt direct de l'arrondissement ; ces bons n'auraient cours légal que dans l'arrondissement et ne pourraient être émis qu'au fur et à mesure des emprunts hypothécaires. Ils seraient remboursables au bout de 15 ans, et pendant 15 ans porteraient intérêt à 3 o/o au profit de l'Etat ; la caisse hypothécaire de l'arrondissement délivrerait d'avance au Trésor des bons négociables représentant ces quinze ans d'intérêts cumulés, — et l'auteur calculait que le Trésor pourrait ainsi disposer immédiatement d'une somme de 500 millions.

Il était aisé de jongler ainsi avec des chiffres et d'entasser les millions dans les coffres de l'Etat ; mais à tous ces projets, Garnier-Pagès répondait fort justement qu'il faut à tout signe monétaire une base assurée et qu'il ne suffit pas que le gouvernement certifie la valeur nominale d'un billet ou d'un bon, pour que cette valeur nominale soit en relation exacte avec leur valeur réelle. Au contraire donner à ceux-ci pour base cette assertion de l'Etat, c'est lier la valeur marchande du signe monétaire nouveau au crédit de l'Etat, et à une époque où ce crédit est faible, c'est exposer le billet à une dépréciation sans rapport avec la valeur réelle du gage, — c'est recommencer l'histoire des assignats. Quant à rechercher la valeur marchande réelle des terres engagées, c'était une opération

(1) Projet de banque hypothécaire (*Bibl. nat.*, Lb53, 444).

à peu près aussi complexe que la réfection du cadastre, et ceux qui la proposaient ne paraissaient pas se douter que le problème ne consistait pas pour Garnier-Pagès à créer pour l'avenir des ressources nouvelles, mais bien à trouver immédiatement — fin mars ou commencement avril — les sommes nécessaires à faire face aux dépenses du budget.

On a aussi reproché à Garnier-Pagès de n'avoir rien fait — après avoir par les Comptoirs d'escompte redonné la vie au crédit commercial — pour le crédit agricole ou le crédit ouvrier. C'est exact, bien qu'on puisse se demander comment, dans les deux mois dont il disposait, il aurait pu venir à bout d'une œuvre dont les gouvernements suivants, en un demi-siècle, n'ont su réaliser que la première partie. Mais quel que soit le bien ou le mal fondé de ces griefs, ils n'ont rien à faire avec la question budgétaire, avec laquelle on les confondait trop ; au contraire, des institutions de crédit nouvelles ont besoin à leur début du secours de l'Etat. C'étaient des recettes qu'il fallait.

Chassé ainsi de position en position, le ministre des Finances se trouvait acculé à demander à l'impôt les ressources nécessaires.

A une époque où chacun restreignait non seulement ses dépenses de luxe, mais jusqu'à ses dépenses de nécessité journalière, on ne pouvait songer à des impôts somptuaires nouveaux ni à une augmentation des droits de consommation. Au contraire le gouvernement avait dû s'engager à supprimer l'impôt du sel et à reviser le tarif des boissons.

Restaient donc les droits de mutation et les impôts directs.

Garnier-Pagès ne semble pas avoir songé aux premiers. On peut d'autant plus le lui reprocher, qu'une transformation de l'impôt sur les successions, avec un tarif progressif, était déjà une idée ancienne du parti démocratique et que la *Réforme* avait soutenue plus d'une fois. On n'aurait pu demander aux droits de mutation la totalité des sommes nécessaires, mais le sacrifice demandé à l'impôt direct eût pu être beaucoup allégé ; de plus, c'était une réforme qui n'exigeait pas une longue mise au point.

A défaut, restaient les seuls impôts directs.

Modifier les quatre contributions, qui, pour n'être pas encore les « quatre vieilles », n'en étaient pas moins attaquées ? Les remplacer par un impôt sur le revenu ou un impôt sur le capital, soit proportionnel, soit progressif ? Sur ce thème aussi les conseillers bénévoles développèrent de savants motifs ; on peut déjà retrouver dans ces brochures de 1848 toutes les formes de progressivité et de dégressivité que nos ministres des Finances ont repoussées ou défendues depuis.

Mais Garnier-Pagès avait une raison *à priori* de les repousser toutes — et c'était toujours la même. L'argent était nécessaire tout de suite. Or la moindre réforme de l'assiette de l'impôt, entraînait des mois de délai.

Il fallait donc bien dire adieu aux réformes séduisantes, mécontenter ceux qui avaient escompté un remaniement populaire des impôts et demander simplement aux contributions directes actuelles plus qu'elles ne donnaient jusqu'alors. C'était le seul remède pratique : nécessité faisait loi.

CHAPITRE VIII

LES QUARANTE-CINQ CENTIMES

Le nom même de cet impôt est resté impopulaire. Les ateliers nationaux et les quarante-cinq centimes sont les deux mauvais souvenirs que laissa la République de 1848 ; sous l'Empire encore ses ennemis les exploitaient contre elle.

Nous avons vu pourtant qu'une logique fatale acculait Garnier-Pagès à demander à l'impôt direct les ressources nécessaires au maintien de l'ordre social et à la défense même de la patrie. De telles raisons imposent d'ordinaire silence aux mécontents ; pourquoi l'impôt des quarante-cinq centimes, qui était une mesure de salut public, encourut-il tant d'impopularité ?

Une cause évidente en fut l'habileté avec laquelle les ennemis du nouveau régime s'en firent une arme contre lui. L'impôt nouveau atteignit surtout la propriété foncière, la grande masse des cultivateurs, respectueuse de l'argent qu'elle gagne et pour qui le versement à faire au fisc est un sacrifice âprement douloureux. Or ces paysans, effrayés de la crise financière dont ils subissaient les contre-coups, s'affolaient des menaces socialistes qui arrivaient des clubs de Paris, démesurément grossies. L'habileté des conservateurs fut de représenter ce supplément d'impôt comme une première application du communisme : *à priori*, le mot fit prendre la chose en horreur.

Les partisans de la République auraient dû faire trêve à leurs divisions pour détruire cette légende : ils y trouvèrent au contraire une occasion de combattre ceux des membres du Gouvernement Provisoire dont la popularité était encombrante, sans voir que l'arme dont ils usaient était mortelle pour tout leur parti.

Enfin il faut reconnaître que, si le principe de l'impôt additionnel était logique, l'application fut en partie injuste et en tout cas maladroite. Le caractère indécis de Garnier-Pagès en fut la faute. Son premier décret souleva de vives critiques : il voulut revenir en arrière, mais ne le fit qu'à demi, ce qui causa de nouveaux mécontentements sans apaiser les anciens : il ne sut pas dire hautement ce qu'il voulait faire et pourquoi il le faisait ; enfin il ne donna pas aux agents de perception l'impulsion peut-être un peu rude qui eût été nécessaire pour venir à bout des résistances locales et souvent de leur propre mauvaise volonté.

Le principe de l'impôt nouveau fut discuté en conseil de gouvernement le 13 et le 14 mars. Garnier-Pagès avait déjà exposé la situation financière : tout projet d'impôt sur le revenu avait été écarté ; on se rallia à une taxe extraordinaire à percevoir, pour 1848, sous forme de centimes additionnels sur les quatre contributions directes.

Restaient à déterminer la quotité et l'assiette de la nouvelle taxe. Plusieurs chiffres furent proposés : Ledru-Rollin demanda 1 fr. 50, mais en posant le principe de l'exemption des petites cotes. La majorité se rallia au chiffre de 1 fr. Mais Garnier-Pagès, fort du concours ultérieur de la Banque de France, affirma que 0 fr. 45 suffiraient aux besoins actuels du Trésor : le Conseil se rallia à son avis.

Mais une discussion très vive s'engagea sur l'exemption des petites cotes. L'impôt nouveau allait en effet peser sur la richesse foncière presqu'à l'exclusion de la richesse mobilière, atteinte très indirectement par la personnelle-mobilière ; au moment où l'on donnait le bulletin de vote à la masse des petits propriétaires fonciers, était-il prudent de les surtaxer ? Et était-ce une mesure démocratique que de faire payer également les gros propriétaires et les infiniment petits ? Garnier-Pagès répondit que la valeur de la cote n'était pas un critérium suffisant de richesse, que beaucoup de riches propriétaires payaient des cotes minimes et qu'il valait mieux s'en rapporter aux percepteurs pour déterminer quelles seraient les cotes qui mériteraient d'être exemptées. — Alors Dupont de l'Eure, qui présidait, intervint avec un grand bon sens : il fit observer qu'en raison même de leur situation dans les campagnes, et pour ménager leur avenir, les percepteurs pourraient être tentés, si on leur laissait tant d'initiative, de ménager les riches bien plutôt que les pauvres : qu'il y avait loin d'ailleurs de l'exercice d'un droit à une simple mesure gracieuse peu démocratique et qui pouvait devenir humiliante, laissée à la merci d'agents subalternes.

Malgré Louis Blanc et Ledru-Rollin, qui demandaient un dégrèvement formel, Garnier-Pagès obtint pourtant le vote de l'impôt de 0 fr. 45, en promettant qu'il donnerait ordre aux percepteurs d'épargner les pauvres.

Par suite il ramena de 190 à 160 millions l'évaluation du rapport de l'impôt. Flocon ajouta qu'il ne votait la mesure qu'à la condition qu'on ferait savoir aux habitants des campagnes que l'impôt nouveau n'était qu'un emprunt qui leur serait remboursé.

Une autre question devait être tranchée ; ferait-on porter l'impôt des 45 centimes sur le total des contributions directes, centimes additionnels compris, ou sur le principal seulement ? Dans le premier cas les communes et les départements seraient d'autant plus imposés qu'ils auraient été astreints à plus de centimes additionnels ; c'est-à-dire que les contribuables qui se seraient imposés les plus lourds sacrifices pour les budgets locaux, seraient les plus frappés par l'impôt général ; et cela n'était pas indifférent, car dans certains départements le rapport de l'imposition principale aux centimes additionnels variait du simple au double. Il y avait là une véritable injustice.

Mais Garnier-Pagès fit observer que, pour asseoir la perception sur l'impôt principal seul, il faudrait perdre deux mois pour dresser les nouveaux rôles ; il y avait onze millions de cotes ; il aurait fallu vingt-cinq millions (1) de calculs proportionnels ; on ne pouvait perdre un temps précieux.

Sans doute la difficulté était grande ; mais peut-être eût-il été possible d'y remédier. N'eût-on pu décider par exemple que jusqu'à la confection des nouveaux rôles, les 45 centimes seraient perçus sur l'ensemble des contributions, mais — puisque ce travail ne devait prendre que deux mois —

(1) Ces chiffres sont donnés par Garnier-Pagès.

que dès ces nouveaux rôles établis, les sommes indûment perçues viendraient en déduction des douzièmes à échoir ? Ou bien, puisqu'on rendait les percepteurs arbitres de la situation, leur faire faire au jour le jour le travail de déduction ? On ne peut donner ces mesures pour être à l'abri de la critique — mais il eût été nécessaire de tenter quelqu'effort pour corriger une inégalité qui apparut choquante à tous, et singulièrement pénible à supporter pour les intéressés. Duclerc, devenu ministre des Finances, dit bien à la tribune de la Constituante (23 mai 1848), que c'est « avec une véritable douleur » qu'il avait consenti un impôt aussi injustement assis, — mais il semble que les membres du Gouvernement Provisoire aient un peu facilement accordé à Garnier-Pagès le blanc-seing qu'il demandait.

Le rapport de Garnier-Pagès aux membres du Gouvernement et le décret constitutif des 45 centimes parurent au *Moniteur* en date du 16 mars.

«.. Le Gouvernement Provisoire, disait le rapport, doit « demander à l'impôt les ressources dont il a besoin. De « quelle nature sera cet impôt ? Créerons-nous quelque « chose de nouveau ? Nous bornerons-nous à augmenter « partiellement, temporairement, les contributions pré- « cédemment établies ?

« J'aurais voulu soumettre à votre approbation le plan « d'un impôt sur le revenu. Juste en principe et plus juste « que tous les autres, l'impôt du revenu, l'income-tax, « offre en outre le mérite d'une perception facile. Mais les « formalités préalables de l'exécution entraînent de trop « grandes lenteurs. Trois ou quatre mois tout au moins

« seraient indispensables pour la confection des rôles. En « vous proposant d'en consacrer dès aujourd'hui le prin- « cipe et de la substituer dans l'avenir à l'impôt actuel, je « pense qu'il faut y renoncer pour le moment.

« Restait l'impôt direct. Les rôles de 1848 sont faits ; ils « sont en cours de recouvrement. Par l'addition de qua- « rante-cinq centimes au montant des quatre contribu- « tions, vous pouvez en peu de temps obtenir les ressources « dont la République a immédiatement besoin. Certes il « eût été désirable d'éviter aux propriétaires ce supplément « de charges ; mais, après tout, c'est la propriété qui a le « moins à souffrir des altérations du crédit. D'un autre « côté, la dernière récolte a été bonne ; la prochaine s'offre « sous les plus favorables auspices ; en sorte que la charge « sera moins lourde aujourd'hui qu'à une autre époque. La « propriété se souviendra d'ailleurs qu'elle a aussi contribué « en 1831, sous un gouvernement dont les prédécesseurs « n'avaient pas épuisé toutes les ressources. J'ajoute que le « calme, rétabli par le rétablissement du travail, donnera « une plus grande valeur à toutes les propriétés et que les « propriétaires seront ainsi indemnisés de leurs sacrifi- « ces... »

Le décret suivait : « Le Gouvernement Provisoire.

« Considérant que l'intérêt de la République exige que « de puissants secours soient immédiatement donnés au « travail, à l'industrie, au commerce.

« Considérant qu'il n'est pas moins nécessaire ni moins « urgent de réorganiser les forces militaires de la Répu- « blique, — Décrète :

« Il sera perçu temporairement et pour l'année 1848

« seulement, quarante-cinq centimes du total des rôles des « quatre contributions directes de ladite année.

« Les centimes portant sur la contribution foncière « seront à la charge du propriétaire, nonobstant toute « stipulation contraire dans les baux ou conventions.

« Le montant des centimes temporaires sera immédia- « tement exigible sans qu'il soit besoin de nouveaux « avertissements aux contribuables.

« Les frais de perception de ces mêmes centimes sont « fixés par les percepteurs au quart du taux déterminé « pour les contributions ordinaires ; il ne sera alloué « aucuns frais aux receveurs généraux et particuliers. »

En même temps que le décret, Garnier-Pagès adressait (18 mars) aux commissaires du gouvernement dans les départements les instructions suivantes. « L'intention du « Gouvernement Provisoire étant que la contribution ex- « traordinaire n'ait rien de trop rigoureux, les contribua- « bles qui seraient notoirement hors d'état de la suppor- « ter pourront en être dégrevés dans une équitable mesure. « A cet effet, le maire, assisté du percepteur et d'un ou « plusieurs répartiteurs, dressera dans la forme des états « irrécouvrables, un état nominatif des contribuables, à « qui, en tenant un juste compte de leur position et des « impérieuses nécessités du Trésor, il serait possible de « faire remise d'une partie ou de la totalité de la contri- « bution extraordinaire. »

En Bourse l'accueil fut favorable : le 5 o/o monta de 2 francs, le 3 o/o de 1 franc.

L'ancienne presse conservatrice elle-même accueillit avec sympathie l'impôt nouveau, dont plus tard elle devait se faire une arme contre ceux qui l'avaient décrété.

Les *Débats* (18 mars) : « Le Gouvernement Provisoire « vient de prendre deux mesures importantes.. (les qua- « rante-cinq centimes et l'ajournement à six mois des bons « du Trésor). Ces deux mesures ont pour excuse la néces- « sité qu'il est impossible de ne pas reconnaître ; de tous « les expédients qu'il était possible d'imaginer en l'ab- « sence de crédit public, c'est encore ce qu'il y a de moins « regrettable.. » Et la *Liberté* (18 mars) : « Il n'y a rien de « plus juste que l'augmentation momentanée de la con- « tribution foncière. Cette contribution doit être autant « que possible ménagée dans les circonstances ordinaires, « précisément pour qu'on puisse y recourir immédiate- « ment dans les moments difficiles. Elle l'a été et ne peut « par conséquent se plaindre aujourd'hui. » Le *Constitu- tionnel* (20 mars) tenait le même langage.

Mais le parti avancé fut moins optimiste : la seule annonce de l'impôt nouveau avait violemment ému les populations rurales, et à Paris les démocrates se rendaient compte du danger. Dans les journaux, dans les clubs, on réclamait ce « dégrèvement des petites cotes » que Garnier-Pagès avait promis en termes trop vagues.

Blanqui, lors de sa déposition à la Haute-Cour de Bourges, le 19 mars 1849, raconta que l'émotion provoquée, par le décret des 45 centimes avait été une des raisons de la manifestation du 17 mars. « L'impôt de 45 centimes, dit- « il, nous avait consternés dans mon club : nous étions « terrifiés. Nous comprenions qu'il venait d'être porté un « coup mortel à la République. Car nous ne voyions pas « seulement l'horizon de Paris ; notre regard ne s'arrêtait « pas aux barrières... Nous comprenions que l'impôt des

« o fr. 45 nuirait à la cause républicaine dans les élections, « et l'on faisait la manifestation du 17 mars pour demander l'ajournement des élections. »

Dans le même esprit, le club de la Révolution (club Barbès) votait le 5 avril au soir une adresse aux membres du Gouvernement Provisoire :

« Le club de la Révolution s'est inquiété avec le peuple « travailleur tout entier de l'application du décret relatif « à l'impôt temporaire de o fr. 45 qui frappe les quatre « contributions directes. En effet, cet impôt atteint surtout « et dans une mesure proportionnelle très lourde, les « petits propriétaires agricoles et les travailleurs des cam- « pagnes. On dit avec raison que les charges financières « léguées par l'ancien régime monarchique devaient être « supportées par la classe des censitaires qui adminis- « traient le pays, et non par le peuple qui demeura toujours « étranger et hostile à la politique funeste de Louis-Phi- « lippe.

« Cet impôt additionnel a excité dans la plupart des dé- « partements une telle répulsion qu'un grand nombre de « cultivateurs et de petits propriétaires ont déclaré qu'ils « se refuseraient à l'acquitter.

« En outre cet impôt est contraire à l'égalité sociale que « doit se proposer la République et au système républi- « cain en matière d'impôt, qui doit faire porter sur les pri- « vilégiés toutes les charges du budget et en exempter le « peuple travailleur. En conséquence, le club de la Révo- « lution demande au Gouvernement Provisoire... que par « modification au décret du 16 mars, les petits contribua- « bles soient affranchis de cette surcharge d'impôts ; que

« l'impôt supplémentaire ne soit prélevé qu'après un cer- « tain chiffre de cote et qu'il soit progressivement aug- « menté à raison du chiffre de revenu qui sert de base à « l'impôt.

« (Signé). BARBÈS, président ; THORÉ, LAMIEUSSENS, RAI- « SANT, BIANCHI, CELLIEZ, BONNIAS, LECHALLIER. »

Les signataires apportèrent la pétition à Garnier-Pagès, qui, ému de l'hostilité générale, abonda dans leur sens : il déclara que le gouvernement avait suspendu (et le dernier *Bulletin de la République*, affiché dans les communes, en faisait foi), la perception de l'impôt, au moins pour les contribuables les moins fortunés ; il termina par quelques paroles sonores sur les intentions du gouvernement de la République, « qui, au rebours du gouvernement monar- « chique, voulait que les charges publiques fussent sup- « portées par les privilégiés et que le peuple travailleur en « soit libéré complètement ».

Mais les délégués insistèrent pour obtenir des assurances plus précises. Garnier-Pagès dut promettre un nouveau décret. Celui-ci parut le 5 avril.

« Le Gouvernement Provisoire,

« Considérant que l'impôt doit naturellement peser sur « ceux qui sont en état de le payer ;

« Considérant que ce principe a été proclamé dans les « instructions adressées aux agents financiers et aux com- « missaires du gouvernement au moment même où la « contribution extraordinaire de 45 centimes, principale- « ment destinée à fournir des moyens de crédit à l'agri- « culture, à l'industrie et au commerce, a été décrétée ;

« Attendu que ces instructions paraissent n'avoir pas « été suffisamment répandues ou comprises ;

« Attendu qu'il est nécessaire de leur donner une publi- « cité aussi étendue que possible ; voulant donner à cette « publicité la consécration la plus solennelle.

« Décrète :

« 1° Les contribuables qui seraient hors d'état de sup- « porter la contribution extraordinaire de 45 centimes, « décrétée par le Gouvernement Provisoire le 16 mars « dernier, en seront dégrevés dans une équitable mesure.

« A cet effet, le maire, assisté du percepteur et d'un ou « de plusieurs répartiteurs, dressera dans la forme des états « des cotes irrécouvrables, un état des contribuables à qui, « en tenant un juste compte de leur position et des impé- « rieuses nécessités du Trésor, il y aurait lieu de faire re- « mise d'une partie ou de la totalité de la contribution « extraordinaire.

« 2° Cet état sera communiqué au contrôleur des con- « tributions directes qui donnera son avis dans le mois de « la réception. Le directeur fera son rapport et le commis- « saire du gouvernement statuera. Jusqu'à ce que les déci- « sions aient été rendues, le percepteur surseoira à toute « poursuite.

« 3° Les dégrèvements qui seront prononcés, soit à titre « de décharges et réductions, soit à titre de remises et « modérations, donneront lieu à des ordonnances distinc- « tes dont le montant sera imputé sur un crédit extraor- « dinaire qui sera ouvert à cet effet. »

Le décret reprenait en somme les termes de la circu- laire envoyée précédemment aux pouvoirs locaux : la mesure était ainsi plus officielle, mais l'inconvénient subsistait : ce n'est pas aux pouvoirs locaux, influençables par des impressions personnelles, qu'il faut laisser le choix de l'assiette de l'impôt ; un tel système entraîne de l'arbitraire dans un sens ou dans un autre. Et d'ailleurs une mesure gracieuse, qui n'intervient qu'après de pénibles formalités administratives et des délais trop longs, n'est jamais populaire, même auprès de ceux à qui elle donne satisfaction.

En revanche ceux qui ne devaient pas être dégrevés, n'hésitèrent pas à marquer leur mécontentement ; ce fut le tour de la presse conservatrice de prendre à partie le ministre des Finances.

Le *Constitutionnel* (7 avril) : « Nous ne pouvons qu'applaudir aux sentiments qui ont inspiré ce décret. Il est « certain que la propriété est déjà grevée de charges très « lourdes et que les propriétaires des campagnes surtout « auraient eu beaucoup de peine à payer le supplément « d'impôts qu'on venait leur demander. Mais il ne faut « pas se dissimuler le résultat de cette mesure au point de « vue financier ; au lieu de 200 millions, on ne retirera « guère que 100 millions de l'impôt. Reste à savoir com- « ment le gouvernement pourra suppléer à ce déficit sur « des ressources qui lui étaient sans doute nécessaires pour « subvenir aux dépenses de l'Etat. »

Le *Siècle* était encore plus hostile (7 avril). « Nous « considérons comme un devoir d'exprimer l'étonnement « que nous fait éprouver cette dernière mesure. Quelle que « puisse être la difficulté des circonstances, un gouverne- « ment doit éviter d'établir un impôt sans l'intervention

« de la puissance légale. Mais lorsqu'il s'y trouve amené « malgré lui, il ne doit pas admettre parmi les contribua-« bles des catégories qui ne seraient pas déterminées par « la loi. Autrement tout le monde se réfugierait dans les « exceptions. Il suffirait de fermer la porte aux percep-« teurs pour être dispensé de payer son tribut aux néces-« sités publiques. »

Cette impression fâcheuse alla s'accentuant. Garnier-Pagès avait bien décidé que sur les 192 millions que l'impôt des 45 centimes devait rapporter suivant ses premiers calculs, 30 millions seraient consacrés aux dégrèvements, décidés par le décret du 5 avril. Il avait même fait de fort beaux calculs ; 8.900.000 cotes foncières payant moins de 20 francs, appartenaient à de petits contribuables, et rapportaient au Trésor à peu près 50 millions. En leur appliquant les 30 millions de dégrèvement, on les soulagerait des trois cinquièmes du nouvel impôt, et comme il n'y avait en tout que 11.500.000 cotes foncières, la majorité des contribuables se trouverait dégrevée.

Mais Garnier-Pagès ne songeait pas que son chiffre de 30 millions, qui avait pour lui une valeur générale, ne donnait aucune indication à la commission locale sur la quotité du dégrèvement applicable à la commune ou à chaque contribuable. En laissant les percepteurs et les maires libres de juger aussi bien de l'opportunité du dégrèvement que de sa quotité, il rendait inapplicable la perception de l'impôt. Et ce fut si vrai, que l'impôt, qui était bien rentré durant les premiers jours, ne fut plus payé du tout, à partir du moment où il fut question de dégrèvement. Les percepteurs et les maires dégrevaient tout le monde et surtout — justifiant ainsi les craintes de Dupont de l'Eure — leurs amis politiques. Quant aux contribuables eux-mêmes, à qui on ne faisait connaître ni leurs droits, ni leurs devoirs exacts, ils furent trop heureux de ce prétexte de refuser l'impôt. Garnier-Pagès se plaignit plus tard amèrement que le tableau des cotes irrécouvrables n'ait pas été dressé par les percepteurs, maires et répartiteurs, que les préfets et commissaires du gouvernement se soient désintéressés de ce travail, et qu'ainsi quand il fallut exiger de force la rentrée des 45 centimes, les 30 millions de remises aient été indûment perçus. Mais n'était-ce pas la faute aux instructions qu'il avait données, si imprécises qu'elles étaient presqu'inapplicables ?

En tout cas, dès les premiers jours d'avril (1), le mécontentement général se traduisit par le refus de l'impôt. La lettre suivante reçue par le ministre des Finances traduit un état d'esprit qui n'était pas isolé. « Je soussigné... At-
« tendu que mon père a été ruiné par la première Révolu-
« tion d'une façon très peu progressive ; que je n'ai pas
« envie que mes cinq enfants et ma femme soient ruinés
« d'une manière progressive. Déclare : mon appartement,
« rue Marceau, n° 9, à louer avec ou sans mobilier ; ma
« voiture et mes deux chevaux à vendre : ma propriété près
« de Tours, très améliorée par moi, à vendre à un prix très
« avantageux pour l'acquéreur ; et de plus je propose à qui
« le désirera, de changer mon cuisinier dont je suis très
« content, contre une cuisinière provisoire. Si vous voulez

(1) En mars l'impôt avait été perçu aisément. La proportion des frais de poursuite au 31 mars était tombée de 1,95 0/0 à 0,70 0/0.

« bien, Monsieur le Rédacteur, insérer cette note, vous « obligerez l'ennemi le plus prononcé de toute mesure « arbitraire, qu'elle soit monarchique, impériale ou républicaine » (C. M. O. d'Este, 9, rue Marceau).

Dans les campagnes, même mauvais vouloir ; voici un extrait d'une lettre d'un ancien receveur des finances à Rambouillet, Lebarbier de Tinan, lettre que cite Jean Macé dans son *Histoire de 45 centimes*. « Vous auriez peine à croire « que les principales difficultés contre lesquelles les per-« cepteurs eurent à lutter surgirent surtout chez les contri-« buables aisés, à part quelques exceptions heureuses. Il « est tels noms que je pourrais citer, d'hommes riches et « fort riches, qui ne payèrent que comme contraints et « forcés et sous la pression déshonorante pour eux des « agents de poursuite. D'autres difficultés surgirent en-« core, mais du fait de l'administration. Au lieu de laisser « appliquer en famille par les communes elles-mêmes le « décret supplémentaire du 5 avril qui déchargeait de l'im-« pôt les contribuables malaisés, on en confia l'exécution « aux agents de l'administration paperassière des contri-« butions directes, qui se renfermant dans la lenteur des « formes administratives, non seulement entravèrent la « rentrée de l'impôt, mais encore le laissèrent peser sur « les gens trop pauvres réellement pour y être soumis. »

C'est surtout à l'approche des élections que l'hostilité s'accentua ; les partis d'opposition s'apercevant de l'impopularité de l'impôt, en firent une plate-forme électorale ; ils encouragèrent même à le refuser ; élus à l'Assemblée Nationale, ils s'engageaient, disaient-ils, à faire rapporter le décret du 15 mars. Dans certains départements le refus de payer fut absolu. La *Réforme* du 24 avril en donne un exemple intéressant : elle citait un extrait du *Courrier de la Sarthe.* « Voici ce qui se passe dans le canton de Coulens... Ils (les candidats d'opposition) disent à tous ceux qui veulent les entendre que les fermiers qui voteront pour eux ne paieront pas les 45 centimes de contribution additionnelle ; comme corollaire de cet insigne mensonge, « ils ajou-« tent qu'au contraire ceux qui adopteront la liste du Co-« mité central verront augmenter les impôts qu'ils paient ». Le *Courrier Français* recevait une lettre d'un de ses correspondants du Midi. « Les paysans, fanatisés par cette « portion de la bourgeoisie, refusent en masse le paiement « des 45 centimes : ils se promènent dans les cantons et « dans les communes, menaçant de brûler les maisons de « tous ceux qui acquitteraient l'impôt extraordinaire. Plu-« sieurs profitent de l'occasion pour se dispenser de payer « l'impôt ordinaire », et la *République* du 25 avril : « On « nous écrit de Saint-Lô : M. de Flers, propriétaire à Heu-« nevez (Valognes) vient de publier un écrit conçu en ter-« mes violents et injurieux, dans lequel il conteste au « Gouvernement Provisoire le droit de décréter l'impôt « extraordinaire des 45 centimes, et déclare se refuser à « l'acquitter. Cet écrit venant de parvenir à la connais-« sance du parquet de la Cour d'appel, Monsieur le Pro-« cureur Général vient de donner des ordres pour que l'au-« teur en soit immédiatement poursuivi. »

Il fallut en venir aux mesures rigoureuses ; le 25 avril, Garnier-Pagès adressait la circulaire suivante aux receveurs généraux et particuliers des finances.

« Je suis informé que dans quelques localités, des con-

« tribuables dont les ressources et la solvabilité sont no-
« toires se refusent à payer l'impôt extraordinaire des 45
« centimes, qui est exigible immédiatement ; ils acquittent
« les contributions ordinaires et pour le surplus ils atten-
« dent. Autant il est dans les intentions du gouvernement
« d'alléger pour les pauvres les charges de l'impôt, au-
« tant il a le devoir d'exiger que le paiement en soit pour-
« suivi avec vigueur à l'égard des contribuables riches ou
« dans l'aisance. Agissez donc contre eux sans vous laisser
« arrêter par aucune considération... Je me ferai rendre
« compte de l'activité et de la fermeté dont vous ferez
« preuve dans l'exécution de cet ordre. »

Et le 9 mai, Duclerc, devenu ministre des Finances de la Commission exécutive, écrivait dans le même esprit aux commissaires du gouvernement :

« Le compte que je me fais rendre journellement de la
« situation du recouvrement de la contribution extraordi-
« naire de 0 fr. 45, fait ressortir dans la rentrée de cet
« impôt de fâcheuses irrégularités de département à dé-
« partement et même de commune à commune. A côté des
« preuves de dévouement et d'abnégation que donnent à la
« République des citoyens quelquefois peu fortunés, en se
« libérant intégralement, des refus et des retards de paie-
« ment me sont signalés de la part de contribuables no-
« toirement riches ou dans l'aisance. Un tel état de choses
« ne pouvait être toléré, et j'ai donné l'ordre aux receveurs
« généraux et particuliers des finances de prendre pour le
« faire cesser des mesures promptes et énergiques. Je vous
« prie de prêter à ces comptables le concours de votre
« autorité toutes les fois qu'ils auront à la réclamer pour

« assurer l'exécution des lois et règlements qui régissent « les poursuites en matière de contributions directes. »

Mais des circulaires et même des mesures de rigueur ne suffisaient pas ; il eût fallu qu'en présence de ce danger d'impopularité, le parti républicain se ressaisît pour défendre cet impôt dont il reconnaissait le principe nécessaire ; divisé sur la question des dégrèvements, mal dirigé par l'indécis Garnier-Pagès, déconcerté par la rudesse de l'attaque il ne sut pas faire front. Et dans les départements, soit timidité, soit désir de se concilier des voix aux futures élections, les commissaires laissèrent s'organiser, parfois encouragèrent la résistance. En juillet 1848 certains départements n'avaient encore presque rien versé de la contribution extraordinaire :

L'Aude n'avait versé que	343.218 fr.	sur 1.857.647 fr.
L'Aveyron —	225.666 fr.	sur 1.561.003 fr.
La Dordogne —	94.238 fr.	sur 2.239.465 fr.
Le Lot —	63.278 fr.	sur 1.395.993 fr.

Dans la Seine où la contribution montait à 14.686.491 francs, le reste à recouvrer était de 4.512.836, soit de près du tiers.

La résistance à l'impôt alla si loin qu'elle prit parfois une forme d'émeute.

Le 18 juin, à l'occasion d'incidents violents survenus à Guéret, le ministre des Finances (Duclerc) s'en expliqua à la tribune de la Constituante. « L'impôt avait d'abord été « bien perçu. Puis, tout à coup, des excitations venues on « ne sait d'où, ou plutôt on sait trop bien d'où, ont immé- « diatement arrêté les recouvrements dans certaines par- « ties de la France. . . Il y a des départements qui ont

« acquitté jusqu'à 77 o/o de l'impôt, d'autres 2 o/o seulement... La Creuse est un pays pauvre : beaucoup de contribuables n'ont pas pu payer. Suivant les instructions « transmises, les percepteurs et maires ont voulu établir « des états de dégrèvement, afin de dispenser les plus pauvres. Eh bien ! les protecteurs exclusifs des pauvres ont « empêché par des menaces, par la force, d'établir ces états « de dégrèvement. En outre, les contribuables qui pou- « vaient payer voulant le faire, on a un dressé un arbre ; à « cet arbre on a attaché un drapeau noir et un nœud cou- « lant et on a déclaré que tout citoyen qui paierait l'impôt « serait pendu à l'arbre. Ce n'est pas tout. Une foule consi- « dérable d'hommes égarés s'est avancée vers la ville de « Guéret ; l'autorité a dû aviser et a immédiatement convo- « qué la garde nationale. La garde nationale s'est réunie « pour repousser l'entrée tumultueuse dans la ville des « paysans qui arrivaient de la campagne. Un colloque s'est « établi ; pendant quelques heures on a délibéré. Pendant « qu'on délibérait, tout à coup deux coups de fusil sont « partis de la foule insurgée. Un garde national a été blessé « à l'épaule ; un pompier a reçu une balle dans son cas- « que. La garde nationale est très brave, mais un peu « prompte ; elle a immédiatement riposté et dix personnes « ont été tuées et cinq blessées... »

De telles violences n'étaient malheureusement pas isolées ; à la même séance, le citoyen Detours, député de Tarn-et-Garonne, racontait que dans son département la troupe avait été obligée de partir avec les magistrats pour contenir la population de deux cantons qui se refusait à payer les 45 centimes.

Et la résistance se poursuivit bien au delà de la crise de 1848 ; le 25 janvier 1849, la *Presse* écrivait : « La perception des 45 centimes éprouvait beaucoup de difficultés dans les communes du canton de Gourdon (Ardèche) ; les agents du Trésor avaient été menacés ; l'autorité avait le devoir de prendre des mesures rigoureuses. Un détachement du 35e de ligne avait été sur les lieux pour assurer la rentrée de cet impôt. Hier matin le détachement se dirigeait sur la commune de Nozac où la résistance semblait plus particulièrement prononcée. Il paraît que non loin de cette commune les soldats ont été arrêtés par une foule de paysans armés de faux, de haches, etc. Pressés par le nombre, ils ont dû rétrograder jusqu'à Gourdon, où les révoltés les ont poursuivis au milieu des huées et d'une grêle de pierres. Les assaillants sont entrés dans la ville et se sont présentés en foule à la sous-préfecture pour exiger du sous-préfet qu'il signât une pétition pour la suppression de l'impôt des 45 centimes. M. Martine a opposé le refus le plus formel à cette prétention ; alors, furieux, exaspérés, les paysans ont mis à sac l'hôtel de la sous-préfecture.. »

Et un an plus tard encore, le correspondant de la *République*, à Saint-Avold (Moselle), écrivait à son journal le 1er janvier 1850 : « Les promesses mensongères dont on a inondé nos campagnes portent leur fruit. On a si bien exploité ce malheureux impôt des 45 centimes ; on a juré de façon si solennelle qu'il serait remboursé et regardé comme non avenu, que nos paysans ont pris la chose au sérieux. Dans certaines communes, il n'a pas encore été payé et les gens de Morange ont déclaré net qu'ils ne le paieraient pas. Ordre est venu ce matin à Saint-Avold de leur envoyer un demi-escadron du 6e chasseurs pour les mettre à la raison. »

En effet, la question des 45 centimes qui aurait dû être uniquement financière, était devenue une question politique. Aux élections pour l'Assemblée Nationale d'avril 1848, à l'élection à la Présidence de décembre 1848, plus tard encore, en 1849, aux élections pour l'Assemblée Législative, les conservateurs firent de la critique des 45 centimes et de la promesse de leur remboursement le leit-motiv de leurs professions de foi. Et qui peut dire de quel poids pesa dans l'esprit des électeurs paysans le mirage de cette restitution ?

La promesse était d'ailleurs mensongère, car les conservateurs eurent beau arriver nombreux à la Constituante, faire réussir l'élection du prince-président, triompher à la Législative, jamais les 45 centimes ne furent restitués. La proposition en fut souvent faite, mais toujours la majorité des Assemblées se trouva d'accord pour ajourner la mesure.

Dès le 19 mai 1848, deux pétitions furent déposées sur le bureau de l'Assemblée Nationale, l'une par le citoyen Lestapis au nom des habitants des Basses-Pyrénées, l'autre par le citoyen Hennecy au nom des habitants de Blanzac, contre l'impôt des o fr. 45.

Le même jour, le citoyen Lavallée monta à la tribune pour attaquer l'impôt, non dans son principe, mais dans son application : ses observations étaient d'ailleurs justifiées. « Je viens seulement soumettre à l'Assemblée Natio-
« nale les graves difficultés que ce décret a rencontrées
« dans son exécution et vous demander de les faire cesser

« en décrétant que cet impôt ne porte pas sur les centimes « additionnels... Pour être facilement perçu, il ne suffit « pas seulement que l'impôt soit décrété : il faut encore « que le décret, dans son exécution, ne blesse ni la justice, « ni le principe que les citoyens contribuent indistinctement aux charges de l'Etat en proportion de leurs revenus. — Le décret du 16 mars établit le contraire en « faisant porter les 0 fr. 45 sur la totalité des quatre contributions directes, d'où découle cette conséquence que « les communes et les départements sont d'autant plus « imposés qu'ils sont déjà astreints à plus de centimes additionnels, ce qui équivaut à dire qu'on doit d'autant « plus payer qu'on est plus pauvre. »

Nous avons vu que Garnier-Pagès, tout en reconnaissant cette difficulté, s'était refusé à chercher un moyen de répartir plus équitablement l'impôt entre les communes. L'Assemblée Nationale commit la même faute : sur la demande du citoyen Gouin, au nom du Comité des finances, elle renvoya à ce comité la motion Lavallée, et quelques jours après, le 23 mai, au nom du Comité des finances, le citoyen Deslongrais concluait au rejet de toute modification à l'impôt de 0 fr. 45 ; une longue discussion s'en suivit ; mais malgré Babeau-Laribière, Dumon, Noireau, le ministre des Finances Duclerc, fort de l'appui du Comité, fit repousser la motion proposée. Il ne devait plus être question de corriger l'injustice résultant de la taxe sur les centimes additionnels.

En revanche le remboursement de l'impôt extraordinaire fut encore plus d'une fois proposé ; mais toujours l'Assemblée se refusa à revenir sur le fait accompli. Le

2 septembre 1848, Léon Faucher rapporta au nom du Comité des finances une proposition du citoyen Pougeard qui tendait à remplacer les 45 centimes par un emprunt forcé de 200 millions. Il concluait au rejet et l'obtint. Même succès le 31 janvier 1849 par Achille Fould, qui demandait le rejet d'une proposition du citoyen Chavoix, d'après laquelle les o fr. 45 seraient remboursés en rentes sur l'Etat. Le 17 mars de la même année, Mathieu de la Drôme, appuyé par Jules de Lasteyrie, demandait encore le remboursement. Garnier-Pagès, cette fois intervint pour défendre son œuvre, et il fut soutenu par le ministre des finances, Passy, dont il faut citer les paroles, car elles sont déjà un jugement de l'histoire : « On oublie trop dans « quelles circonstances difficiles, sous le poids de quelles « nécessités impérieuses se sont rencontrés les hommes « qui ont gouverné les finances. L'honorable M. Garnier-« Pagès me demandait : aurait-on pu faire face aux em-« barras du moment, si l'on n'avait eu recours à un impôt « extraordinaire ? Je réponds : Non, on n'aurait pas pu « faire face aux embarras du moment. Le crédit était « éteint, nul moyen de le ranimer ; et comme des charges « très lourdes pesaient sur le Trésor, il fallait des ressour-« ces qu'on pût obtenir et réaliser promptement. Ces « ressources, à qui les demander, si ce n'était aux contri-« buables, et du moment qu'il fallait s'adresser aux con-« tribuables, y avait-il d'autres sacrifices à réclamer que « sur la contribution foncière ?... Peut-être dans un temps « plus calme, avec plus de loisir, aurait-on pu donner à « l'impôt demandé une forme qui l'aurait rendu moins « lourd pour une partie des départements et communes...

« Mais les circonstances étaient pressantes et il ne faut pas « s'étonner si, lorsque de toute part s'élevaient des réclamations auprès du Trésor, lorsqu'il était impossible de « trouver des ressources autrement qu'en assurant des « rentrées, il ne faut pas s'étonner si le ministre des Finances a cru qu'il valait mieux aller vite que d'attendre « plus tard dans l'espoir téméraire d'un succès plus complet (*Très bien*). »

Enfin le 12 avril, à la veille des élections législatives, il se trouva encore quelques représentants pour demander la restitution des quarante-cinq centimes, mais une dernière fois l'Assemblée Nationale leur donna tort.

Jamais dans la suite aucun gouvernement ne songea sérieusement à rembourser l'impôt extraordinaire de 1848.

Non seulement personne ne songea à le rembourser, mais les ministres des Finances qui succédèrent à Garnier-Pagès en exigèrent la perception intégrale, sans tenir compte du décret du 5 avril et de ses promesses de dégrèvement. Quand, à la tribune de la Constituante, le 9 mai, Garnier-Pagès rendit compte de sa gestion financière, dans le projet de budget rectifié qu'il apportait, le chapitre de l'impôt extraordinaire se présentait ainsi :

Impôt additionnel de 0 fr. 45	189.000.000	
Remises et dégrèvements. .	29.000.000	
Recettes		160.000.000

Mais après lui, les 29 millions de dégrèvement disparurent des budgets. Dès le 13 juillet, le *Moniteur* publiait le tableau du produit des impôts pendant le premier semestre de 1848. Le montant total des rôles pour les 0 fr. 45 y figurait pour 191.280.000 francs sur lesquels 81.903.000

francs avaient été perçus, mais il n'était pas question de dégrèvement. Et quand le 29 juin 1852 on vota le budget rectifié de l'exercice 1848, les 0 fr. 45 figuraient aux recettes pour 192.004.733 francs. Tout avait donc été perçu.

Cela n'avait pas été sans difficulté ; fin décembre 1848, 28 millions restaient encore à percevoir sur les 45 centimes, et 66 millions d'ailleurs sur les impositions directes ordinaires. Les frais de poursuite qui en 1847 avaient été de 1,95 0/0 étaient montés en 1848 à 2,52 0/0.

Indépendamment d'ailleurs de l'impôt décrété par le Gouvernement Provisoire, divers commissaires du gouvernement avaient décidé de leur propre autorité la perception des centimes additionnels au profit des budgets communaux ou départementaux, et les charges des contribuables en avaient été accrues d'autant. C'est ainsi que vers le 20 mars, Emmanuel Arago, commissaire du gouvernement dans le Rhône, décréta, pour pouvoir venir en aide au commerce et aux ouvriers, un impôt départemental d'un franc additionnel, affranchissant les cotes au-dessous de 200 fr. et créant un jury de taxation chargé de déclarer la part contributive de chacun. Des protestations surgirent. Le ministre des Finances se plaignit à son collègue de l'Intérieur ; celui-ci fit régulariser la mesure par le conseil du gouvernement, en décidant que sur le franc décrété, on retiendrait les 0 fr. 45 destinés au budget général ; le décret suivant sanctionna cette décision (28 mars).

« Le Gouvernement Provisoire considérant qu'il est in-
« dispensable de maintenir l'unité dans la comptabilité
« générale des finances de la République, — Décrète :

« La ville de Lyon et le département du Rhône sont

« autorisés à s'imposer une contribution extraordinaire de « 55 centimes sur le montant des quatre contributions « directes. »

D'autres départements furent imposés par leurs commissaires à o fr. o5, o fr. 10 pour leurs dépenses extraordinaires, notamment pour celles résultant des ateliers nationaux.

L'impôt des 45 centimes fut donc en définitive un impôt lourd et impopulaire. Son assiette fut défectueuse, et on ne tint pas compte en le percevant des ménagements nécessaires : par la faute de ces erreurs d'application, il devint entre les mains des partis d'opposition une arme contre la République. Faut-il pour cela méconnaître son utilité ? Les trente premiers millions qu'on perçut grâce à lui, permirent de constituer les Comptoirs d'escompte, et c'est grâce à ceux-ci que la crise commerciale fut enrayée ; sans l'impôt des 45 centimes, Garnier-Pagès n'aurait pu présenter à l'Assemblée Nationale un budget en équilibre, ni son successeur négocier avec la Banque de France l'emprunt de 150 millions qui sauva définitivement le crédit de l'Etat ; enfin les 200 millions que rapporta l'impôt furent si indispensables aux finances publiques que ceux-là mêmes qui l'avaient décrié, qui avaient promis son remboursement, furent trop heureux de trouver cette somme et de la garder pour équilibrer un budget impossible sans cela.

Il fut seulement regrettable qu'une mesure heureuse à tant de points de vue ait été gâchée par des imprévoyances et des faiblesses d'application.

CHAPITRE IX

MESURES DIVERSES (TAXE HYPOTHÉCAIRE. — BOISSONS. IMPÔT SUR LE SEL. — TONTINES. — CHEMINS DE FER).

Les Comptoirs d'escompte, l'impôt des 0 fr. 45, le cours forcé des billets de la Banque de France avaient paré au plus pressé, assuré la vie financière du lendemain. Mais inspirées et justifiées par des nécessités actuelles, ces mesures n'avaient réalisé aucun des vœux du parti républicain, arrivé au pouvoir en février. Depuis longtemps celui-ci demandait une répartition plus juste de l'impôt, c'est-à-dire des dégrèvements sur les contributions indirectes impopulaires : celles-ci seraient compensées par un remaniement de l'impôt direct, qui frapperait toutes les sources de revenu, et par une progressivité marquée corrigerait l'improportionnalité des taxes de consommation. Dans les clubs on somma Garnier-Pagès de réaliser ces vœux.

Débordé par sa tâche, qui était immense, Garnier-Pagès ne pouvait avoir le temps en ses 71 jours de ministère de rebâtir sur un plan nouveau l'édifice financier. Il voulut pourtant donner satisfaction aux désirs de ses amis ; il signa pour cela quelques décrets, qui étaient surtout des manifestations oratoires. Certaines des mesures ainsi décidées ne furent jamais appliquées ; les autres furent rapportées dès son départ. Ce fut la partie immédiatement caduque de l'œuvre de Garnier-Pagès.

On avait remarqué depuis longtemps que les créances hypothécaires étaient épargnées par l'impôt direct et au nom du principe d'égalité les républicains avaient protesté contre ce privilège. D'ailleurs, l'idée générale d'un impôt sur le revenu était dans l'air, parce qu'on s'apercevait que le mode de taxation directe, basé presqu'uniquement (les patentes à part) sur la propriété immobilière, cessait d'être adéquat à la nouvelle répartition des fortunes. Depuis une vingtaine d'années la richesse mobilière devenait la grande richesse du pays ; mais cette richesse mobilière, ces créances productives d'intérêt, on ne savait comment les atteindre par l'impôt ; et comme les créances hypothécaires étaient les plus connues et les plus vieilles de date, il était naturel qu'on songeât d'abord à les taxer. C'était une étape à franchir avant d'arriver à la véritable taxation mobilière, à celle du coupon des valeurs.

Le 19 avril, Garnier-Pagès faisait signer en conseil le décret suivant :

« Citoyens : avant la Révolution, l'impôt était impropor-« tionnel ; donc il était injuste. Pour être réellement équi-« table, l'impôt doit être progressif. Vous avez reconnu et « proclamé ce principe ; il sera mis en action dans le pre-« mier budget de la République. Mais en attendant cette « grande amélioration, il est indispensable de créer les « ressources que réclament les besoins de l'Etat. Vous avez « à pourvoir à de nombreux services et à remplacer le vide « que va faire dans vos finances l'abolition de certains « impôts désormais impossibles. Jusqu'ici les producteurs, « les consommateurs et les propriétaires ont eu la charge « exclusive des grandes crises ; seuls les capitalistes ont

« échappé à la nécessité des sacrifices. La justice veut que « cette inégalité cesse. Lorsque tous les éléments de la « richesse sont atteints, il ne faut pas épargner celui de « tous qui est le plus puissant. . .

« 1° Il est établi pour l'année 1848 une contribution « directe sur les créances hypothécaires résultant soit d'o- « bligations, soit de constitutions de rentes foncières, per- « pétuelles ou viagères, soit de jugements ou arrêts passés « en force de chose jugée. Cette contribution frappera éga- « lement les créances privilégiées sur les immeubles seule- « ment, à l'exception de celles comprises au n° 3 de l'ar- « ticle 2103 du Code civil.

« Cet impôt est fixé à 1 o/o du capital. Le capital des « rentes perpétuelles sera formé à raison de 20 fois le « revenu, celui des rentes viagères à raison de dix fois le « revenu.

« 2° Pour l'assiette de ladite contribution, les proprié- « taires d'immeubles grevés d'hypothèques ou privilèges « spécifiés en l'article 1er sont tenus de déclarer dans le dé- « lai de quinze jours du 1er au 15 mai prochain, les diver- « ses créances de cette nature existant sur leurs immeu- « bles. Leurs déclarations seront faites et signées par eux- « mêmes ou par leur représentant devant le greffier de la « justice de paix de la situation des biens; il leur en sera « donné un reçu... »

Suivaient de minutieuses prescriptions pour l'établissement des rôles : les contrôleurs des contributions directes formeraient les matrices des contributions par communes dans chaque chef-lieu de canton ; ils les enverraient au directeur des contributions de la circonscription du créancier, qui dresserait les rôles et avertissements ; l'exactitude des déclarations serait vérifiée par l'enregistrement qui comparerait celles-ci aux indications données par les registres d'inscription hypothécaire. L'impôt serait perçu, les réclamations jugées et les poursuites exercées comme en matière de contributions directes. La nouvelle contribution devrait être payée sitôt la publication des rôles et non par douzièmes. — Un décret complémentaire du 26 avril édictait des sanctions contre les propriétaires qui auraient négligé de déclarer leurs immeubles grevés d'hypothèques.

Voici en quels termes, le lendemain du 19 avril, le *National*, organe gouvernemental, commentait le nouveau décret : « Tout le monde s'attendait depuis longtemps à « ce décret et le trouvera équitable. La contribution fon- « cière impose de lourdes charges à la propriété. L'impôt « indirect, sous quelque forme qu'il soit établi, augmente « les frais de la production et diminue la consommation. « La crise que la France subit en ce moment... a condamné « à de grands sacrifices toutes les classes de citoyens, hors « une seule, celle des capitalistes ; ceux-ci jusqu'à présent « avaient échappé à la loi commune. Le décret fait cesser « cette injustice : ce n'est qu'à cette condition que l'impô « du sel et les droits d'octroi pourront être supprimés ou « allégés sans inconvénient pour le Trésor. Il est difficile « d'évaluer d'avance le produit du nouvel impôt ; mais ce « bénéfice sera considérable. La propriété en France et gre- « vée d'une dette énorme. Mais toutes les inscriptions hy- « pothécaires ne représentent pas une créance réelle. Beau- « coup de propriétaires, après avoir remboursé la somme

« empruntée, négligent de faire lever l'hypothèque inscrite « afin d'épargner les frais de radiation ; ils attendent la « péremption légale qui est de droit au bout de dix ans. « Mais le décret rendra probablement les radiations néces- « saires et augmentera d'autant pour cette année le produit « de l'enregistrement. »

Ce commentaire est curieux, parce qu'il éclaire les intentions de ceux qui demandaient une mesure semblable ; les « capitalistes » étaient épargnés, il fallait les atteindre. Mais ce mot de capitaliste a un sens très restreint ; l'école socialiste a donné depuis ce nom à tous ceux qui tirent d'une source de richesse un revenu supérieur à leur travail ; cette définition convient donc au propriétaire foncier qui n'exploite pas nécessairement lui-même, et surtout au propriétaire de biens immobiliers, de maisons de rapport. Ce n'est pas le sens de 1848 ; le capitaliste, qui est alors un être nouveau dans la vie sociale, est celui qui tire son revenu de valeurs qu'il a en portefeuille. Ces valeurs ne sont taxées qu'indirectement par le timbre ou le droit de transfert ; il faut les atteindre, dans leur essence, comme source de revenus. Remarquons que ce fut l'œuvre fiscale de toute la fin du XIXe siècle de poursuivre ces valeurs transfuges de l'impôt ; en 1848, le ministre des Finances faisait ses premières armes contre elles.

Mais si une taxe hypothécaire est de principe juste, elle ne l'est pourtant que dans un système extrêmement complet d'impôt sur le revenu ; car toute taxe hypothécaire est une taxe foncière indirecte (1), et la décréter, sans

(1) Elle élève en effet le taux de l'intérêt et devient une entrave à la mobilisation de la propriété foncière.

avoir décidé de taxer spécialement les valeurs mobilières, c'est faire tout le contraire que rétablir l'équilibre entre cette fortune mobilière et la fortune territoriale.

D'autres reproches d'ailleurs, et des plus vifs, furent faits à l'impôt de Garnier-Pagès. C'était compter bien fort sur la loyauté des débiteurs, peu soucieux à la fois de révéler leur gêne et de déplaire à leurs créanciers, que s'en rapporter à leur déclaration pour l'assiette de l'impôt. Et s'en fier simplement au registre hypothécaire, c'était courir le risque de taxer des créances qui n'étaient pas ou qui n'étaient plus productives de revenus, donc, d'entamer avec les débiteurs de l'impôt d'interminables controverses.

En fait, quand l'Assemblée Nationale se réunit, presqu'aucune déclaration n'avait été faite ; des projets de suppression ou de remaniement de l'impôt furent déposés aussitôt, et le décret de Garnier-Pagès ne reçut même pas un commencement d'application. Celui-ci pourtant avait basé sur l'impôt nouveau de grandes espérances, puisque dans son projet de budget rectifié, il en comptait le produit pour 45 millions.

Ces 45 millions devaient être la rançon d'impôts impopulaires que Garnier-Pagès voulait modifier ou supprimer, l'impôt sur les boissons, celui sur le sel, les octrois... Il trouva là l'occasion de faire quelques-unes de ces professions de foi dont il était prodigue. Ce sont des documents à citer en entier, car on y saisit sur le vif un des plus graves défauts de l'homme, cette facilité à se griser de mots.

Le premier décret sur les boissons est du 31 mars : un rapport le précédait.

« Quelques-unes de nos institutions fiscales sont incom-

« patibles avec le nouvel ordre politique et social. Vous « l'avez compris, lorsque vous avez décrété le prochain « établissement d'un impôt sur le revenu, la prochaine « abolition de l'impôt du sel, la réduction et l'uniformité « des taxes postales, lorsqu'enfin vous avez aboli le timbre « sur les écrits périodiques. Mais de toutes les inventions « du vieil esprit fiscal, celle qui blesse le plus profondé- « ment la justice et la dignité humaine, celle qui fomente « le plus d'irritations, qui charge de plus d'entraves le « travail industriel, c'est sans contredit la perception des « droits de circulation et de détail sur les boissons.

« L'exercice est fils de la réaction impériale. Il date de « cette époque brillante et néfaste où le génie, égaré par « l'orgueil, perdait la Révolution en conquérant l'Europe. « Sur les débris de l'Empire la Restauration s'établit aux « cris de « Plus de droits réunis » ! Promesse menson- « gère ! Sous un nom nouveau la vieille iniquité subsiste. « L'exercice continue de sévir avec son cortège de haines, « de surveillance vexatoire et d'humiliations.

« En 1830, nouvelles espérances, nouvelles promesses, « nouvelles déceptions. Après dix-huit années d'une « administration qui pouvait être toute puissante pour le « bien, nous retrouvons l'exercice debout, en butte à des « haines ardentes, excessives peut-être, mais au fond « légitimes.

« J'estime, citoyens, qu'il n'est ni juste ni possible de « maintenir plus longtemps cette forme de l'impôt. En « conséquence, après avoir entendu les délégués du com- « merce des boissons, après une étude attentive des inté- « rêts du public et de ceux du Trésor, je vous propose de

« décréter dès à présent que l'exercice est aboli dans toute « l'étendue de la République.

« Voici en peu de mots l'économie du décret que j'ai « l'honneur de vous soumettre à cet égard :

« 1° Dégagé de ses formes vexatoires et irritantes, l'an- « cien impôt sur les boissons sera remplacé par un droit « général de consommation sur les vins, cidres, poirés et « hydromels expédiés soit aux débitants, soit aux consom- « mateurs. Les uns et les autres acquitteront également « le droit de consommation actuellement établi sur les « alcools ;

« 2° Le tarif de ce dernier droit et celui des vins, qui « varie selon les circonstances territoriales, est accepté, « tel que je l'ai établi, par les délégués du commerce des « boissons ;

« 3° Les liqueurs en cercle ou en bouteilles étaient im- « posées comme alcool pur ; elles ne le seront plus qu'à « raison de 35 o/o de leur volume.

« 4° Le paiement du droit de consommation aura lieu « indifféremment au départ ou à l'arrivée ;

« 5° Des mesures efficaces mais nullement blessantes « seront prescrites pour atteindre les boissons que les pro- « priétaires récoltants voudront vendre en détail. Ces pro- « priétaires faisant concurrence aux débitants, il est juste « qu'ils aient à supporter les mêmes charges qu'eux ;

« 6° Lorsque les conseils municipaux le désireront, ils « pourront obtenir la suppression des formalités de la « circulation dans l'intérieur des communes ayant un « octroi, et, dans ce cas, les débitants pourront être assi- « milés aux marchands en gros.

« 7° Pour faciliter aux débitants le paiement des droits « et leur réserver la faculté de vendre en gros, l'entrepôt « leur est accordé sous certaines conditions.

« Maintenant, citoyens, quels seront, sous le rapport « financier, industriel, commercial et moral les résultats « de la mesure que je vous soumets ?

« Directement, il y a perte pour le Trésor. Mais je pense « que cette perte sera jusqu'à un certain point compensée « par la diminution des frais de perception, par l'accrois- « sement de la consommation et surtout par la diminu- « tion forcée de la contrebande. Je dis « forcée » parce que « désormais la fraude serait sans excuse. Lorsqu'un gou- « vernement donne à une classe de citoyens une si haute « preuve de confiance, il a le droit de compter sur un « concours loyal et de l'exiger. Je vous propose en consé- « quence de décréter qu'à l'avenir la fraude, en ce qui « concerne les boissons, sera assimilée au vol et punie « des mêmes peines.

« Au point de vue industriel et commercial, tout le « monde sait que l'alcool sert de base à une grande va- « riété de préparations chimiques ; sous l'empire des an- « ciens droits, ces applications étaient environnées de « difficultés presque insurmontables, de véritables impos- « sibilités. Votre décret les fera disparaître et ouvrira un « vaste champ aux combinaisons du génie industriel.

« Enfin, au point de vue de l'humanité et de la morale, « vous aurez fait une grande chose. Le vin que boivent « aujourd'hui les classes pauvres est un poison. La source « principale des maux qui les déciment, c'est l'alcool, à « l'aide duquel les infortunés soldats de l'industrie s'ef-

« forcent de ranimer leurs forces affaiblies par la misère. « De la misère sort la maladie qui à son tour perpétue la « misère, et de là, le découragement, l'abandon de soi-« même et quelquefois la démoralisation. Or, en sup-« primant l'exercice, vous aurez enlevé à la fraude tout « prétexte, toute excuse. Le commerce des vins étant dé-« sormais libre de ses vieilles entraves, toute falsification « constituerait un crime ; il serait la spéculation du « meurtre ! Décrétez donc l'abolition de ce déplorable « impôt, citoyens, et l'industrie, le commerce honnête, « l'humanité, la morale, devront à votre active sollicitude « cet immense bienfait qu'elles réclament en vain depuis « quarante ans, et que la République seule pouvait leur « procurer.

« Décret : Le Gouvernement Provisoire,

« Considérant que le mode actuel de perception du droit « sur les boissons est éminemment vexatoire et onéreux ;

« Considérant que l'exercice est attentatoire à la dignité « des citoyens qui s'adonnent au commerce des boissons ;

« Considérant que la forme injurieuse de cet impôt « constitue une excitation perpétuelle et comme une excuse « à la fraude ;

« Considérant qu'il en résulte les plus graves dommages « pour le commerce, pour l'industrie, pour la santé des « travailleurs et même pour leur vie ;

« Considérant que cette forme d'impôt, léguée à la Ré-« publique par les trois derniers gouvernements contre-« révolutionnaires est incompatible avec les nouvelles ins-« titutions politiques et sociales que la France veut fonder « et maintenir : décrète :

« 1° A partir du 15 avril prochain sera supprimée la « perception des droits de circulation et de détail sur « les vins, cidres, poirés et hydromels, ainsi que celle du « droit de détail sur les alcools, esprits et liqueurs. En con- « séquence, les exercices cesseront d'avoir lieu dans les dé- « bits de boissons. »

Onze articles suivants répétaient l'énoncé des mesures citées plus haut. La taxe par hectolitre du nouveau droit de consommation était fixée pour les vins de 1 fr. 25 à 5 francs suivant la classe du département ; pour les cidres, poirés et hydromels à 1 fr. 25 ; pour l'alcool à 34 francs.

Un décret complémentaire du 2 mai revisait le taux des remises et traitements alloués aux agents de l'administration des contributions indirectes.

Il y avait quelque chose d'heureux dans la réforme voulue par Garnier-Pagès : c'était l'abolition de l'exercice, devenu si vexatoire que les agents de la régie, à la fin du règne de Louis-Philippe, avaient été parfois repoussés à coups de fusil ; pour le reste, un si bel exposé des motifs suffisait à prouver les intentions excellentes du ministre ; malheureusement le résultat fut déplorable ; les débitants délivrés de l'exercice, leur cauchemar, se tinrent pour satisfaits ; mais le droit nouveau de consommation qui frappait la marchandise de 40 à 50 o/o de sa valeur, souleva immédiatement l'opposition des propriétaires, empêchés de vendre leurs produits renchéris et celle des consommateurs à domicile, sur qui la taxe pesait presque directement. Or ceux-ci étaient la grande majorité des travailleurs, et pour le reste c'étaient une fois de plus les propriétaires des campagnes qui étaient surchargés au bénéfice des villes. Rien n'était donc moins démocratique que cet impôt qui prétendait l'être tant. Aussi sombra-t-il vite dans l'hostilité générale (1).

La suppression de l'impôt sur le sel fit pendant à la suppression de l'exercice : les considérants du décret étaient presque les mêmes, mais le style fut encore plus lyrique (15 avril).

« Il est écrit que tous les Français doivent contribuer « aux charges publiques dans la proportion de leur for-« tune. Loyalement comprise, cette formule contient toute « la doctrine de la révolution en matière d'impôts ; il en « résulte en effet que les charges sont proportionnelles « aux forces, qu'il ne faut demander rien à ceux qui n'ont « rien ; que les malaisés doivent peu ; qu'il est juste de « demander beaucoup au superflu.

« La monarchie subissait la lettre du principe ; mais « dans la pratique elle en éludait frauduleusement l'esprit. « Cherchez parmi tous les monuments de sa législation « financière, vous y trouverez partout le respect des forts, « la haine des faibles. Aux époques les plus récentes « comme les plus reculées, c'est sur le pauvre que pèsent « le plus les charges de la société. Esclave, serf, prolétaire, « le peuple verse par tous les canaux avec son sang, le « fruit de son travail. Un homme est reconnu noble à ce « signe : il ne paie point d'impôt ; non noble à ce signe : « les collecteurs ont saisi les instruments de son travail. »

(1) L'administration des contributions indirectes avait évalué à 51 millions la perte qui résulterait pour le budget de la modification du régime des boissons.

« Cependant l'esprit du christianisme prévaut dans les « faits humains ; la Révolution s'empare du monde. Par « une conséquence forcée, le principe de l'impôt est aus- « sitôt changé. Il était oppresseur, il devient juste. Tout « d'abord les charges les plus iniques disparaissent ; les « principes proclamés s'appliquent, l'impôt progressif sur « le revenu, sur la richesse produite, suit de près l'aboli- « tion des taxes que des vexations séculaires avaient ren- « dues particulièrement odieuses.

« Puis à cette grande évolution de la justice dans l'hu- « manité succède une réaction violente. Un moment effa- « cées sous la République, les vieilles iniquités ressuscitent « sous l'Empire, durent sous la Restauration et se perpé- « tuent jusqu'à nous à travers des oscillations diverses.

« A son avènement la République a donc trouvé debout « face à face de généreux principes et des faits déplora- « bles. Elle a pour mission de faire prévaloir les principes « nouveaux contre les anciens faits.

« Charger le fort dans une juste mesure, et, dans une « juste mesure aussi, décharger le faible ; en un mot, pro- « portionner le devoir au pouvoir, tel est désormais le prin- « cipe fondamental, le but nécessaire de votre politique « financière.

« Or, citoyens, parmi les impôts qui depuis tant de siè- « cles pèsent sur le peuple, il n'en est pas un seul qui soit « plus onéreux, plus justement détesté que celui du sel. « Comme toutes les autres inventions fiscales de l'ancienne « monarchie, cette taxe, légère d'abord, ne devait être que « temporaire. Successivement elle dura et s'aggrava. De « 8 sous par muid, elle s'éleva rapidement à 48 sous et

« bientôt, tant la progression fut violente, à 45 livres. Plus « tard, elle atteignait le chiffre de 397 livres le muid, puis « elle ne cessa de s'accroître, si bien qu'à la fin du XVIe siè- « cle on payait à Paris 864 livres le muid, et au com- « mencement du XVIIe siècle 2.460 livres dans les provinces « de grande gabelle.

« A quelques années de là, un des hommes qui ont le « plus honoré la France, et qui n'était pas moins grand « par le génie que par le courage, Vauban, écrivait :

« Le sel est une manne dont Dieu a gratifié le genre « humain et sur laquelle par conséquent on n'aurait jamais « dû mettre d'impôt ». De Vauban jusqu'à la Révolution, « l'impôt du sel s'accrut de plus en plus, et l'histoire ne « dira jamais assez par quelles barbaries il fut maintenu.

« Dès que la justice reparaîtrait, il devait tomber : il « tomba dès les premiers jours de la Révolution. Réduit « d'abord dans les proportions les plus larges, il fut bien- « tôt complètement aboli (lois de septembre 1789 et de « mars 1790).

« L'Empire ressuscite les vieilles institutions politiques « et du même coup les vieilles institutions fiscales. Droit « souverain de la logique ! Et comme la Restauration avait « recueilli l'héritage de l'Empire, le Gouvernement du « 7 août 1830 reçoit celui de la Restauration. Pendant « 17 années, l'impôt du sel, condamné au triple point de « vue de la science, de l'humanité, de la politique, résiste « aux réclamations persévérantes de la justice et de l'opi- « nion.

« Citoyens, c'est à vous d'effacer définitivement cette « iniquité séculaire. Si les prodigalités du régime déchu,

« si l'impérieuse nécessité de pourvoir aux droits du travail, « si la situation extérieure de la France ne vous permet« tent pas une résolution soudaine, immédiatement appli« cable ; si, en outre, aux termes mêmes des lois, il est « indispensable d'appliquer un certain délai aux com« merçants qui ont en magasin des quantités de sel ayant « acquitté l'impôt, décidez au moins par un décret formel « que la doctrine révolutionnaire en matière d'impôts « prévaudra définitivement dans le budget de la France « républicaine et qu'à partir du dernier jour de cette année, « l'impôt du sel est aboli dans toute l'étendue de la Répu« blique.

« Je ne m'étendrai pas, citoyens, sur la grandeur du « sacrifice que cette grande mesure impose au Trésor. « J'aime mieux dire quelques mots des avantages qui en « résultent pour le peuple.

« On a beaucoup discuté, on discutait encore hier sur « la question de savoir si le prix vénal du sel exerçait « quelqu'influence sur la consommation ; quelques chif« fres tranchent le débat. Avant la Révolution, dans les « provinces de grande gabelle, la consommation par tête « était de 4 kil. 580 ; de 1793 à 1860 elle atteignait 10 kilos « par tête. Après la loi de 1806, la consommation redes« cend à 6 kil. 638, et après la loi ultra-fiscale de 1813 à « 3 kil. 467. Maintenant il vous est facile de calculer la « portée de ces variations, si vous vous rappelez qu'il n'est « pas une substance qui joue un plus grand rôle que le « sel dans la vie animale, agricole, industrielle. Le sel est « pour le peuple un objet de première nécessité ; il sert à « prévenir les maladies qu'engendre la mauvaise qualité

« des aliments ; il répare les vices d'une nourriture insuf-« fisante et sans vigueur. En agriculture, c'est un axiome « vulgaire qu'une livre de sel fait dix livres de viande et « que six livres de foin mélangé de sel valent autant pour « la nourriture des bestiaux que huit livres de foin non « salé. Relativement au commerce intérieur et extérieur, « la question n'a pas une moindre importance. Si le sel se « vendait à sa vraie valeur, il pourrait servir, non seule-« ment à l'assaisonnement, mais encore à la conservation « des aliments ; et il serait désormais possible aux pro-« duits de la pêche française de lutter sur les marchés « étrangers avec les produits similaires de l'Angleterre et « des Etats-Unis.

« Toutefois, citoyens, il ne suffit pas de décréter la jus-« tice, il faut en assurer la pratique. C'est en faveur des « pauvres que vous allez décréter l'abolition de l'impôt ; « il faut qu'elle profite au pauvre. Vos intentions seraient « violées, le sacrifice du Trésor serait en pure perte, si les « producteurs seuls en recueillaient le bénéfice. Sur divers « points du territoire et particulièrement dans une ving-« taine de nos départements du midi et du centre, des « coalitions se sont formées et subsistent qui maintiennent « les prix à un taux exorbitant. Il faut que ces coalitions « soient rendues impossibles. Or, pour atteindre à ce but, « vous n'avez qu'un moyen : la possibilité d'une concur-« rence. Je vous propose donc de décréter qu'à partir du « jour où l'impôt du sel aura cessé d'être levé, les sels étran-« gers seront admis à l'importation, moyennant un faible « droit. Cette mesure, citoyens, est d'une absolue nécessité, « si vous voulez que le renchérissement du prix par le mo-

« nopole soit efficacement prévenu. Et j'ajoute qu'elle ne « portera aucun préjudice aux producteurs nationaux, « s'ils veulent ne point abuser ; car les conditions où se « trouve la France pour la production du sel sont telle- « ment favorables que leurs intérêts se trouveront suffi- « samment sauvegardés par l'établissement d'un très faible « droit d'entrée.

« En résumé, citoyens, dans l'ordre social et politique, « vous avez effacé déjà plus d'une injustice ; je vous pro- « pose de consacrer solennellement une nouvelle répara- « tion, et de montrer à la France qu'en proclamant la « République, ce n'est pas un vain nom que vous avez « inscrit sur son drapeau.

« Décret : Le Gouvernement Provisoire,

« Considérant que les citoyens doivent contribuer aux « charges publiques dans la proportion de leur fortune ;

« Considérant que le gouvernement républicain a pour « devoir et pour but de faire prévaloir dans la pratique « cette formule de justice et d'humanité ;

« Considérant qu'il est indispensable de supprimer ou « de transformer les impôts qui pèsent plus spécialement « sur les pauvres ;

« Considérant que de tous les impôts de consommation, « celui du sel est le plus onéreux et le plus inique ;

« Considérant que la santé du peuple, la prospérité de « l'agriculture, le développement de l'industrie et du com- « merce en exigent impérieusement l'abolition ;

« Voulant réparer à l'égard du peuple une des plus « criantes injustices des siècles passés. . .

« Décrète :

« 1° A partir du 1er janvier 1849, l'impôt du sel est « aboli (1).

« 2° A partir de la même époque, la prohibition d'entrée « des sels étrangers est également abolie. Il sera perçu sur « les sels étrangers une taxe de 25 centimes par 100 kilo- « grammes à leur importation par terre ; de 50 centimes à « leur importation par mer sous pavillon français ; et de « 2 francs à leur importation sous pavillon étranger.

« 3° Les sels des colonies et possessions françaises d'outre- « mer seront admis en franchise de toute taxe.

« 4° Les sels étrangers destinés à l'approvisionnement « des navires français armés pour la pêche de la morue « seront affranchis de toute taxe. »

Cette démonstration, riche de belles paroles, était platonique. Garnier-Pagès ne pouvait même pas légiférer pour tout l'exercice 1848 ; il devait se douter que ses promesses ne seraient pas d'un grand poids quand l'Assemblée Nationale établirait le budget de 1849. C'était un décret pour la galerie.

Plus efficace fut le décret du 18 avril qui pour « diminuer le prix des objets d'alimentation qui peuvent ajouter aux forces physiques des travailleurs », supprimait à Paris les droits d'octroi sur la viande de boucherie (2) et proposait de les remplacer par une taxe progressive sur les loyers de plus de 800 francs et par des impôts somptuaires ; en revanche un décret du 24 avril soumit à l'octroi

(1) Au projet de budget de 1848 l'impôt sur le sel figurait aux recettes pour 58.153.000 francs.

(2) Un décret complémentaire du 24 avril étendit la mesure à la viande de porc et à la charcuterie.

certaines denrées de luxe, comme la volaille, le gibier, la marée, les poissons d'eau douce, les huîtres, le beurre, même lorsqu'ils seraient amenés directement de l'extérieur à destination particulière.

Malheureusement l'abattage de la viande de boucherie à Paris était monopolisé, de sorte qu'à l'abri de la concurrence, les bouchers abatteurs purent ne consentir aux bouchers revendeurs qu'une réduction de prix inférieure à la détaxe de l'octroi ; et l'abaissement du prix porta surtout sur les viandes de qualité supérieure. Il aurait fallu une nouvelle mise au point, que Garnier-Pagès n'eut plus le temps de faire.

A côté de ces mesures importantes qui concernent l'impôt, il faut mentionner quelques décrets visant certaines associations financières. Dès 1848, le parti républicain se défiait de la puissance non seulement économique, mais politique, que peuvent donner les associations de capitaux. La reprise par l'État d'entreprises capitalistes d'intérêt général (Compagnies de chemins de fer, de canaux, de mines, d'assurances) était déjà une revendication de Louis Blanc et même des démocrates de la Réforme ; nous avons vu qu'Emile de Girardin insistait pour sa réalisation immédiate.

Cette réforme d'ensemble, qui était immense, Garnier-Pagès, quelque désir qu'il eût d'y attacher son nom, savait qu'il ne pouvait l'entreprendre ; mais certains de ses actes en sont pourtant comme des présages avant-coureurs.

Tel l'arrêté sur les associations tontinières (20 mars).

« Le ministre des Finances :

« Vu le décret du Gouvernement Provisoire qui délègue

« aux ministres compétents la décision des mesures qui « étaient précédemment réglées par des ordonnances « royales ;

« Vu les diverses ordonnances relatives aux associa- « tions tontinières ;

« Après avoir entendu la commission de surveillance « des tontines et les directeurs de ces établissements ;

« Considérant que les fonds versés par les familles dans « les tontines, pour être employés en rentes sur l'Etat, « sont le fruit du travail et de l'épargne du peuple ;

« Qu'ils constituent un dépôt sacré placé sous la sauve- « garde et l'honneur du pays et la garantie de la Répu- « blique ;

« Attendu qu'avant de statuer sur l'emploi définitif du « capital des tontines, dans l'intérêt des souscripteurs, il « y a lieu de pourvoir d'urgence au placement du montant « des arrérages et annuités journellement perçus ;

« D'accord avec le ministre de l'Agriculture et du Com- « merce, — Arrête :

« 1° Le montant des arrérages et annuités à percevoir « par les établissements tontiniers sera provisoirement « versé au Trésor public sous la garantie de l'Etat. Le ca- « pital de ce fonds s'augmentera d'un intérêt cumulé de « 5 o/o par an.

« 2° La commission de surveillance des tontines assu- « rera, en ce qui la concerne, l'exécution du présent ar- « rêté. »

La gestion des caisses tontinières avait quelquefois donné lieu à des critiques justifiées : on pouvait penser qu'elles n'offraient pas une garantie suffisante aux épargnes populaires qui s'y déversaient ; mais la mesure prise, qui constituait une véritable confiscation, fut accueillie avec défaveur dans les milieux financiers. Plus tard l'Assemblée Nationale revint sur le décret de Garnier-Pagès et décida, le 30 juillet 1848, de rembourser en rentes les fonds des tontines, en prenant pour base de conversion le cours de la rente au jour des versements. 210.000 francs de rente au capital de 4.200.000 francs furent ainsi inscrits au Grand Livre de la dette.

La question du rachat des chemins de fer était encore plus à l'ordre du jour que celle du rachat des compagnies d'assurances ; à la Bourse on attendait — et redoutait — à tout moment cette mesure ; on la redoutait d'autant plus que le rachat, disait-on, devait se faire en 5 o/o au pair et que chaque jour enregistrait une nouvelle baisse sur ce fonds d'Etat. Dans son rapport du 9 mai, Garnier-Pagès s'explique sur son indécision et sur les raisons qui finalement l'ont persuadé d'attendre la décision de l'Assemblée Nationale. « Nous avons pensé, nous pensons encore que « l'existence de Compagnies financières, conforme au « principe du gouvernement monarchique, ou aristocra-« tique, ou fédéral, est radicalement incompatible avec le « principe d'un gouvernement républicain, démocratique « et unitaire. Dans un rapport que j'ai présenté au Gou-« vernement Provisoire (1), sont exposées toutes les prin-« cipales raisons qui me paraissent militer victorieuse-« ment en faveur de cette opinion. Ce rapport avec le « projet de décret qui l'accompagne sera soumis au pre-

(1) Ce rapport n'a pas été publié à notre connaissance.

« mier jour à votre examen et à vos discussions. Un « moment, nous avions pensé qu'il y avait pour le gou- « vernement nécessité, devoir d'intervenir dans ces entre- « prises et d'en reprendre possession au nom de l'Etat, « moyennant une juste indemnité ; le plus grand nombre « des compagnies n'avait pas une autre pensée. Sauf une « ou deux, toutes au fond désiraient le rachat. Mais tout « à coup les choses ont changé de face ; les ardents se « sont refroidis, les résignés se sont révoltés, et cependant « le temps marchait. Si bien qu'après de longues délibé- « rations plusieurs fois interrompues par les invasions de « la politique, lorsque le gouvernement aurait pu adopter « le décret que nous lui avions soumis, quelques jours à « peine nous séparaient de votre avènement. Il nous a « paru alors qu'au moment où votre autorité, sortie déjà « du cœur et du cerveau du peuple, existait virtuellement « au-dessus de tous les pouvoirs, le respect commandait « l'attente. » Cette décision du gouvernement avait d'ailleurs été connue comme ferme dès la Bourse du 25 avril, et les actions des Compagnies de chemins de fer en exploitation en avaient aussitôt bénéficié.

Mais, toute question de principe à part, Garnier-Pagès avait été amené à intervenir par suite de la mauvaise gestion de certaines Compagnies, privées de fonds et notoirement incapables de poursuivre leur exploitation. C'est ainsi que, dès la fin de mars, le service était presqu'interrompu dans les Compagnies d'Orléans (Paris à Orléans) et du Centre (Orléans à Vierzon) ; un administrateur de l'Orléans devait donner sa démission, parce qu'il n'arrivait pas à se faire obéir de ses subordonnés ; les ouvriers non payés se mettaient en révolte ; il fallait journellement plus de deux cents hommes de troupe pour préserver la ligne des tentatives de dévastation. Par un premier décret du 30 mars, le Gouvernement Provisoire nomma des commissaires extraordinaires, avec pleins pouvoirs, même sur les administrateurs, pour assurer l'exploitation des deux lignes menacées ; puis, la mesure étant restée insuffisante, par un décret du 4 avril, il plaça les deux chemins de fer d'Orléans et du Centre sous le séquestre du ministre des Travaux Publics.

Ce n'était qu'une mesure de circonstance. mais elle impressionna pourtant défavorablement la Bourse ; du 4 au 5 avril le 5 o/o baissa de quatre points (59 à 54). Il y avait de quoi inquiéter en effet les porteurs d'actions : à ce taux le rachat en 5 o/o au pair leur aurait fait subir une perte de près de moitié.

Mais ces craintes étaient vaines : l'Assemblée Nationale ne devait pas suivre Duclerc lorsqu'il lui proposa le rachat général des chemins de fer, et le séquestre même de l'Orléans ne fut que provisoire.

CHAPITRE X

L'ÉQUILIBRE BUDGÉTAIRE.

Au-dessus de tant de questions de détail, une préoccupation — la préoccupation essentielle de tout ministre des Finances, — devait hanter l'esprit de Garnier-Pagès. Comment assurer la balance du budget ? C'est à ce problème de comptabilité, minutieux, terre-à-terre, qu'aboutissaient tant de projets que le ministre enveloppait de si beaux considérants. Et n'est-ce pas toujours à lui que viennent se heurter tous les rêves sociaux, obligés de courber la tête sous cette porte basse ?

Le problème était ardu : dès le 24 février, le budget voté était gravement en déficit ; mais depuis, combien de recettes rendues stériles, combien de dépenses imprévues ! Il fallut rebâtir en entier le budget, et toute l'année 1848 passa à cette tâche ; les uns après les autres, les ministres des Finances de l'Assemblée Nationale apportèrent leur projet de budget rectificatif. — Quand enfin le 29 juin 1852, sous l'Empire, on vota la loi de règlement, les ministres de Louis-Philippe n'auraient pas reconnu grand'chose à leur œuvre.

La loi de finances votée le 8 avril 1847 prévoyait

Recettes.	1.370.978.010 fr.
Dépenses	1.361.681.670 »
D'où un excédent de.	9.296.340 »

Mais cet excédent était tout théorique, puisque dès le 3 janvier 1848, le ministre des Finances lui-même annonçait un déficit de plus de 48 millions. Ce chiffre était encore au-dessous de la vérité, et au 24 février il fallait compter, d'après Garnier-Pagès (rapport du 8 mai), un découvert sur le budget ordinaire de 73.644.597 francs, et d'après Ducos (voir chapitre Ier, p. 23) de 76.557.080 francs (1).

A cela il fallait encore ajouter 189.760.469 francs de travaux extraordinaires, dont 20.298.500 imputables, d'après la loi du 25 juin 1841, sur l'emprunt de 450 millions souscrit en 1842. Le reste (169.461.969 fr.) aurait été à la charge de la dette flottante.

Ceci posé, voici quel est, d'après Ducos, le tableau du mouvement financier du Trésor depuis le 1er mars jusqu'au 31 mai. Sans doute ces dates ne correspondent pas exactement à celles du commencement et de la fin de la gestion du Gouvernement Provisoire (24 février et 11 mai), mais la balance d'une comptabilité à ces deux dates eût été presqu'impossible, et il faut se contenter de cette approximation.

(1) Cette différence de 2.912.483 francs provient de deux articles qui ne figurent que chez Ducos : 1° aux dépenses, un report de crédits de 1847, non compris dans la loi générale des crédits supplémentaires (croisière d'Afrique, produits d'amende, etc.). . 4.385.808 fr.
2° aux recettes, une modification résultant de l'établissement des rôles des contributions directes. . 1.473.325 »
2.912.483 »

Recettes (1er *mars*-31 *mai*).

	Francs
Solde en caisse et en portefeuille au 31 mars.	252.603.184
Service ordinaire du budget.	294.048.969
Impôt des quarante-cinq centimes et retenues sur les traitements	52.624.900
Emprunt national de 100 millions. . .	26.012.293
Emprunt de 250 millions (Loi du 8 août 1847)	2.117.986
Services spéciaux en dehors du budget .	34.967.858
Bons du Trésor remis à la Caisse d'amortissement	20.161.844
Bons du Trésor remis ou renouvelés à divers	147.947.770
Traites et mandats à payer	65.252.487
Fonds particuliers des comptables . . .	84.412.530
Correspondants du Trésor	275.665.886
Correspondants des comptables des finances	301.588.309
Avances pour divers services des ministères.	9.761.577
Mouvement des fonds entre les comptables	731.249.546
	2.298.415.139

Dépenses (1er *mars-31 mai*).

	Francs
Service du budget ordinaire	397.258.789
Service des travaux extraordinaires . .	35.590.368
Services spéciaux en dehors du budget .	13.462.598
Bons du Trésor échus ou remboursés . .	161.618.939
Traites et mandats à payer	66.803.583
Fonds particuliers	111.865.740
Correspondants du Trésor	314.125.941
Correspondants des comptables des finances	302.771.351
Avances pour divers services des ministères.	10.190.338
Débets et créances litigieuses	16.413
Mouvement des fonds entre les comptables	732.604.412
Solde en caisse et en portefeuille au 31 mai	153.106.667
	2.298.415.139

Il faut retenir quelques-uns de ces chiffres. Les quarante-cinq centimes qui étaient exigibles immédiatement et devaient monter à 190 millions ne rapportèrent au Gouvernement Provisoire lui-même que 50 millions (1). — La différence entre les versements et les retraits des corres-

(1) Le chiffre donné 52.624.900 comprend aussi les retenues proportionnelles sur les traitements. Comme cette économie, qui doit se répartir également entre les divers mois à partir de mars, monta à 8.635.152 francs, on peut vraisemblablement attribuer deux millions et demi au trimestre qui nous occupe.

pondants du Trésor (39 millions de retraits en plus) est une nouvelle preuve de l'état de malaise général des finances privées. De même pour les fonds particuliers des comptables (27 millions de retraits en plus). Enfin le solde en caisse au 31 mai prouve que quelles qu'aient été les difficultés financières qu'il avait eu à surmonter, le Gouvernement Provisoire pouvait cependant, à la fin de sa gestion, assurer régulièrement le service du budget.

C'est ce que Garnier-Pagès constatait avec une fierté qui avait sa raison d'être lorsqu'il présentait, le 8 mai 1848, le bilan de son administration à l'Assemblée Nationale et lui soumettait le projet de budget rectifié qu'il avait établi.

Il commençait par donner le détail de la dette flottante, tel qu'il pouvait l'établir au 1er mai. Celle-ci, au 24 février, montait à 937 millions ; Garnier-Pagès l'avait ramenée (par le remboursement en rentes des anciens bons du Trésor) à 604 millions, qui se décomposaient ainsi.

	Francs
Bons de la République.	52.373.684
Fonds des communes	134.467.800
Receveurs généraux	24.542.200
Divers.	9.287.300
Caisse des dépôts et consignations. . .	13.616.300
Caisse des fonds non employés des caisses d'épargne	41.235.000
Dette sans intérêt	44.903.000
Rentes des caisses d'épargne.	284.000.000
Total	604.425.284

Puis venait le nouveau projet du budget rectifié.

Garnier-Pagès l'établissait suivant une autre formule

que le budget ancien. Celui-ci distinguait le budget ordinaire du budget extraordinaire, affectant à chacun des ressources spéciales et s'en remettant à l'emprunt du soin de couvrir le déficit du budget extraordinaire, déficit passé à l'état chronique. Garnier-Pagès voulant « mettre un terme à cette combinaison, qui était une vraie déception », totalisait au contraire les deux budgets en recettes et dépenses, tout en en distinguant les éléments respectifs.

Il commençait par remettre au point le budget proposé par l'ancienne administration.

I. — *Dépenses.*

Les crédits votés s'élevaient à. . . .		1.366.066.370
Mais d'après l'ancienne administration elle-même ils devaient être insuffisants :		
1° Certains crédits étaient déjà compris dans le projet de loi de crédits supplémentaires pour	22.977.237	
2° D'autres crédits pour l'armée d'Afrique et l'administration de la guerre devaient être demandés pour la somme de	30.000.000	
3° Il en était de même pour des dépenses de police générale et la célébration des fêtes de juillet	1.200.000	
Total	54.177.237	54.177.237
D'où au seul budget ordinaire une dépense engagée de		1.420.243.607

A cela Garnier-Pagès ajoutait les crédits du service extraordinaire :

1° Crédits accordés pour les travaux imputables sur l'emprunt de 450 millions en exécution de la loi du 25 juin 1841 . .		20.298.500
2° Crédits pour travaux extraordinaires à la charge de la dette flottante :		
Crédits votés pour l'exercice 1848	68.230.000	
Reports de crédits de l'exercice 1847	101.231.699	169.461.969
		189.760.469
D'où : Budget ordinaire		1.420.243.607
Budget extraordinaire		189.760.469
la somme totale des dépenses du budget montait à		1.610.004.076

II. — *Recettes.*

La loi du 8 avril 1847 prévoyait . . .		1.370.978.010
Mais dès le début de 1848 des moins-values étaient prévues sur un certain nombre de chapitres.		
Douanes	11.575.000	
Forêts	7.604.000	
Recettes d'Algérie . . .	5.000.000	
Bénéfices de la Caisse des dépôts	200.000	
	24.379.000	— 24.379.000
D'où, après soustraction		1 346.599.010

Report 1.346.599.010

A cela Garnier-Pagès ajoutait, comme ressource du budget extraordinaire, la somme à prélever sur l'emprunt de 450 millions (loi du 25 juin 1841) 20.298.500

1.366.897.510

Soit un déficit total de. 1.610.004.076
— 1.366.897.510
243.106.566

dont 73.644.597 fr. sur le service ordinaire et 169.461.969 sur le service extraordinaire.

Ce point de départ donné, le ministre indiquait les rectifications qui, suivant lui, du fait de l'administration du Gouvernement Provisoire, devaient s'appliquer au budget de 1848.

I. — *Dépenses.*

Les dépenses du service ordinaire (1.420.243.507 fr.) devaient être augmentées en raison des charges nouvelles du Trésor de. 161.458.343

Mais elles subissaient une double diminution :

1° Crédits devenus inutiles (Liste civile, Chambre des pairs, des députés, etc.) 26.396.291

2° Crédits abandonnés par divers ministères sur leurs propositions primitives . . 54.177.237

Total . . . . 80.573.528 — 80.573.528

80.884.815

Les dépenses du service extraordinaire devaient être, par suite des révisions opérées par les trois ministres ordonnateurs (Travaux Publics, Guerre, Marine) réduites pour les travaux régis par la loi du 11 juin 1842, de . 51.643.409
et augmentées pour ceux de la loi du 25 juin 1841, de 2.638.500

D'où une économie de 49.004.909

Ainsi le budget total des dépenses comportait une augmentation de crédits de 80.884.815
— 49.004.909
31.879.906

II. — *Recettes.*

Pour compenser les déficits anciens et nouveaux, Garnier-Pagès proposait les recettes supplémentaires suivantes :

1° Impôts déjà décidés entrés en application :

Contribution additionnelle de 0 fr. 45.	189.000.000	
Dégrèvements à opérer . .	29.000.000	
Total	160.000.000	160.000.000
Créances hypothécaires		45.000.000
Retenues proportionnelles sur les traitements.		10.000.000
2° Impôts à faire voter par l'Assemblée Nationale :		
Concession de défrichements		1.000.000
Successions et donations		30.000.000
Assurance par l'Etat contre l'incendie. .		5.000.000
A reporter		251.000.000

Report	251.000.000
3° Divers :	
Revenus des domaines de la couronne .	5.000.000
Emprunt national (18 millions déjà versés)	20.000.000
Plus-value des contributions directes. .	1.473.325
Produit des tabacs	2.000.000
Total	279.473.325

Mais il fallait compenser ces nouvelles recettes par certaines diminutions sur les anciennes :

1° Moins-value sur les impôts indirects (1).	75.465.000
2° Suppression du timbre des journaux .	3.500.000
3° Moins-value sur les domaines . . .	695.000
4° Moins-value sur divers.	111.145
	79.771.145

D'où en contractant . . 279.473.325
— 79.771.145

on obtenait une augmentation de recettes de	199.702.180
à laquelle il fallait ajouter au service extraordinaire une élévation des ressources à prendre sur l'emprunt de la loi du 25 juin 1841, correspondant aux dépenses nouvelles portées au budget rectifié	2.638.500
ce qui équivalait à une augmentation totale de	202.340.680

L'équilibre définitif s'établissait donc ainsi :

(1) Principalement sur l'enregistrement et les douanes à l'importation.

Dépenses.

1° Dépenses votées ou prévues dans le projet de budget.	1.610.004.076	
2° Dépenses nouvelles.	31.879.906	
	1.641.883.982	1.641.883.982

Recettes.

1° Recettes votées ou prévues dans le projet de budget.	1.366.899.510	
2° Recettes nouvelles .	202.340.680	
Total . . .	1.569.238.190	—1.569.238.190
		72.645.792

Le budget restait donc en déficit de 72.645.792 francs.

Mais Garnier-Pagès proposait de remédier à ce déficit en y appliquant la réserve de l'amortissement pour l'exercice 1848 ; comme celle-ci s'élevait à 83.980.000 francs, en définitive le budget se serait réglé par un excédent de 11.334.208 francs.

Au sortir d'une crise redoutable, c'eût été une vraie victoire, et le ministre des Finances aurait pu monter au Capitole.

Mais cet optimisme était-il justifié ? Ces chiffres étaient-ils exacts et complets ? Un rapport présenté le 3 juin par le citoyen Billault au nom du Comité des finances sur l'état du Trésor et ses ressources, formule de graves objections.

« D'après l'aperçu du ministre des Finances, le budget rectifié de 1848 devrait se solder par un excédent de

11.334.208 francs. Votre Comité n'ose avoir une telle espérance ; il ne lui paraît pas certain que dans le passif de ce bilan rien n'ait été omis de ces dépenses imprévues qui ne surgissent que trop même dans les temps calmes et que les exigences inopinées des temps difficiles rendent plus inévitables encore. L'esprit de la révolution de février, les nécessités sociales qu'elle doit satisfaire n'auront-ils pas d'ailleurs pour effet de transformer le budget des dépenses et non de le diminuer ?.. Puis les recettes donneront-elles tout ce que cet aperçu en attend ? On ne prévoit sur les indirects que 79.771.145 francs de déficit. Mais déjà nous savons que pour les quatre premiers mois de 1848, comparés à l'époque correspondante de 1847, le déficit est de 33.339.000 francs, soit à ce taux, 100.000.000 pour l'année entière. Et la crise croît. Avril seul présente 17.023.000 fr. de moins, quand les trois premiers mois réunis n'offrent qu'un déficit de 16.310.000 francs. Quant aux impôts directs, fourniront-ils les 420 millions du budget ? Nous rendons hommage aux nombreux contribuables qui par la patriotique anticipation de leurs paiements sont accourus dès les premiers jours au secours du Trésor et de la République. Mais la misère générale rend chaque jour l'impôt plus difficile à percevoir ; les cotes au-dessous de 5 francs se comptent par millions et l'indulgence du fisc sera commandée pour elles — ne sera-ce que par son impuissance. — L'impôt sur les créances hypothécaires, le défrichement, le produit espéré des assurances soumis à la double épreuve de votre discussion d'abord, de leur perception ensuite, peuvent-ils bien être comptés pour 51 millions ? »..

Ces observations sont très justes, et sans doute encore

plus modérées que de raison. Garnier-Pagès donne un chiffre global d'augmentation de dépenses de 161 millions : comme il néglige d'en indiquer le détail, il n'est pas facile de savoir si ce chiffre est sincère. Mais au budget rectifié définitif, des augmentations de dépenses figurèrent pour 349 millions, plus du double. Comment croire qu'il était impossible, au mois de mai, alors que les dépenses nouvelles les plus importantes étaient engagées, de prévoir avec plus de précision ? Et par exemple, les 60 millions (1) qui devaient être prélevés sur l'impôt des 45 centimes pour le service des Comptoirs nationaux d'escompte, sont-ils compris dans les 161 millions ? On en peut douter.

De même pour les recettes. Garnier-Pagès indique une moins-value probable de 75 millions sur les impôts indirects, et il ajoute que cette moins-value porte principalement sur l'enregistrement et les douanes à l'importation. Mais alors où figurerait la moins-value due à la réforme du tarif des boissons ? Moins-value annuelle que l'administration des contributions indirectes évaluait à 51 millions. On dira que l'hostilité que la taxe nouvelle de consommation avait rencontrée dans le pays était telle, que Garnier-Pagès savait déjà que l'Assemblée Nationale reviendrait bientôt sur la mesure qu'il avait prise. Mais on établit un budget sur des faits et non des intentions. D'ailleurs, depuis plus d'un mois, l'exercice était supprimé, et quelle qu'ait été la rapidité avec laquelle l'Assemblée Nationale ait rétabli l'ordre ancien, la loi du budget rectifié porte pourtant

(1) Sur les soixante millions prévus, il n'y en eut effectivement qu'une douzaine de répartis, mais à l'heure où Garnier-Pagès écrivait, il ne pouvait encore faire état de cette limitation.

au chapitre des boissons une diminution de 12.900.000 fr. sur l'évaluation primitive. — Là aussi il y avait donc erreur.

Mais Garnier-Pagès n'était plus ministre des Finances, au moment où il rendait ses comptes à l'Assemblée Nationale ; il avait été nommé membre de la Commission exécutive et. en cette qualité, ne pouvait garder de portefeuille. Duclerc, son Sous-secrétaire d'Etat, son collaborateur durant l'existence du Gouvernement Provisoire, avait été choisi comme ministre des Finances à sa place ; c'était dire que la politique financière resterait la même.

Aussi quand, le 8 juin, Duclerc présenta officiellement le projet de budget rectifié de 1848, ce projet reproduisait-il presque celui conseillé par Garnier-Pagès. Mais il ramenait l'excédent probable à 4.744.000 francs (au lieu de 11.334.000), parce que des crédits avaient déjà été ouverts par l'Assemblée nationale pour 8.581.000 francs et qu'une révision des recettes prévues avait réduit celles-ci de 244.000 francs. Mais l'économie de ce budget restant la même, toutes les critiques adressées à celui de Garnier-Pagès pouvaient se répéter. L'optimisme y était trop de parti pris.

Renvoyé au Comité des finances, le projet de budget fut rapporté le 10 juin par le citoyen Stourm ; l'impression de celui-ci était toute pessimiste. Il consentait, tout en faisant des réserves, à accepter le chiffre des dépenses proposées, mais se montrait sceptique sur la valeur des ressources nouvelles, sur lesquelles le gouvernement croyait pouvoir compter. Des réductions importantes, suivant lui, devaient porter sur les articles suivants :

1° Les Contributions directes évaluées à 422.143.281 francs devaient supporter, du chef des patentes, impôt de quotité, une moins-value qui ne pouvait être inférieure à 20 millions.

2° La taxe sur les créances hypothécaires évaluée à 45 millions n'était pas encore en cours de perception et la confection seule de ses rôles exigerait encore de longs mois. Moins-value pour 1848, 25 millions.

3° L'impôt progressif sur les successions et donations n'existait qu'à l'état de projet. A supposer que l'Assemblée Nationale le votât, on ne savait encore d'après quel tarif. Le chiffre de 30 millions était donc fictif. En faisant les plus expresses réserves, on pouvait compter sur une recette maxima de 15 millions.

4° Duclerc ne prévoyait qu'une moins-value de 6.671.000 francs sur les coupes de bois. Une simple comparaison avec le produit de ces coupes en 1847, obligeait à réduire de 6 millions de plus la prévision de cette recette.

5° Aux 18.195.000 francs d'abaissement de recettes pour les douanes à l'importation, il fallait ajouter 7 millions.

6° Il fallait diminuer de 3 millions le produit des sucres coloniaux.

7° De 14 millions celui du tarif des boissons.

8° Le projet d'assurance par l'Etat contre l'incendie ne reposait sur aucune base certaine d'évaluation. On pouvait douter que l'Assemblée Nationale l'acceptât. C'étaient 5 millions de plus à effacer du budget des recettes.

9° Enfin il était dangereux de considérer les 125 millions de l'emprunt national comme une ressource avec laquelle on pourrait faire face aux dépenses du budget. Cette somme, en effet, se composaient en totalité de bons du Trésor échangés contre les titres de l'emprunt national. Elle n'avait donc été l'occasion d'aucune encaisse pour le Trésor.

Pour compenser ces moins-values dont le total montait à 119 millions, le rapporteur du Comité faisait état des recettes suivantes, que Duclerc avait aussi proposées : mais il en aurait voulu affecter le montant au rachat prévu des chemins de fer.

Emprunt à la Banque de France . . .	150.000.000
Emission de rentes départementales . .	50.000.000
Aliénations de diverses parties du domaine.	50.000.000
	250.000.000

Avec cette somme, on pourrait faire face au déficit actuel et à celui qu'il fallait prévoir pour l'avenir, ainsi qu'aux dépenses nouvelles que l'Assemblée Nationale engagerait sans doute.

En effet, le budget de 1848 devait être encore plus d'une fois modifié avant son règlement. Mais comme les dépenses et les recettes nouvelles furent le résultat de la politique de l'Assemblée Nationale et non du Gouvernement Provisoire, nous n'avons plus à les étudier dans leur détail.

Pour connaître le résultat définitif de l'exercice, il faut s'en rapporter à la loi de règlement (1) qui n'intervint que le 22 juin 1852. Une simple comparaison avec la loi de

(1) Voir page 227.

finances du 8 avril 1847 fait ressortir les changements profonds intervenus tant dans l'économie générale du budget que dans le montant des dépenses et le produit des recettes ; il est vrai qu'on ne pouvait reprocher à l'administration de Louis-Philippe de n'avoir pas prévu les événements multiples de 1848.

On constate en tout cas que le budget définitif se solda par un déficit de 108.919.548. En y appliquant la réserve de l'amortissement de 1848, accrue par suite de l'interruption des rachats jusqu'au chiffre de 105.931.000 fr., le déficit définitif ne fut plus que de 2.988.000 francs.

Encore n'était-on arrivé à ce résultat qu'en contractant pour plus de 200 millions d'emprunt. Comme, d'autre part, près de 600 millions de dette flottante avaient été consolidés (bons du Trésor et fonds des caisses d'épargne), l'exercice 1848 pesa d'un lourd poids sur la dette publique. En 1848, les engagements annuels souscrits au Grand Livre se trouvèrent augmentés de 45 millions de rente, ce qui porta la dette à 5 milliards en capital et 225 millions en intérêt, — 25 millions d'ailleurs n'étant pas exigibles pendant l'exercice 1848, ce qui explique que 200.362.000 francs seulement figurent au budget des dépenses, pour le service de la dette.

Parmi les dépenses des ministères, ce sont celles des Travaux Publics (101 millions) et de la Guerre (114 millions) qui ont subi le plus fort accroissement. A comparer simplement les chiffres des deux tableaux, cet accroissement semblerait encore plus fort, mais il faut se rappeler que la loi du 8 avril 1847 séparait le budget ordinaire du budget extraordinaire, de sorte que des crédits extraordinaires (49 millions pour les Travaux Publics ; 16 millions pour la Guerre) votés pour ces départements ministériels ne figuraient pas au total du budget des dépenses.

Ce fut d'ailleurs un service rendu par les ministres des Finances de la République que de mettre un terme — provisoire — à ce jeu double d'écriture qui favorisait les dissimulations de dépenses et parfois de regrettables virements de crédit.

Quant à la dette flottante, elle avait été réduite (après consolidation des bons du Trésor émis avant le 24 février et des fonds des Caisses d'épargne) à 166.332.405 francs. Mais à la fin de l'exercice, par suite du besoin de fonds de roulement pour le Trésor et aussi pour le gage des emprunts contractés à la Banque de France ou dans les départements, elle s'était trouvée augmentée de 295.168.810 francs et portée par conséquent à 461.502.215 fra cs.

Cela représentait donc (en songeant pourtant que la dette consolidée s'était fortement accrue) une situation plus favorable pour le Trésor, que celle dont le Gouvernement Provisoire s'était trouvé l'héritier au soir du 24 février.

Loi de finances du 8 avril 1847.

Recettes.		Dépenses.	
Contributions directes . . .	420.669.956	Rentes dues par l'Etat. . .	173.784.220
Enregistrement et perceptions diverses	216.324 000	Dotation de l'amortissement.	48.886.565
Timbre.	40.556.000	Rentes acquises par l'amortissement	68.617.166
Revenus domniaux. Ventes.	6.479.490	Intérêts et frais d'emprunts spéciaux.	9.110.300
Forêts et pêches	36.617.700	Intérêts de la dette flottante.	22.000 000
Bois des communes	1.778.000	Intérêts des cautionnements.	7.000.000
Droits de douane de toute nature	114 231.000	Dette viagère	2.000.000
Sucres coloniaux	38.458.000	Pensions de toute nature. .	44.307.940
Sucres étrangers.	11.270 000	Subventions aux fonds de retraite	8.640.000
Taxe des sels.	58.153.000	Liste civile.	13.300.000
Droit sur les boissons . . .	103.603.000	Chambre des pairs	790 000
Taxe des sels à l'intérieur .	13.356.000	Chambre des députés . . .	832.150
Sucres indigènes.	20.830.000	Ministère de la justice. . .	26.739.095
Droits divers des contributions directes.	43.310.000	Affaires étrangères.	8.885.422
Tabacs	120.000.000	Instruction publique. . . .	18.038.033
Poudres à feu	6.863.000	Cultes.	39.564.833
Postes	51.738.000	Intérieur : dépenses générales.	26.954.708
Université	2.406.270	Intérieur : dépenses départementales.	89.610.050
Service déparmental	18.791.000	Agriculture et commerce . .	14.384.500
Algérie.	17.825.000	Travaux publics.	63.522 050
Indes	1.050.000	Guerre.	305.630.382
4 Grandes Colonies.	6.983.188	Marine	97.379.720
Produits divers	19.685.400	Service colonial	18.300 000
	1.370.978.010	Cour des comptes	1.262.895
		Administration centrale des finances	6.278.841
		Monnaie.	232.400
		Trésorerie	9.591.000
		Frais de régie, perception, etc.	156.892.495
		Remboursements, non valeurs et primes	74.185.730
			1.361.681.670

	1.370.978 010
	— 1.361.681.670
Excédent..	9.296.340

Loi de règlement du 29 juin 1852.

Recettes.	
Contributions directes	432.303.502
Imposition de 0 fr. 45 additionnels	192.064.733
Enregistrement et perceptions diverses	169.682.982
Timbre	30.920.478
Revenus domaniaux. Ventes.	5.249.280
Forêts et pêches	23.676.068
Bois des communes	1.365.465
Bois de l'ancienne liste civile	2.537.474
Droits de douane de toute nature	66.595.465
Sucres coloniaux	22.656.717
Taxe des sels	51.236.504
Sucres étrangers	7.219.234
Droit sur les boissons	90.656.117
Taxe des sels à l'intérieur	12.233.623
Sucres indigènes	23.685.771
Droits divers de contributions indirectes	32.994.010
Tabacs	116.256.515
Poudres à feu	6.635.914
Postes	52.932.959
Université	2.257.818
Service départemental	14.986.933
Algérie	12.967.391
Indes	1.032.001
Quatre grandes colonies françaises	581.987
Produits divers du budget	20.854.288
Retenue sur traitements et pensions	8.635.152
—	
Emprunt 3 0/0 converti 5 0/0 (loi 24 juillet 1848)	177.536.949
Emprunt de la loi du 25 juin 1841	19.217.317
Remboursement du chemin de fer du Nord	3.000.000
Emprunt du chemin de fer de Lyon	54.272.250
	1.656.343.897

Dépenses.	
Rentes dues par l'Etat	200.361.857
Dotation du fonds d'amortissement	56.798.600
Rentes acquises du fonds d'amortissement	68.711.167
Intérêts et frais d'emprunts spéciaux	9.013.208
Intérêt de la dette flottante du Trésor	13.979.610
Intérêt des cautionnements	6.600.228
Dette viagère	2.013.285
Pensions de toute nature	43.858.395
Subventions aux fonds de retraite	9.845.028
Ancienne liste civile	2.191.667
Chambre des pairs	325.633
Chambre des députés	252.673
Gouvernement provisoire et palais du Luxembourg	267.082
Assemblée nationale	5.978.527
Pouvoir exécutif	241.075
Ministères : Justice	26 372.102
Affaires étrangères	11.061.538
Instruction publique	19.298.562
Cultes	39.731.537
Intérieur :	
Dépenses générales	30.314.716
Dépenses départementales	92 638.238
Service extraordinaire	31.958.749
Agriculture et commerce	21.887.617
Travaux publics :	
Service ordinaire	90.729.327
Service extraordinaire	125.315.836
Guerre :	
Service ordinaire	408.125.781
Service extraordinaire	13.056.993
Marine :	
Service ordinaire	103.412.527
Service extraordinaire	21.234.289
Service colonial	18.602.942
Finances :	
Cour des comptes	1.095.323
Administration centrale	6.011.142
Monnaie	272.958
Trésorerie	9.527.887
Service extraordinaire	11.880.494
Frais de régie, perception, etc.	156.292.027
Remboursements, non valeurs et primes	106.014.745
	1.765.263.445

	1.765.263.445
	1.656.343.897
Déficit...	108.919.548

CHAPITRE XI

LES COMPTES FINANCIERS DU GOUVERNEMENT PROVISOIRE.

A la fin de 1848, l'équilibre budgétaire étant rétabli, on pouvait dire la situation financière sauvée ; car si les effets de la crise si violente de 1848 se firent encore sentir dans les années suivantes, ce ne fut qu'une répercussion qu'on pouvait aisément pressentir. Mais une autre question restait posée.

Durant plus de deux mois, les membres du Gouvernement Provisoire avaient usé de la dictature, en matière financière comme ailleurs. Soumis sans doute aux règles générales de la comptabilité des finances publiques, ils avaient été affranchis pourtant de celle qui était essentielle, le contrôle immédiat et souverain des représentants de la nation. Non seulement ils avaient ouvert des crédits que la loi de finance n'avait pas autorisés, mais ils avaient décrété et perçu des impôts nouveaux. Quel usage avaient-ils fait d'un tel pouvoir ? Les dépenses nouvelles étaient-elles justifiées, rendues indispensables par la situation politique ? Les produits supplémentaires du budget avaient-ils été consacrés à des dépenses d'intérêt général ? Et dans leur intégralité ? Toutes ces questions résolues en temps ordinaire par le pouvoir législatif avant la période d'exécution du budget, devaient maintenant l'être en cours d'exécution, puisqu'il y avait eu un intérim financier. A défaut d'autorisation, il fallait au moins une sanction. Il était naturel que l'Assemblée Nationale la donnât, puisqu'en elle résidait le pouvoir souverain.

Mais les inimitiés politiques envenimèrent la question. C'est une arme terrible entre les mains d'un adversaire que l'accusation d'être prévaricateur ; et contre elle, ceux qui ont eu le maniement sans contrôle des deniers publics sont fatalement sans défense immédiate. Il leur faut rechercher les pièces comptables dispersées, les soumettre à un contrôle minutieux et long, obtenir un rapport, un vote de quitus sur ce rapport. Pendant ce temps, la calomnie a grossi en passant de bouche en bouche, elle est devenue un fait acquis et on n'en accueille plus la preuve contraire qu'avec une ironie indulgente.

Dès les mois de mars et d'avril, les membres du Gouvernement Provisoire avaient été l'objet d'attaques semblables (1). C'était Ledru-Rollin qui entretenait une actrice avec les deniers de l'Etat ; c'étaient Louis Blanc et Albert, qui, au Palais du Luxembourg, renouvelaient les orgies de la décadence romaine ; c'était Mme Garnier-Pagès qui faisait coûteusement réparer les carrosses royaux où elle paradait. Plus tard, Armand Marrast, le « marquis de la République », devait donner, à la Présidence de l'Assemblée Nationale, des fêtes payées du fruit de ses dilapidations. Tout cela, parti on ne savait d'où, mais vite répété, amplifié, accepté sans contrôle. Et voici un exemple de cette crédulité. Le 29 avril 1848, la *Réforme* insérait la

(1) On en peut trouver l'expression dans la venimeuse brochure d'Achard, *Les mois de nourrice de la République*, parue en 1850.

lettre suivante signée de Crocé-Spinelli, un gros bijoutier de la place de la Bourse. « Citoyen rédacteur. Je suis sous le poids d'une singulière enquête. Plus de vingt personnes sont aujourd'hui venues me demander s'il était vrai que le citoyen Ledru-Rollin eût contracté chez moi une dette de 25 à 30.000 francs pour achat de bijoux. J'ai répondu, comme cela est vrai, que le citoyen ministre de l'Intérieur ne me devait point un centime ; mais on s'en allait en hochant la tête et avec un air d'incrédulité que je cherche en vain à m'expliquer... » Et au sujet des « orgies du Luxembourg », l'administrateur du Palais, Génevay, écrivait le 31 mai (*Représentant du Peuple*, 1er juin) : « Nommé administrateur dès que cette résidence fut donnée par le Gouvernement Provisoire aux citoyens Louis Blanc et Albert, je crois de mon devoir de protester de toutes mes forces contre un bruit que plusieurs feuilles publiques ont malheureusement accueilli. On prétend que les citoyens Louis Blanc et Albert ont fait d'énormes dépenses pour leur table. C'est une erreur ou une calomnie. Le premier mois, après bien des résistances, la table des deux membres du Gouvernement Provisoire fut servie à six francs par jour et par tête. Mais le deuxième mois, les citoyens Albert et Louis Blanc ayant trouvé la nourriture encore trop abondante, il n'autorisèrent plus qu'une dépense de 2 fr. 50 pour le déjeuner et de 2 fr. 50 pour le dîner... »

Quand l'Assemblée Nationale fut réunie et quand le Gouvernement Provisoire eut remis ses pouvoirs entre ses mains, la question se posa de façon plus iritante. Il était évident que le moment de l'examen des comptes était venu ; mais cette reddition de comptes fut demandée avec une hâte un peu grande, par des ennemis politiques et en termes parfois blessants. Les élections d'avril avaient donné la majorité à l'opinion républicaine modérée, avec une forte minorité conservatrice. La peur du communisme avait fait échouer en grand nombre les candidats démocrates. Dans le cours de son existence, l'Assemblée Nationale devait d'ailleurs déplacer vers le centre droit l'axe de sa majorité. L'élection de la Commission exécutive (Garnier-Pagès, Marie, Arago, Lamartine, Ledru-Rollin), avait marqué dès le début de mai l'échec du parti avancé. Louis Blanc était écarté du pouvoir ; Ledru-Rollin n'y était maintenu que sur l'intervention de Lamartine, et cet acte de générosité allait peser lourdement sur la vie politique du poëte. Or c'était surtout la gestion financière du ministre de l'Intérieur et du président de la commission des travailleurs que leurs ennemis suspectaient ; c'étaient donc des membres de la minorité dont, sous couleur d'examen des comptes, on allait tenter de mettre en doute la probité. Et pourtant il fallait bien régulariser officiellement une gestion sans mandat. Tout le monde en convenait.

Dès le 13 mai, Léon Faucher déposait une proposition. « Je propose à l'Assemblée de nommer dans ses bureaux une commission de finances de dix-huit membres qui serait chargée d'examiner les mesures qui ont été prises par le Gouvernement Provisoire en matière d'impôts ainsi que les modifications que le Gouvernement Provisoire a apportées au budget des recettes et au budget des dépenses pour l'année 1848 .» Mais on fit observer à l'orateur qu'on étudiait alors le mode de nomination des Comités de l'Assemblée et que sa proposition devait être ajournée. En effet, le lendemain l'Assemblée votait la constitution de ses quinze comités, dont le fameux Comité des finances, que Thiers devait bientôt présider, et le 15 mai, Léon Faucher faisait renvoyer à ce Comité sa proposition du 14. Les termes dans lesquels elle était conçue ne pouvaient d'ailleurs blesser personne.

Le 20 mai, engagement plus vif. A propos d'un rapport Gouin sur une proposition Lavallée au sujet des quarante-cinq centimes, un représentant, Dabeaux, demanda « l'examen par les Comités de l'Assemblée Nationale des décrets du Gouvernement Provisoire statuant sur les objets du législatif ». C'était remettre en question *à priori* et indistinctement presque tous les actes du Gouvernement Provisoire, considéré comme pouvoir illégal. Crémieux, en sa qualité d'ancien membre du Gouvernement Provisoire, dut intervenir vigoureusement pour faire repousser la prise en considération.

Mais l'attaque décisive se produisit le 23 juin (date significative : au début des journées révolutionnaires, alors que les démocrates étaient tous tenus pour suspects). Le 3 juin, le représentant orléaniste Creton avait présenté un projet de décret sur les recettes et dépenses effectuées par le Trésor public du 24 février au 1er juin 1848 », conçu dans les termes suivants.

« 1° La commission exécutive déposera dans le plus bref délai possible l'état détaillé de toutes les recettes et de toutes les dépenses effectuées pendant les 127 (1) jours écoulés du 24 février au 1er juin.

(1) Il y a là une erreur matérielle de Creton ou une erreur typographique du *Moniteur* : du 24 février au 1er juin il y a 97 jours et non 127.

« Cet état accompagné des pièces justificatives sera remis au Comité des finances qui s'occupera d'urgence de faire un rapport à l'Assemblée.

« 2° Les articles détaillés des dépenses secrètes ne seront pas livrés à l'impression ; cette partie du travail sera lue et discutée en Comité secret. »

Le 23 juin Creton demandait l'urgence pour la discussion de son projet de décret, et les termes qu'il employait ne pouvaient laisser de doute sur la nature de ses intentions.

« Une gestion intérimaire », disait-il, « anormale, extraordinaire, doit être éclairée à l'instant même où le droit commun reprend son empire. Le 24 février le Trésor possédait des sommes considérables. Des recettes ordinaires et extraordinaires ont été effectuées depuis. Que sont devenues ces valeurs énormes ?... Le pays entier demande compte de leur emploi. Je ne connais personne qui, depuis que nous nous sommes réunis, ne se soit vivement préoccupé de la question. Il y en a qui en parlent tout haut, d'autres qui en parlent tout bas, mais c'est la préoccupation universelle. » Interrompu violemment, rappelé par le Président au simple débat sur l'urgence, il n'en continua pas moins : « Il y a des faits graves ; le paiement des bons du Trésor a été suspendu, les remboursements des dépôts des Caisses d'épargne sont arrêtés. Dans mon sentiment ce n'est pas la banqueroute, mais c'est un fait extrêmement grave... » Au nom des membres du Gouvernement Provisoire, Duclerc, ministre des Finances, après avoir toutefois fait dire à Creton que son projet de décret n'entendait pas exprimer un blâme *à priori*, ne s'opposa pas à l'urgence. Et comme il demandait ce que signifiaient les mots « dans le plus bref délai », Creton répondit : « Pour les délais, le ministre des Finances s'entendra avec le Comité des finances ; celui-ci accordera tous les délais qu'il jugera compatibles avec les circonstances. » L'urgence et le renvoi au Comité des finances furent donc votés sans autre débat. Quelques jours plus tard, dans le ministère Cavaignac, Goudchaux prenait aux finances la place de Duclerc.

Jusqu'au 31 août il ne fut plus question de la proposition Creton, mais avant cette date, intervint un rapport qui eut un gros retentissement. Recurt, le ministre de l'intérieur de la Commission exécutive (Senard devait être celui de Cavaignac), avait demandé un crédit extraordinaire de 500.000 francs pour dépenses de police. En cela il ne faisait qu'obéir à une tradition établie. La loi de finances accordait annuellement un crédit régulier de 932.000 francs à cet effet et en deux fois le ministre de l'Intérieur demandait un crédit extraordinaire de 1.000.000, ce qui portait la dépense annuelle pour la police à 1.932.000 francs. Conformément à ce rite, qui dénotait d'ailleurs un piètre souci de vérité dans la préparation des budgets, la loi des finances de 1848 avait voté un crédit de 932.000 francs ; par arrêté du Gouvernement Provisoire du 12 avril, les premiers 500.000 francs extraordinaires avaient été ordonnés en dépense ; Recurt demandait le surplus. Mais la commission chargée d'examiner le projet de décret saisit l'occasion, qui était favorable, d'examiner les dépenses de police faites par Ledru-Rollin ; c'était sur ces dépenses de police que les plus fâcheux bruits couraient ; on prétendait que la plupart étaient illicites et qu'il y en avait même de fictives.

Le rapporteur de la commission fut Théodore Ducos. Il s'acquitta de sa tâche avec beaucoup d'impartialité.

Les sommes allouées avaient été dépensées dans la proportion suivante :

du 1er janvier au 24 février par Duchâtel.	255.459 fr. 62
du 24 février au 11 mai par Ledru-Rollin.	841.867 » 08
du 11 mai au 17 juin par Recurt . . .	132.269 » 54
Solde en caisse	202.403 » 76
	1.432.000 » 00

Les dépenses de Ledru-Rollin se décomposaient ainsi :

1° Allocations mensuelles à la Préfecture de police (tarif habituel), 3 mois à 22.500 francs	67.500 fr. 00
2° Allocations pour police militaire (tarif habituel)	7.333 » 30
3° Pensions, traitements et indemnités. .	28.900 » 05
4° Dépenses extraordinaires pour le maintien de l'ordre public	738.133 » 70
	841.867 » 05

Le dernier article méritait une attention plus spéciale : le rapporteur s'exprime ainsi à son sujet : « La majeure « partie des allocations de cet article se ressent de l'état de « désordre et de crise du pays. On y remarque à chaque « instant l'absence ou l'oubli des règles de la comptabilité ; « la spécialité des dépenses n'y est aucunement respectée ; « mais la totalité de la somme ordonnancée a été justifiée « par des mandats réguliers contenant l'indication des em-

« plois divers auxquels ils étaient destinés et par les récépis-
« sés correspondants revêtus de la signature de ceux aux-
« quels les mandats avaient été délivrés. Au nombre des
« dépenses de cet article, figurent 123.000 francs affectés à
« l'éloignement de Paris de 12 à 14.000 ouvriers allemands,
« italiens, polonais... On y rencontre beaucoup d'alloca-
« tions de 500, 1.000, 1.500 francs accordées à des com-
« missaires du gouvernement dans les départements, des
« dépenses d'habillement pour les gardes nationaux et les
« gardes civiques, des paiements considérables de vivres
« pour les soldats, les ouvriers, les gardes nationaux et
« autres agents qui encombraient à cette époque le minis-
« tère de l'Intérieur ;... de fréquentes subventions pour les
« missions extraordinaires, des frais de voyage et de route,
« des impressions de *Bulletins de la République* et une
« multitude de petits secours à des ouvriers sans travail et
« des malheureux que la République priva de leurs res-
« sources ordinaires. Il y a sans doute des gaspillages et
« de la prodigalité ; il y a du moins les justifications que
« réclame la comptabilité ».

Les conclusions de ce premier examen pouvaient appeler une recherche plus minutieuse de l'utilité des dépenses faites, mais elles suffisaient toutefois à écarter l'accusation la plus grave, celle de concussion. Les calomnies se turent pour un temps.

Mais un rapport sur les comptes de police ne pouvait suffire. Saisi du projet de décret Creton, le Comité des finances avait nommé une sous-commission qui s'était mise au travail et dont Gouin avait été élu rapporteur. Mais alors des difficultés surgirent. Creton avait demandé que toutes les pièces justificatives de dépenses seraient mises entre les mains du Comité des finances. Contre cette prétention, Goudchaux, ministre des Finances, s'était élevé dès le 6 juillet par une lettre au Comité des finances. « Les « pièces justificatives de dépenses, disait-il, sont disséminées dans tous les départements ; elles sont entre les « mains des payeurs qui ont effectué ces dépenses ; elles « sont centralisées au Trésor et viennent à la fin de l'année « former un compte remis à la Cour des Comptes. Ces « pièces très nombreuses et importantes forment la dé- « charge des comptables qui ont acquitté les dépenses ; « nous devons donc apporter le plus grand soin à leur « conservation, car il importe qu'elles ne manquent pas, « le jour où la véritable vérification devra être faite. » La sous-commission des finances s'était rendue à ces raisons et n'avait réclamé qu'un certain nombre de pièces.

Mais Creton tenait à son idée. Le 21 août il interpellait le ministre des Finances, et cette interpellation se transformait en une mêlée générale où la grosse question de l'usage fait par Ledru-Rollin des fonds secrets fut elle-même engagée. Le souvenir des journées de juin était encore tout proche ; les passions politiques étaient exaspérées ; ce fut une des séances les plus violentes de l'Assemblée Nationale.

Tout de suite Creton avait porté la question sur le terrain politique et prononcé des paroles blessantes. « Avant de siéger dans cette Assemblée, disait-il, j'avais conçu l'opinion, hasardée, peut-être que les deniers de l'Etat n'avaient pas toujours été utilement, ni même loyalement employés (Murmures à gauche. Applaudissements à droite)

Ma proposition n'était pas une simple proposition de finances : c'était une proposition politique ; il s'agissait de savoir si l'on pourrait baser un jugement impartial et certain sur les faits accomplis depuis le 24 février et les hommes qui les ont accomplis... Dans mon opinion, qui peut être erronée, c'est le Trésor public de la France qui a subventionné la guerre civile... Est-ce que l'Assemblée ne voudrait pas savoir avec quels deniers ont été subventionnés ces espèces d'oiseaux de proie qui se sont abattus sur les départements ? ».. Ici un grand tumulte. Les anciens commissaires du gouvernement, qui étaient nombreux sur les bancs de la Constituante, se lèvent tous et protestent avec force au milieu du bruit et des rappels du Président. Il fallut que l'orateur, pour pouvoir continuer, affirmât qu'il n'avait pas entendu parler d'eux, mais des délégués des clubs.

Attaqué, Ledru-Rollin prit la parole. « Je suis heureux de l'occasion qui m'est enfin offerte de m'expliquer sur la question des finances du ministère de l'Intérieur, j'avais cru qu'on nous réservait tout cela pour la discussion de l'enquête (1) ; mais c'en est un avant-goût ; les paroles d'amertume que vous venez d'entendre en font le prologue . . . On a dit : il y a dans les moments de révolution, des fonds qui peuvent être puisés au Trésor, sans qu'on en rende parfaitement compte. Je dis : cela est impossible. On ne peut toucher, vous le savez, vous qui avez manié les finances, que d'une façon, non pas sur la signature du ministre, mais quand par suite d'un budget ordonnancé,

(1) L'enquête sur les événements du 15 mai.

le ministre, dans les limites de ce budget, vient demander la somme qui lui est nécessaire. On le peut encore dans un gouvernement révolutionnaire, quand le gouvernement tout entier ordonne qu'une somme sera prélevée au Trésor et qu'alors le ministre des Finances, en présence de cette délibération, paie sur l'ordonnancement qui en est fait »... Puis il expliqua l'usage des fonds secrets. « Ont-ils été grossis d'une manière démesurée qui ne s'est jamais vue en révolution ? Quand il fallait maintenir l'ordre pendant deux mois et demi, ordre dont vous tenez si peu de compte aujourd'hui, vous qui en profitez ? Les fonds secrets ne sont pas restés seulement bien en dessous de 1833 et de 1834, lorque l'émeute sévissait dans Paris ; ils sont restés au-dessous du chiffre normal sous la monarchie déchue ... Les dépenses de police ? Rapprochons 1847 et 1848 ; pour quelques personnes c'est la même chose ; pourtant il y a eu une révolution dans l'intervalle. Le budget de 1847 ne pouvait pas prévoir par exemple l'établissement de la garde mobile, des gardiens de Paris, des commissaires envoyés dans les départements, de la garde républicaine, de l'organisation du suffrage universel, des hommes qui venaient s'abriter au ministère de l'Intérieur, dans les monuments, partout, pour demander du pain, parce qu'ils avaient fait la révolution, ces hommes, et que leurs entrailles criaient. Il a bien fallu leur donner un abri, du pain, des vêtements ... Tout cela a été payé sur les fonds secrets. »

D'ailleurs Ledru-Rollin, tant en son nom qu'en celui de ses anciens collègues Garnier-Pagès et Duclerc, déclara ne faire aucune opposition aux demandes de Creton et souhaita que la sous-commission des finances fût mise en état de faire toute la lumière.

Creton n'en remonta pas moins à la tribune et reprit ses attaques : il répéta le mot « déloyal », accusa Ledru-Rollin d'avoir préparé sciemment et subventionné la fameuse équipée de « Risquons-tout ». Ledru-Rollin nia. Creton maintint son assertion. Le tumulte reprit. La gauche s'était levée tout entière et sommait l'orateur de retirer ses paroles ; la droite applaudissait : la majorité demandait la clôture. Armand Marrast, qui présidait, dut déclarer qu'une discussion ainsi conduite était « indigne de l'Assemblée Nationale ». Le calme se rétablit quand le ministre des Finances monta à la tribune.

La situation de Goudchaux était assez embarrassante chaque fois qu'il s'agissait de la politique du Gouvernement Provisoire. On lui avait reproché le peu de courage qu'il avait montré en se démettant du portefeuille des Finances, huit jours après l'avoir accepté. Aujourd'hui que, revenu aux affaires, il trouvait ses anciens collègues traités presqu'en accusés, il avait à cœur de leur être utile et surtout de ne pas paraître renier la solidarité d'autrefois. Sa conduite à cet égard fut celle d'un homme d'honneur. Ce jour-là il dépassa même la mesure et fut un ami maladroit.

Il avait rappelé en excellents termes son passage au Gouvernement Provisoire et avait fait en passant une déclaration importante. « Lorsque j'ai donné ma démission au 3 mars, on a voulu m'en faire honneur en prétendant que je n'avais quitté les affaires que pour ne pas céder à des exigences d'argent injustes, impossibles. Je dois déclarer que ce fait est complètement faux et que rien de semblable n'a amené ma retraite à cette époque. » Mais, ceci dit, il déclara s'opposer, comme ministre des Finances, à l'adoption de la proposition Creton, en tant que rédigée par Creton dans un esprit de haine politique. « Nous protestons contre cette pensée de mettre en suspicion les gouvernements qui se sont succédé depuis le 24 février. Voilà pourquoi, citoyens, je voudrais, contrairement à l'avis des deux ministres des Finances qui m'ont précédé, que la proposition Creton fût enlevée de l'ordre du jour et que le Comité des finances ou tout autre membre de l'Assemblée nous demandât les justifications qui lui paraîtraient nécessaires. »

Une telle décision eût été interprétée dans le public, qui suivait avec passion ces débats sur la gestion du Gouvernement Provisoire, comme un aveu qu'il y avait des irrégularités à cacher. Duclerc dut monter à la tribune et demander instamment que l'avis de Goudchaux ne fût pas suivi. Ce fut aussi l'attitude de Gouin, rapporteur de la sous-commission, qui annonça prochain le dépôt de son rapport. L'Assemblée ajourna donc jusqu'à ce moment toute discussion sur ce point.

Quelques jours après, Gouin déposait ce rapport, et le 24 octobre — deux mois plus tard — il venait en discussion. La sous-commission des finances, qui avait reçu toutes les pièces justificatives qu'elle avait demandées, avait fait un travail assez approfondi, et le rapport Gouin présentait déjà une étude complète des dépenses du Gouvernement Provisoire. Mais comme ce rapport concluait à la nomination d'une commission d'enquête spéciale, à pouvoirs plus étendus, il est inutile de l'analyser puisque plus tard le rapport de la commission spéciale devait en reprendre avec plus de détail tous les points. Le 24 octobre, la discussion s'engagea donc sur la nomination de cette commission d'enquête ; moins violente, mais plus confuse, cette discussion semble calquée sur le plan de celle du 21 août.

Tout d'abord Pagnerre, ancien Secrétaire général du Gouvernement Provisoire, entreprit de rectifier ou d'analyser certains chiffres du rapport Gouin ; mais ce différend portait, non sur le fond des dépenses, mais sur leur attribution intégrale au Gouvernement Provisoire ou à ses successeurs. Puis Gouin, sous une forme très modérée, défendit ses conclusions. « Nous avons pensé qu'il fallait un délai plus long que celui de la proposition Creton, et une commission spéciale, le Comité des finances n'étant pas dans cette situation en raison des travaux urgents qui lui sont confiés... Pour nous, nous n'avons pas été jusqu'à la demande des pièces justificatives ; n'entendant nullement nous ériger en juges, nous ne voulions ni blâmer, ni approuver... » Après Garnier-Pagès qui refit une fois de plus le triste tableau de la crise financière et l'apologie de son administration, Goudchaux, toujours bien intentionné et maladroit, reprit son discours du 21 août. « La demande Creton date du 23 juin, et une inquiétude vague était répandue alors dans le pays. Aujourd'hui cette méfiance n'existe plus... Je crois que le temps des enquêtes est passé et que vous ne devez pas rentrer dans cette carrière qui me semble à jamais fermée. » Creton protesta, et à nouveau Duclerc et Ledru-Rollin durent insister pour qu'on ne leur rendît pas un si fâcheux service. Le décret proposé par la sous-commission des finances fut voté par l'Assemblée.

« 1° Le ministre des Finances, dans un délai de deux mois « à partir de ce jour, présentera à l'Assemblée Nationale, « sans préjudice de la loi annuelle des comptes, un compte « spécial de toutes les dépenses faites et ordonnancées par « le Gouvernement Provisoire depuis le 24 février jus- « qu'au 11 mai, dépenses imputables tant sur les crédits « régulièrement ouverts que sur les crédits à ouvrir pour « les dépenses non encore régularisées.

« 2° La commission à laquelle l'examen de ce compte « sera confié prendra connaissance des pièces justificatives « des dépenses et de tous les documents qui lui paraîtront « de nature à l'éclairer. Elle fera connaître par un rap- « port à l'Assemblée Nationale le résultat de son travail. »

Le lendemain, Goudchaux donnait sa démission de ministre des Finances (1).

La commission d'enquête fut élue par l'Assemblée Nationale dans ses bureaux. Elle se composa de seize membres : Evariste Bavoux, Germain Sarrut, Jouvet, Degeorge, Comandré, Emmery, Didier, Mathey (Saône-et-Loire), Chavoix, Théodore Ducos, Delletz, Achille Fould, de Charencey, Druet, Desvaux et Grellet.

Malheureusement, c'est seulement le 20 janvier 1849 que cette commission commença ses travaux. Et ces retards, joints à tous les délais précédents, donnèrent plus de force aux préventions du public ; comme on croyait à de la mauvaise volonté, l'opinion accueillait avec avidité les

(1) Trouvé-Chauvel le remplaçait.

accusations les plus mal fondées. La mauvaise foi, l'improbité même du Gouvernement du 24 février, étaient devenues des faits avérés, presque des lieux communs, puisque si longtemps on avait pu les préjuger sans que la preuve contraire en eût été apportée. Quand le rapport définitif parut, il était trop tard.

La commission d'enquête — dont on trouve les procès-verbaux aux Archives de la Chambre des députés — se réunit dix fois, du 20 janvier au 23 avril 1849. Présidée par Sarrut elle partagea le travail par ministères et entre trois sous-commissions présidées respectivement par Ducos, Comandré et Achille Fould. Le rapporteur unique fut désigné le 15 mars, à la 5e séance. Ce fut Théodore Ducos.

La commission prit pour base de son travail les résultats de l'enquête menée par la sous-commission des finances et le rapport Gouin. Mais chaque fois qu'un doute subsistait, elle se fit présenter les pièces justificatives, ou procéda à une enquête orale. C'est ainsi qu'elle entendit successivement Garnier-Pagès le 24 janvier, Goudchaux et Ledru-Rollin le 25 janvier, d'Argout, directeur de la Banque de France le 26 janvier, Ledru-Rollin le 15 mars et « divers membres du Gouvernement Provisoire » le 19 avril. Le rapport Ducos fut lu à la séance du 14 avril et discuté à celle du 19. Les conclusions en furent approuvées sans débat, sauf celles relatives à une somme de 123.000 francs remise par le ministre de l'Intérieur au citoyen Longepied. A la suite de cette discussion, qui sera analysée plus loin, Ledru-Rollin fut entendu à nouveau et ses anciens collègues durent venir confirmer ses assertions. Le rapport Ducos fut modifié en conséquence.

Le choix de Ducos comme rapporteur n'avait pas été mauvais. C'était un membre de la majorité, républicain très modéré, mais capable de juger sans trop de parti pris une politique qu'il blâmait. C'était lui qui avait fait le rapport sur les dépenses de police de Ledru-Rollin et il s'était acquitté de ce travail avec conscience et impartialité. Il avait l'esprit lucide et savait se débrouiller dans les comptes d'un budget. Son rapport, qui représente un travail considérable, fut, sauf sur un ou deux points, où il prit trop nettement parti politiquement, une œuvre d'impartialité scientifique. Il est demeuré une des sources les plus précieuses de l'histoire financière de 1848.

Le premier soin du rapporteur fut d'excuser les longs retards qui avaient été si mal interprétés par l'opinion publique. « En raison même de sa perfection, notre comptabilité financière ne peut procéder qu'en vertu de règles déterminées dont l'application entraîne des délais considérables. Quand le pouvoir change souvent de main, il est difficile d'établir des comptes afférents à chaque gouvernement, tant que les diverses administrations n'ont pas eu le temps de recueillir tous les documents de comptabilité, de les dépouiller et d'opérer une véritable ventilation entre eux. C'est pourquoi la loi de règlement n'intervient que dix-huit mois ou deux ans plus tard... Si l'Assemblée Nationale avait exigé la remise des comptes que nous examinons avant le 24 octobre, la majeure partie des dépenses du Gouvernement Provisoire n'aurait pas été constatée, car du 11 mai au 24 octobre, il a été présenté aux diverses administrations une multitude de notes, de mémoires, de réclamations, qui n'auraient pu être comprises dans les comptes, puisqu'on les ignorait au moment où ces comptes auraient été dressés. Mais pourquoi n'avoir pas opéré les comptes du Gouvernement Provisoire d'après le relevé des ordonnancements opérés par chacun des membres du Gouvernement Provisoire ? C'était impraticable. Souvent des ouvertures de crédit sont faites pour des dépenses qui ne sont pas réalisées ; ou bien ces crédits sont calculés d'après des prévisions insuffisantes ou exagérées. Eût-il été juste de charger les comptes du Gouvernement Provisoire d'un ordonnancement pour une dépense qu'il n'a pas faite durant son administration, que ses successeurs ont pu ne pas faire ou qu'ils ont faite sous leur propre responsabilité ? En procédant de la sorte on n'aurait eu que des comptes incomplets. L'impatience publique eût été déçue et il eût été impossible au pays d'asseoir un jugement sérieux et éclairé d'après les notes informes qu'on lui eût présentées. »

Ceci dit, Ducos examinait dans tous ses éléments (dette, budget de l'exercice courant, engagements de l'avenir) la situation financière au 24 février. C'est une étude qui n'est pas à refaire à cette place (voir au chap. Ier les chiffres donnés par Ducos), mais il est bon de rappeler le jugement très équitable qu'il formulait en terminant : « En somme les finances de la France se trouvaient aussi chargées qu'elles pouvaient l'être au moment où la révolution de février éclata, et cette révolution aussi soudaine que profonde a dû nécessairement multiplier les embarras et accroître les périls d'une situation qui n'était déjà pas sans gravité. »

Puis après un bref tableau de la crise des mois de mars

et d'avril, il en venait à l'objet même de son rapport, l'examen des dépenses du Gouvernement Provisoire.

Deux sortes de crédits avaient été mis à la disposition du gouvernement du 24 février, les crédits du budget voté en 1847 et les crédits ouverts par décrets ou arrêtés du Gouvernement Provisoire. Ceux-ci, qui sont les seuls intéressants à examiner, montèrent à 163.570.719 francs répartis ainsi :

Affaires étrangères	480.000
Intérieur	6.823.000
Agriculture et Commerce.	495.000
Travaux publics	6.779.000
Guerre	113.946.000
Finances	35.047.000
	163.570.000

Mais tout d'abord quelles avaient été les sommes touchées personnellement par les membres du Gouvernement Provisoire ? Certains d'entre eux, comme Crémieux ou Carnot avaient touché mensuellement les traitements affectés aux ministères dont ils étaient devenus les titulaires. Les autres n'avaient rien touché tant qu'ils étaient au pouvoir. Plus tard l'Assemblée Nationale décréta qu'une somme globale de 210.000 francs serait affectée aux dépenses du Gouvernement Provisoire et que les membres et ministres du Gouvernement seraient payés sur cette somme.

Sur ces 210.000 francs, 200.0000 furent dépensés : 10.000 furent affectés aux dépenses du secrétariat du Gouvernement Provisoire, 15.000 aux dons patriotiques faits par les membres du Gouvernement Provisoire, et le restant

(175.000 fr.) fut réparti entre les membres du Gouvernement à raison de 5.000 francs par mois. Le traitement des ministres de la monarchie ayant été de 80.000 francs par an, soit plus de 6.600 francs par mois, les membres du Gouvernement Provisoire touchèrent donc moins que leurs prédécesseurs. Au moment de la répartition des 200.000 francs, Crémieux et Carnot remboursèrent d'ailleurs au Trésor leur traitement de ministre.

Quant aux dépenses totales des ministères sous le Gouvernement Provisoire, elles montèrent à :

Justice	5.217.458
Affaires étrangères	2.202.234
Instruction publique	11.761.322
Intérieur	28.796.178
Agriculture et commerce	6.010.243
Travaux publics	38.838.653
Guerre	74.653.237
Marine	29.339.379
Finances	159.226.370
Total	356.045.074

Successivement le rapport Ducos passe en revue ces dépenses des ministères : nous ne retiendrons que celles qui méritèrent de la part du rapporteur quelqu'observation importante.

Justice.

Un décret spécial du Gouvernement Provisoire ouvrit à ce ministère un crédit de 1.000 francs. Ce crédit, prélevé sur les fonds secrets du ministère des Affaires Etrangères, fut destiné à des distributions de secours aux malheureux qui se présentaient au ministère de la Justice, où aucun crédit spécial ne figurait à cette fin au budget. Les notes personnelles de Crémieux purent établir devant la Commission, que loin de suffire, cette somme avait été dépassée par le ministre, qui avait prélevé le supplément sur son propre traitement.

Affaires étrangères.

L'examen de la sous-commission qui rapportait les comptes de ce ministère porta surtout sur le chapitre des fonds secrets diplomatiques. Un décret du 15 avril avait mis à la disposition du ministre à cet effet un crédit extraordinaire de 150.000 francs (1), qui ajouté à celui du budget portait le chapitre à 475.000 francs. L'étude de l'emploi de ces fonds était fort délicate, et le rapport Ducos s'en explique avec une grande discrétion.

Pour ce qui est de la réalité de la dépense, les pièces comptables régulières avaient été fournies, pour la partie du fonds payée par l'administration du ministère. Quant à la partie vraiment secrète et dépensée par Lamartine sous sa propre responsabilité, il ne pouvait y avoir de pièces comptables. Appelé devant la sous-commission, Lamartine donna les justifications qui étaient possibles, et celle-ci s'en déclara satisfaite. « La sous-commission est restée convaincue, conclut Ducos, qu'aucune partie des 475.000 francs n'a pu être ni détournée de la destination indiquée, ni employée à des manœuvres indignes de la

(1) Ce crédit demandé d'urgence par Lamartine pour prendre des mesures contre la manifestation populaire annoncée pour le lendemain avait été accordé par le conseil sans débat.

probité diplomatique d'une grande nation comme la nôtre. »

Mais quant à l'affectation spéciale des fonds dépensés, Lamartine dut avouer « qu'il s'était complètement affranchi des règles relatives à la spécialité des dépenses et qu'il avait employé une grande partie des crédits ouverts à des emplois qui n'avaient aucune espèce de relation avec les dépenses secrètes diplomatiques ». Nous avons vu par exemple que 1.000 francs avaient été prélevés sur ces crédits pour fournir un fonds de secours au ministère de la Justice. De la même façon, ces fonds avaient servi à subventionner des journaux, payer la nourriture d'ouvriers, surveiller des clubs, organiser une police spéciale, distribuer surtout une infinité de secours. Tout cela évidemment était irrégulier, mais s'expliquait si bien par les circonstances que Ducos conclut très judicieusement, après avoir déclaré qu'en temps normal une commission d'enquête aurait blâmé la dépense et sanctionné son vote par un refus partiel de crédit : « En présence du désordre inouï qui régnait dans notre société, des misères innombrables qu'il fallait secourir, du peu de temps qui était laissé à la réflexion du ministre et des nécessités qui pesaient sur lui, nous sentons que la critique est désarmée et que notre mandat a dû se borner à l'énonciation de la dépense et à la constatation des pièces matérielles qui établissent la justification de l'emploi. »

Intérieur.

La gestion financière du ministère de l'Intérieur avait été la plus sévèrement critiquée. Il était naturel qu'elle fût l'objet de la part de la commission de l'étude la plus minutieuse.

Le budget de 1848 avait prévu pour ce département un crédit de 117.827.817 francs auquel vinrent s'ajouter quelques crédits extraordinaires.

Dépenses de garde mobile (trois mois). Décret du 30 mars 4.500.000

Dépenses pour la fête de la Concorde. Décret du 26 avril 500.000

Dépenses de Sûreté générale. Décret du 12 avril 950.000

Dépenses pour la cérémonie du 20 avril. Décret du 28 avril 75.000

Dépenses pour musées nationaux Décret du 29 avril 798.000

ce qui faisait un crédit global de 124.650.817 francs.

Sur ce crédit, 28.796.178 fr. 10 avaient été mis à la disposition de Ledru-Rollin, dont 11.352.000 francs sur les fonds généraux et 17.444.000 francs sur les fonds départementaux. Ceux-ci n'étant rattachés que pour ordre au ministère de l'Intérieur et leur emploi ayant été parfaitement régulier, il n'y a pas lieu d'y insister.

Ledru-Rollin ne disposa donc effectivement que de 11.352.000 francs, et c'est cette somme dont le rapport examina minutieusement l'emploi.

Aux chapitres de l'administration centrale et des bureaux du ministère. on dut constater que Ledru-Rollin n'avait pas reçu un centime comme ministre de l'Intérieur, et que la première somme personnelle qu'il toucha fut sa part dans les 200.000 francs votés par l'Assemblée Nationale.

Mais en revanche, c'est dans la gestion de son prédécesseur, le dernier ministre de l'Intérieur de Louis-Philippe, qu'on releva une irrégularité. « Une somme de 30.000 francs, di-« sait le rapport du Comité des finances, a été dépensée « sans autorisation avant le 24 février par M. Duchâtel, « pour le renouvellement d'une partie du mobilier des « appartements du ministère. Votre Comité des finances a « constaté par les renseignements qu'il a pu recueillir, « que cette dépense pouvait être justifiée, mais elle est « complètement irrégulière. Il croit de son devoir de blâ-« mer sévèrement un pareil abus qui produit un grand « désordre dans nos finances. »

Puis venaient les 532.000 francs de dépenses secrètes de sûreté générale. Une commission spéciale, dont Ducos avait déjà été rapporteur, avait procédé, on s'en souvient, à un premier examen de ces dépenses (V. p. 235), mais lors de la discussion du rapport, l'Assemblée Nationale, sur l'intervention de Creton avait décidé qu'il y aurait lieu à un examen plus approfondi de l'emploi de cette somme. La commission d'enquête reprit donc l'examen de ces dépenses secrètes de Ledru-Rollin, et pour cette partie de son travail elle s'adjoignit Creton. C'était une garantie que cette vérification de comptes serait faite sans indulgence.

Après avoir rappelé, en s'y ralliant, les conclusions de la première commission, Ducos précise certains détails. « Les dépenses de police secrète, dit-il, si multiples que « l'énumération en prendrait douze à quinze colonnes, ne « peuvent être livrées à la publicité, tant elles touchent à la « considération, parfois à l'existence d'un grand nombre « d'individus. » En effet, sous n'importe quel régime, il faut faire sur ce point quelque peu confiance au ministre de l'Intérieur. Celui-ci est seul juge de l'emploi des fonds, qu'il délivre d'ordinaire en mandats sur ses caisses.

Si ces mandats sont nominatifs et accompagnés d'un récépissé de la somme reçue, la vérification est aisée à faire ; mais souvent, le ministre de l'Intérieur, désireux d'être seul à connaître l'agent qu'il emploie, délivre des mandats au porteur, revêtus de sa seule signature, et toute possibilité de contrôle disparaît.

Ledru-Rollin avait signé ainsi pour 180.291 fr. 38 de mandats au porteur répartis comme suit :

Secours extraordinaires	22.605 fr.
Missions dans les départements .	29.450 »
Police intérieure (Paris)	22.750 »
» des clubs.	5.300 »
» des départements	27.400 »
» extérieure	29.100 »
Frais de nourriture et vêtements .	5.510 » 10
Frais de route pour les étrangers réfugiés	22.035 »
Frais extraordinaires (journaux, bulletins)	16.141 » 28
	180.291 fr. 38

Heureusement pour lui, Ledru-Rollin avait presque toujours noté sur le mandat, soit la cause qui le motivait, soit l'initiale du nom du destinataire, et cela lui permit de donner à la commission, qui n'était pas disposée à se montrer indulgente envers lui, des explications qu'il eût été en peine de fournir sans cela.

La plupart de ses explications furent assez nettes et précises pour satisfaire les membres de la commission. Mais le débat fut extrêmement vif sur une somme de 123.000 francs délivrée ainsi, en mandats au porteur, au citoyen Longepied et dont l'emploi fut sévèrement apprécié.

Le rapport Ducos entre à ce sujet dans de longues explications : la commission consacra plusieurs séances aux sanctions à donner à son blâme ; au dehors l'incident eut un gros retentissement. Il faut s'y arrêter : c'est d'ailleurs un des points les plus curieux de l'histoire intérieure du Gouvernement Provisoire.

La fraction avancée du parti républicain était représentée en minorité au gouvernement de l'Hôtel de ville, et se plaignait de la modération de la politique pratiquée. Ses journaux, la *Réforme*, d'ailleurs tenue à de la réserve par ses attaches gouvernementales, la *Vraie République*, la *Commune de Paris* surtout, très violente, considéraient comme un minimum les idées des circulaires de Ledru-Rollin et menaient grand bruit contre les ministres modérés et surtout contre le maire de Paris, Armand Marrast. Dans l'atmosphère fiévreuse de Paris, tout un état d'esprit révolutionnaire, enthousiaste des souvenirs de 1793, ardent à leur redonner la vie, affirmait sa volonté de triomphe. Les nombreux clubs qui s'étaient ouverts, toujours à l'exemple de la première Révolution, lui servaient de tribune. Ce parti, violemment convaincu, trouvait presqu'un noyau d'armée, dans les pittoresques *Montagnards* de Caussidière ; en tout cas, par la Préfecture de police, il disposait des seules forces de police restées à peu près officielles.

Après la journée du 17 mars, il sentit le besoin de concentrer ses efforts. Il y avait trop de clubs, sans lien qui les unît. Sur l'initiative des membres d'un des clubs les plus avancés, le « Comité révolutionnaire », on proposa de réunir en un Comité central les délégués de tous les clubs parisiens de même opinion. Ainsi pourraient s'unir « tous ceux qui, durant le dernier règne, ont représenté dans la presse, dans les associations politiques d'abord publiques et plus tard secrètes, dans les conspirations et dans les mouvements insurrectionnels, la grande tradition révolutionnaire, presque tous ceux que la Révolution a tirés des prisons de la monarchie ou rappelés de leur exil ». L'idée eut du succès. Les délégués de 71 clubs d'abord, puis bientôt d'une centaine se réunirent au Palais national et, le 2 avril, ce Comité central ou Club des clubs était définitivement constitué.

Son principal but, avoué d'ailleurs, était de répandre dans le pays les principes républicains de la Révolution, afin de ne pas se trouver, au moment des élections, en face d'une représentation conservatrice. Ledru-Rollin avait la même pensée quand il envoyait ses commissaires républicaniser la France, et George Sand quand elle composait ses plus enthousiastes *Bulletins de la République*, ces bulletins qui devaient être affichés dans chaque commune, et que Maurice Sand, maire de Nohant, devait lire et expliquer le dimanche aux paysans venus à la ville.

Mais les commissaires du gouvernement trop officiels, trop occupés, trop modérés souvent, répondaient mal aux désirs du Club des clubs. Dès la deuxième séance, un membre proposa l'envoi dans chaque département de délégués spéciaux, démocrates de la veille, qui n'auraient d'autre tâche que la propagande républicaine. La proposition fut acceptée et une commission spéciale fut nommée qui aurait plein pouvoir pour la désignation de ces délégués. Présidée par Longepied, cette commission était composée des citoyens Napoléon Lebon, Deplanque, Lebreton, Danse, Delaire, Gadon, Thillet, Huber (1), Laugier, Barbès, Sobrier et Cahaigne. Ces trois derniers ne siégèrent jamais.

La commission, qui tenait ses séances d'abord au 16, puis au 6 de la rue de Rivoli (ces deux maisons appartenaient à Sobrier), désigna donc, sur les indications des clubs parisiens, 400 à 450 agents qui furent envoyés dans les départements : ils devaient recevoir leurs frais de route et une indemnité de 6, 8 ou 10 francs, selon la localité où ils se rendaient.

Mais qui fournirait l'argent ? Les membres de la commission se rendirent au ministère de l'Intérieur et demandèrent à Ledru-Rollin de les aider de ses subsides.

Ledru-Rollin hésita. Ceux qui venaient ainsi à lui étaient des membres de son parti, plus téméraires peut-être dans l'action, mais qui, en doctrine, n'étaient que ses disciples. D'autre part, suspecté par la majorité de ses collègues, il était en conflit presqu'aigu avec Armand Marrast, si bien que la mairie de Paris et le ministère de l'Intérieur apparaissaient de plus en plus comme des forteresses rivales, occupées à s'espionner l'une l'autre. Ledru-Rollin devait donc ménager ces partisans qui étaient prêts à tous les sacrifices pour la défense de la République telle qu'il la concevait. Il promit donc son appui, et le

(1) Huber, président du Club des clubs, devait être un des principaux meneurs de la journée du 15 mai.

lendemain, à la séance du Gouvernement Provisoire, il fit part à ses collègues de la démarche du Club des clubs et insista pour qu'on lui permît de fournir les fonds nécessaires. Ce qu'on lui accorda.

Ce vote sans objection est certes un peu surprenant. Le rapport Ducos s'exprime ainsi à ce sujet (la commission avait entendu sur ce point tous les membres du gouvernement) : « Il résulte de leur déclaration qu'ils n'ont eu aucune connaissance des rapports de Longepied et de Ledru-Rollin, mais qu'ils ont effectivement autorisé le ministre de l'Intérieur à affecter une somme d'une certaine importance à l'envoi dans chaque département de cinq à six délégués, choisis avec soin, pour propager l'idée républicaine et faciliter l'application du suffrage universel. » Mais au contraire Garnier-Pagès, dans son Histoire (1), raconte longuement cette séance, et rappelant les paroles de Ledru-Rollin, mentionne l'intervention du Club des clubs et son offre de faire agréer ses délégués par le gouvernement. Or, Garnier-Pagès est peu suspect d'avoir altéré la vérité pour plaire à Ledru-Rollin. Il faut donc se rallier à sa version, en admettant comme possible que le nom même de Longepied n'ait pas été prononcé (ce qui n'avait pas grande importance une fois qu'on savait que l'initiative venait du Club des clubs) et que dans la suite Ledru-Rollin n'ait pas tenu ses collègues au courant des rapports qu'il continuait à avoir avec celui-ci.

Mais il est hors de doute que l'autorisation de fournir

(1) Garnier-Pagès, *Histoire de la Révolution de 1848*, t. IV, chap. v, p. 215 sq.

des crédits à la commission du Club des Clubs fut donnée par le gouvernement entier et en connaissance de cause.

Le rôle des délégués d'ailleurs n'eut rien d'officiel. Les instructions que leur remettait la commission le leur disaient. « Le délégué n'est ni agent avoué, ni agent secret du gouvernement ; il est revêtu du caractère d'envoyé des clubs et des corporations, caractère officieux ; il n'est pas salarié : son caractère de missionnaire officieux ne doit même pas être connu ; et il doit au contraire se garder de céder à un semblant d'autorité, car l'assentiment donné par le gouvernement ne lui donne aucune fonction : il ne relève que du républicanisme. . . »

Ledru-Rollin n'eut d'ailleurs jamais de rapport direct avec les délégués. Ceux-ci étaient désignés par le Club des clubs et recevaient de lui leurs instructions : Ledru-Rollin exerçait indirectement son contrôle par les rapports que lui faisaient Longepied, président de la commission et Laugier (1), trésorier. Chaque soir l'un d'eux apportait au ministre de l'Intérieur la liste des agents expédiés et la note des sommes délivrées. Là-dessus Ledru-Rollin délivrait de ces mandats au porteur sur la caisse des fonds secrets dont nous avons parlé ; à deux reprises un relevé général des notes partielles lui fut soumis. Laugier distribuait les fonds et régularisait la comptabilité en soumettant à ses collègues de la commission les récépissés qu'il exigeait de chaque agent. Une somme de 123.000 francs

(1) Laugier était neveu d'Arago, ministre de la Marine, et il y a peut-être dans cette parenté avec un des membres de la majorité modérée du conseil, une explication du vote favorable obtenu par Ledru-Rollin.

fut ainsi délivrée par le ministère de l'Intérieur. Ces missions d'agents sans autorité n'eurent pas grand retentissement en province où les commissaires du gouvernement faisaient à la fois plus de bruit et plus de besogne. Mais à la commission d'enquête, et, quand le fait fut divulgué, dans la presse, on en fit grand grief à Ledru-Rollin.

La vérification de ces dépenses était d'ailleurs devenue presqu'impossible. A la suite des événements du 15 mai, où Longepied avait été arrêté, le siège de la commission du Club des clubs, le 6 de la rue Rivoli, qui n'était autre qu'une dépendance de la « maison Sobrier », au 16 de la même rue, avait été envahi par la garde nationale et pillé. Déchirées ou brulées, les pièces de comptabilité de Laugier avaient disparu. Il ne restait donc pour toute justification que les récépissés remis par Longepied à Ledru-Rollin, à mesure que celui-ci lui remettait les fonds. La commission d'enquête les examina et fit comparaître à plusieurs reprises Ledru-Rollin, Longepied et Laugier.

Ducos conclut en ces termes cette partie de son rapport : « Il nous paraît impossible de consacrer la dépense de 123.000 francs qui a créé un précédent aussi condamnable. A cette époque la France a voulu que les élections fussent libres, et elle réprouvera comme nous l'abus qui a été fait des influences du gouvernement et des fonds du Trésor public. Sans doute la crise révolutionnaire explique jusqu'à un certain point l'oubli momentané des règles en vertu desquelles s'administrent les finances de l'État, mais elle ne saurait rendre excusable ce que la France entière condamné à toute époque, et nous croyons rendre hommage au principe de la souveraineté du peuple en rejetant les 123.000 francs à l'aide desquels on a prétendu violenter cette souveraineté. »

La sanction était sévère : pourtant elle l'était encore moins que celle proposée par Ducos dans une première rédaction. Cette première rédaction. nous n'en possédons pas le texte. mais les procès-verbaux de la commission en révèlent l'existence par les discussions qu'elle souleva. Ducos avait lu son rapport au 14 avril, et la séance suivante (18 avril) fut entièrement occupée par cette question des 123.000 francs. Plusieurs membres, comme Didier ou surtout Sarrut, firent des réserves sur des conclusions « qui obligeraient l'ancien ministre à rembourser cette somme ». Cette phrase permet de supposer que Ducos, dans une première version, rendait Ledru-Rollin directement et uniquement responsable de cette dépense irrégulière, alors que dans le texte définitif, c'est le Gouvernement Provisoire qui semble devoir supporter et le blâme. et, s'il y a lieu, les conséquences du rejet de crédit. — Sarrut fit observer à ce propos que, pour des faits d'une égale gravité qui s'étaient passés à la mairie de Paris (voir plus loin), Ducos ne semblait pas vouloir tenir Armand Marrast comme pécuniairement responsable. Le lendemain 19 avril on entendit encore divers membres du Gouvernement Provisoire qui confirmèrent que Ledru-Rollin avait été autorisé à ouvrir ces crédits par le conseil, et, devant ces témoignages, Ducos s'inclina : « après « une modification du passage relatif à ces 123.000 fr. », dit le procès-verbal,... « la séance fut levée »...

Une somme de 71.290 francs avancée par le ministre de l'Intérieur pour renvoyer dans leur pays des réfugiés étrangers avait aussi retenu l'attention de la commission. Cet argent avait été compté, en l'absence de toute prévision budgétaire, par le caissier central du Trésor public sur un ordre du Gouvernement Provisoire et un mandat de Ledru-Rollin. Sur cette somme, 11.290 francs avaient été restitués par Ledru-Rollin au Trésor sur le crédit régulier des fonds secrets. Restaient 60.000 francs « d'avance non régularisée » qu'on savait simplement avoir été distribués par Flocon à des ouvriers étrangers. Flocon fut appelé devant la commission d'enquête et ses explications furent jugées suffisantes. Voici en quels termes Ducos s'en explique : « M. Flocon a placé sous nos yeux un récépissé du Trésor public constatant qu'il a versé à sa caisse une somme de 1.700 francs formant le solde des 60.000 francs dont il se reconnaissait responsable. Il nous a également présenté quarante-quatre reçus revêtus de la signature des principaux chefs ou agents des convois d'ouvriers qui sont partis de France... et qui établissent que 56.960 francs ont été comptés. Enfin il nous a montré une note particulière d'après laquelle il indique qu'il a donné lui-même, de la main à la main (sans exiger de reçu, car les ouvriers auxquels il faisait ces avances ne savaient pas signer), diverses sommes dont le montant total dépasse 1.340 francs. Il nous était impossible de constater l'identité et l'authenticité de signataires dont la plupart sont étrangers et absents de France ; néanmoins ces trois natures de documents ont paru à votre commission justifier l'emploi du crédit ouvert. »

Ces renvois d'ouvriers étrangers dans leur pays natal avaient eu à l'époque même beaucoup de retentissement.

C'est que, rentrant chez eux en nombre, et presque toujours armés, ces ouvriers, dès la frontière, avaient tenté des coups de main révolutionnaires, que ce fût en Belgique, dans le pays de Bade ou en Sardaigne. Et on avait accusé le gouvernement français d'avoir payé et dirigé ces expéditions, qui toutes échouèrent. C'était une erreur et qui est prouvée. Sauf pour l'expédition belge, dite de Risquons-Tout, où Caussidière, préfet de police et Delescluze, commissaire du gouvernement dans le Nord, aidèrent aux préparatifs, mais de leur initiative personnelle, le Gouvernement Provisoire se désintéressa de ces équipées. L'argent donné s'explique suffisamment par le désir d'éloigner de Paris des ouvriers oisifs, toujours prêts aux émeutes ; l'exemple des ouvriers polonais au 15 mai prouve que cette crainte n'était pas exagérée. Quant à la réserve du rapport Ducos sur ces faits, elle s'explique par des raisons de convenance diplomatique.

Comptes des commissaires du gouvernement.

C'est le chapitre où la commission d'enquête eut à relever le plus d'irrégularités et même de dépenses fantaisistes. Parfois la faute en fut au ministre de l'Intérieur qui envoyait de nouveaux commissaires sans s'assurer que les premiers abandonnaient leur fonction (il y eut ainsi dans un même département — le Calvados — quatre commissaires qui donnaient des ordres à la fois, chacun se prétendant seul officiel) ; mais presque dans tous les cas ce furent les commissaires eux-mêmes qui prétendirent s'affranchir de toute règle de comptabilité. Les choix de ces agents avaient été hâtifs : certains furent gravement à regretter.

Les commissaires du gouvernement ont touché quatre sortes d'allocations : 1° une indemnité journalière de 40 francs ; 2° 3/10 des fonds d'abonnement des Préfectures, laissés libres à la disposition des préfets ou de leurs successeurs ; 3° des avances directes faites par le ministre de l'Intérieur sur le crédit des fonds secrets ; 4° des indemnités pour dépenses extraordinaires accordées sur pièces justificatives.

Quant aux charges supportées par le budget. elles sont de ce chef les suivantes :

1° Traitement pendant trois mois : 455.000 francs.

Pendant le même espace de temps le traitement des préfets eût été de 426.250 francs, soit 28.750 francs de moins ;

2° A cette somme il faut ajouter 11.708 francs pour indemnités par suite de vacances et congés et :

3° 230.869 francs pour dépenses diverses comprises sous la désignation « indemnités extraordinaires liquidées ou à liquider ». Ce qui porterait à 271.327 francs la dépense supplémentaire qu'occasionnèrent les missions des commissaires du gouvernement.

Mais ce chiffre doit être ramené à 135.425 fr. 66, plusieurs de ces indemnités figurant comme acquittées sur l'état de situation des traitements administratifs dans les premiers mois de 1848 pour une somme de 65.860 francs et l'état présentant alors un reste libre de 25.584 francs.

Le rapport Ducos relève minutieusement dans chaque département les irrégularités financières dont les commissaires furent cause. Nous ne retiendrons que quelques exemples caractéristiques.

Dans l'Ariège deux commissaires se disputèrent le pouvoir. L'un d'eux, Pilhes, présenta un compte de dépenses que la commission d'enquête apprécia sévèrement.

En plus de ses 40 francs d'indemnité journalière et de sa part des fonds d'abonnement, il demanda à un des successeurs de Ledru-Rollin un supplément de 2.800 francs, justifié ainsi :

« 700 francs pour impression de bulletins aux élections
« au nom du candidat désigné par le Comité électoral du
« commissaire,

« 600 francs pour impressions diverses destinées à agir
« sur l'esprit public,

« 458 fr. 40 pour remboursement des frais de postes,

« 1.541 fr. 60 pour dépenses extraordinaires de toute
« nature (sans justification matérielle). »

La commission proposa de rejeter ces crédits sauf le troisième.

En même temps le préfet destitué avait réclamé et obtenu une allocation extraordinaire de 1.000 francs pour l'indemniser des frais d'abonnement faits par lui, et que Pilhes son successeur ne lui avait pas remboursés. « Nous blâmons, conclut Ducos, le ministre qui a ordonnancé cette somme de 1.000 francs, parce qu'il est de règle que les préfets liquident entre eux les dépenses effectuées sur leurs fonds d'abonnement ; nous sommes d'avis que M. Pilhes doit en effectuer le remboursement. »

De même dans les Bouches-du-Rhône la commission rejeta un crédit supplémentaire de 13.200 francs demandé par

Emile Ollivier, commissaire du gouvernement, pour frais de tournée, impressions, affiches électorales, envoi de délégués dans les communes pour reconstituer l'autorité municipale et diriger le mouvement électoral.

Un commissaire du gouvernement qui cumulait l'administration du Loir-et-Cher, de l'Eure-et-Loir et d'une partie du Loiret, réclamait 5.850 francs pour deux convois spéciaux pour sa personne de Paris à Blois.

Dans le Nord, Delescluze était commissaire. La commission trouva trace de 5.700 francs de dépenses extraordinaires délivrés par le trésorier-payeur sur réquisition de celui-ci ; aucune autre pièce justificative n'était produite que les mandats délivrés au trésorier-payeur. « Il est du devoir du ministre de l'Intérieur, conclut Ducos, d'exiger que le commissaire qui a fait la réquisition justifie l'emploi de sa dépense. Cette justification nous paraît d'autant plus nécessaire que nous croyons savoir qu'une portion importante de la dépense se rattache à l'affaire de Risquons-Tout. C'est sous le bénéfice de cette réserve que nous ne demandons pas dès ce moment de rejeter le crédit. »

Bas-Rhin. Sous le nom d'inspecteur général de la République, un commissaire, Faujat, avait été chargé de la surveillance de tous les départements d'Alsace-Lorraine, qui possédaient déjà chacun un ou plusieurs commissaires. Ce furent les comptes du Bas-Rhin qui supportèrent les charges de cette mission, pour laquelle une somme de 12.242 francs avait été ordonnancée ; elle se partageait ainsi :

8.786 fr. : frais de voyage de l'inspecteur général accompagné de son secrétaire et de son domestique.

300 fr. : location de chaise de poste.
80 » 5 jours de séjour à Paris.
350 » frais d'équipement pour la tournée de l'inspecteur général et de sa suite.
300 » appointements du secrétaire.
100 » gages du domestique.
2.120 » indemnité de l'inspecteur général à 50 francs par jour.

Le malheur était, ajoute Ducos, « qu'on a trouvé dans les comptes du Bas-Rhin et dans les dossiers de l'administration supérieure, les traces d'un inexorable huissier qui poursuivait partout sur son passage M. l'inspecteur général de la République ».

On s'égaya fort, à cette époque, de récits semblables, évidemment fâcheux pour le prestige d'une administration ; et Ledru-Rollin lui-même dut convenir que certains de ses choix, précipités et faits sans connaissance de cause, avaient été malheureux et propres à nuire au régime nouveau. On eut pourtant le tort de trop généraliser. Certains commissaires avaient peut-être apporté dans les départements une ardeur révolutionnaire faite pour épouvanter des paysans, à peine familiers avec l'idée de la République. Mais la plupart furent des administrateurs très consciencieux et qui méritèrent si bien la confiance de leurs administrés que ceux-ci les choisirent en tête de liste — et sans qu'on se soit plaint de pression électorale — aux élections d'avril. Quant à leur gestion financière, s'il ressort du rapport Ducos, que dans certains départements elle fut brouillonne et fantaisiste, dans l'ensemble elle apparaît régulière et probe.

Comme sanction, Ducos concluait au rejet d'une somme de 191.089 fr. 10 répartie entre les commissaires du gouvernement de l'Aisne, des Basses-Alpes, de l'Ariège, des Bouches-du-Rhône, du Doubs, de la Haute-Garonne, du Loir-et-Cher, de la Lozère, du Morbihan, du Nord, de l'Oise, de la Seine-et-Oise, de la Somme et de l'Orne.

Mairie de Paris.

Armand Marrast (successeur de Garnier-Pagès, maire du 24 février au 6 mars) avait été maire de Paris du 9 mars au 27 juillet 1848, et avait exercé pendant ce temps les fonctions que le préfet de la Seine avait occupées avant lui. La commission d'enquête avait donc à examiner les comptes de sa gestion.

Le préfet de la Seine touchait, avant la Révolution, un traitement de 108.000 francs. Armand Marrast reçut une somme totale de 51.498 francs, décomposée ainsi :

17.333 francs, traitement du maire de Paris (budget du ministère de l'Intérieur).

11.500 fr. comme part de membre du Gouvernement Provisoire sur le crédit de 200.000 francs voté par l'Assemblée Nationale.

10.000 » sur fonds secrets des Affaires étrangères (accordés par Lamartine).

5.000 » sur fonds secrets du ministère de l'Intérieur (accordés par Senard).

1.825 » indemnité de représentant du peuple (4 mai-15 juillet).

5.840 » frais de table pour quatre personnes (supportés par la ville de Paris).

La commission fit comparaître Armand Marrast devant elle et souleva contre ces crédits de nombreuses objections. Pourquoi n'avait-il pas subi sur son traitement de maire la retenue proportionnelle sur tous les traitements décrétée par le Gouvernement Provisoire dont il était membre ? Pourquoi avait-il cumulé avec ce traitement, et son indemnité de membre du Gouvernement Provisoire, et son indemnité de représentant ? Pourquoi surtout avait-il fait publier dans les journaux qu'il n'avait reçu aucune allocation personnelle de l'Etat ?

Obligé de s'expliquer, Armand Marrast fit des déclarations extrêmement intéressantes. Les 5.840 francs de frais de table auraient été d'après lui la seule dépense personnelle que durant ses quatre mois de fonctions l'ancien maire aurait fait supporter au budget ; cette somme aurait été absorbée par les dépenses de nourriture du maire, des deux adjoints (Buchez et Recurt) et du secrétaire du maire (Edmond Adam).

Quant à toutes les autres allocations (indemnités, avances sur fonds secrets, traitement, etc.), elles auraient simplement servi à compenser — et encore dans une mesure insuffisante — des dépenses faites par le maire dans un intérêt de sûreté générale.

Ces dépenses étaient des dépenses de police.

On touche ici sur le vif l'antagonisme entre les deux fractions du Gouvernement Provisoire. La police officielle était entre les mains de la fraction avancée (Ledru-Rollin dirigeait au ministère de l'Intérieur la police générale ; Caussidière, à la Préfecture de police, était maître de la police de Paris). La majorité modérée du conseil (Lamartine, Marrast, Garnier-Pagès, Arago, Marie, Crémieux) n'avait donc aucun renseignement sur la situation intérieure et sur les menées des clubistes qui rêvaient une « épuration » dans le goût de fructidor.

Menacés et convaincus d'ailleurs — comme l'est tout parti politique — que le salut de la société était lié au leur, ces membres du gouvernement chargèrent Armand Marrast, en sa qualité de maire de Paris, d'organiser à leur profit une police spéciale. Ils ne lui en donnèrent pas mandat officiellement ; c'était impossible ; ce fut entre eux une convention personnelle.

Cette police fut vite organisée et rendit le genre de services qu'on attendait d'elle. Armand Marrast sut ainsi ce qui se passait dans les clubs et les sociétés secrètes et même chez ses collègues du Gouvernement Provisoire ; car la police de l'Hôtel de ville ne se contenta pas d'être la rivale de celle du ministère de l'Intérieur et de celle du préfet ; elle surveilla personnellement Ledru-Rollin, Louis Blanc, Caussidière. . . La police officielle d'ailleurs n'agissait pas différemment et savait heure par heure ce qui se passait dans l'entourage d'Armand Marrast. Cet espionnage mutuel est un des souvenirs les plus regrettables du Gouvernement Provisoire.

Mais comment payer cette police secrète de l'Hôtel de ville ? Le *National* avança quelques fonds qui furent vite absorbés. Lamartine donna 10.000 francs sur ses fonds secrets. Le reste fut payé directement par Marrast, qui s'en faisait rembourser indirectement par les traitements ou indemnités qu'il cumulait.

Quant à la justification des dépenses, elle était devenue

impossible. Le 15 mai, alors qu'on pouvait croire que l'Hôtel de ville allait être pris par les insurgés, Marrast avait détruit toutes les pièces recueillies, qui auraient pu compromettre trop de gens. A peine quelques rapports échappèrent, qui furent remis à la commission d'enquête.

Celle-ci, embarrassée, fit comparaître Lamartine et Garnier-Pagès et les collaborateurs de Marrast à l'hôtel de ville. Buchez, Edmond Adam, Pagnerre et Deviaud, secrétaire particulier du maire.

Lamartine reconnut avoir donné 10.000 francs pour une police secrète, tout en affirmant ignorer que cette police fût dirigée contre le ministère de l'Intérieur. Mais les autres témoins furent plus explicites et confirmèrent les déclarations d'Armand Marrast. Buchez raconta par exemple comment on pouvait se concilier des sympathies dans l'entourage même de Ledru-Rollin : « Le chef de division du ministère de l'Intérieur, placé à la tête de la direction de la police, demeurait fidèle à la politique modérée de l'Hôtel de ville ; mais pour rester fidèle à cette politique, il fut obligé de distribuer un certain nombre de petites places momentanées, au traitement desquelles le maire de Paris devait pourvoir. »

Le rapport Ducos conclut ainsi sur ces faits. « Quoi qu'il en soit, un fonctionnaire public, membre du Gouvernement Provisoire, maire de Paris, a reçu des sommes assez considérables. En vertu des lois de cumul, il serait tenu d'en rétablir au Trésor la majeure partie. Il les a affectées, d'après de nombreux témoignages, aux besoins d'une police irrégulière, anormale, que les événements expliquent jusqu'à un certain point, mais qui n'a encore été consacrée par aucun vote spécial de crédit. L'Assemblée Nationale prononcera ; nous lui avons déjà exposé que nous étions dans l'impossibilité d'asseoir notre jugement sur des preuves matérielles ou sur des documents, quels qu'ils soient, de la comptabilité ordinaire. Les sommes ont été reçues, dépensées. La commission est d'avis qu'il y a lieu d'accorder un bill d'indemnité et de régulariser par lui la comptabilité administrative du maire de Paris. »

L'indulgence de ces conclusions contraste avec la sévérité de celles qui rejetaient le crédit des 123.000 francs donnés par Ledru-Rollin à Longepied. On ne peut s'empêcher de remarquer que dans un cas pourtant la dépense avait été consentie par un vote du conseil, tandis que c'étaient des membres isolés qui avaient pris sur eux d'organiser la police secrète de l'Hôtel de ville. Sarrut avait fait remarquer à la commission ce manque d'équité et Ducos, on s'en souvient, avait adouci quelque peu les termes de son premier rapport. Il n'en resta pas moins deux poids et deux mesures, et ceci jette une ombre sur l'impartialité du rapport Ducos.

Travaux publics.

La comptabilité de ce ministère présente, du fait des ateliers nationaux, un intérêt tout spécial.

Le budget de 1848 ouvrait au ministère des Travaux publics des crédits ordinaires et extraordinaires pour une somme totale de 148.050.550 francs. A cela s'ajoutèrent des crédits décrétés par le Gouvernement Provisoire.

	Francs
Conservation et entretien des bâtiments de la liste civile (22 mars)	500.000

Construction d'une salle provisoire pour l'Assemblée Nationale (22 mars) 250.000

Dépenses des ateliers nationaux (3 et 23 avril). 6.000.000

Travaux à la colonne de juillet. Sépulture des morts de février (26 avril). 29.000

Soit en tout 154.829.550 francs sur lesquels le Gouvernement Provisoire dépensa 38.838.655 francs.

Seuls les six millions des ateliers nationaux doivent retenir l'attention.

La commission d'enquête avait nommé une sous-commission spécialement chargée d'étudier le fonctionnement des ateliers nationaux. Celle-ci fit comparaître devant elle Marie, ministre des Travaux publics du Gouvernement Provisoire, Roy, inspecteur des finances, secrétaire d'une autre commission nommée par l'Assemblée Nationale et chargée de vérifier la comptabilité des ateliers nationaux, le maire du VIIe arrondissement et le maire de Belleville, Moucton, président de la Société l'Union des Travailleurs, et divers agents des ateliers nationaux, MM. Gariepuy et Faucon entre autres. Emile Thomas, ancien directeur des ateliers nationaux, alors chargé d'une mission dans les Antilles, ne put être entendu.

Après les explications données par les divers témoins, voici quel fut l'avis de la commission : « un grand nombre d'irrégularités, de doubles paiements et même de fausses signatures ont été la conséquence de tout défaut de contrôle et d'administration régulière. On ne craint pas d'exagérer en avançant que les fraudes et abus commis dans la comptabilité des salaires doivent être évalués au cinquième ou au sixième de la dépense totale ».

Certaines dépenses n'ont même avec les travaux publics que des rapports lointains. Une société d'employés et d'artistes sans ouvrage s'était formée après la Révolution pour s'assurer, en cas d'extrême besoin, des secours au moyen de cotisations mutuelles. Et cette société avait obtenu l'incorporation de ses membres dans les ateliers nationaux. Ceux-ci y formèrent, sous le nom de 33e service, une brigade spéciale ; ils restèrent d'ailleurs inoccupés. Leur président, Gariepuy, avait été nommé chef du service et reçut en cette qualité, du 15 au 26 mai, 40.867 fr. Devant la commission, il ne put justifier que de l'emploi de 36.417 francs.

Puis venait encore une dépense de 1.594 francs « représentant la solde supplémentaire d'hommes de lettres et d'artistes appelés à faire dans les mairies un service extraordinaire ». Gariepuy donna l'explication de ce service extraordinaire. Au moment des élections d'avril, Emile Thomas lui avait demandé de mettre trente-six hommes de sa brigade à la disposition de M. Moucton, président de l'Union des travailleurs, pour aider à répandre des listes électorales. Plus tard on demanda que chacun des artistes de la Société (ils étaient 800) fût employé au même travail, au tarif de 8 francs par jour. Mais seuls les artistes les plus jeunes avaient accepté : d'où la dépense de 1.594 francs.

La commission aurait voulu savoir d'où était parti l'ordre d'ordonnancement. Marie prétendait n'avoir jamais entendu parler de rien. Gariepuy et Moucton affirmaient avoir reçu des ordres formels de Thomas et de lui seul. L'absence de celui-ci empêcha de faire complètement la lumière.

Ministère des finances.

Le sort des diamants et joyaux de la couronne avait préoccupé l'opinion publique ; le bruit courait que lors de l'envahissement des Tuileries ou même plus tard, cette richesse nationale aurait été soustraite.

A une demande de la commission sur ce point, le ministre des Finances (1) répondit par une lettre du 10 avril 1849 : « Les diamants de la couronne ont été déposés entre les mains de M. le caissier central du Trésor le 26 février 1848, et ils ont été conservés jusqu'à ce jour à cette même caisse où ils existent sous des scellés du caissier central, du contrôleur et de l'inspecteur des finances. Ci-joint copie du procès-verbal de dépôt et du procès-verbal de reconnaissance dressés par les ordres et sous les yeux de M. Garnier-Pagès le 12 mars. »

En présence du ministre des Finances, deux membres de la commission d'enquête, Ducos et Evariste Bavoux, firent ouvrir les scellés et vérifièrent le contenu.

Le procès-verbal du 12 mars constatait qu'il manquait au récolement général un bouton de chapeau en diamant et deux pendeloques en roses qui auraient dû se trouver dans un petit écrin portant le n° 22. Le bouton et les deux pendeloques (estimés sous Louis XVI, 240.700 francs le bouton, et 55.000 francs les pendeloques) avaient disparu pendant le transfert de la caisse qui les contenait des Tuileries à la salle de l'état-major de la garde nationale où les diamants de la couronne avaient été déposés ava nt

(1) C'était alors Hippolyte Passy.

d'être placés dans les caisses du Trésor. L'écrin 22, d'un très petit volume, aurait été égaré au milieu des décombres qui obstruaient la cour des Tuileries où il fallait passer, et aurait été dérobé là par un des nombreux spectateurs. Les recherches de la police et du joaillier de la couronne étaient restées infructueuses.

Pour le reste, les membres de la commission retrouvèrent au complet tous les bijoux signalés à l'inventaire.

Comme conclusion générale de son rapport, Ducos disait : « Vous comprenez que nous n'avons pas de pro-« jet de résolution à vous soumettre, car l'article 1er de « votre décret du 24 octobre porte explicitement que notre « examen doit être fait sans préjudice de la loi annuelle « des comptes. Si nous vous proposions dès ce moment « de statuer vous-mêmes sur les comptes du Gouverne-« ment Provisoire, nous annulerions à l'avance toutes les « critiques de la Cour des Comptes et nous préjugerions « des décisions ultérieures de l'Assemblée Législative, par « qui suivant vos prescriptions la loi annuelle des comp-« sera examinée et votée...

« L'Assemblée et le pays reconnaîtront avec nous qu'il « y a eu de la prodigalité et du gaspillage dans un grand « nombre de dépenses ; que les règles de la comptabilité « ordinaire ont été méconnues ; qu'un véritable désordre a « régné dans la gestion des deniers de l'Etat.

« Quant à nous, d'accord avec M. Creton, auteur de la « proposition portant demande de reddition de comptes, « nous déclarons à l'unanimité que, au cours des longues « et laborieuses recherches auxquelles nous nous sommes

« livrés avec la plus rigoureuse impartialité, nous n'avons « découvert ou rencontré aucun témoignage, aucune « preuve qui accusât d'infidélité les membres du Gouver- « nement Provisoire et qui nous mît sur la trace de quel- « que détournement frauduleux des deniers confiés à « leur gestion.

« Cette déclaration n'a pas seulement pour garantie « l'honnêteté de notre parole : l'admirable combinaison « de notre mécanisme financier suffirait pour rassurer « toutes les consciences. Un ministre ne peut soustraire « au Trésor public une partie de sa richesse sans avoir de « nombreux complices et sans laisser à l'instant même les « preuves éclatantes de sa culpabilité. »

S'il y avait dans certaines conclusions du rapport Ducos une partialité que nous avons relevée, on ne peut en revanche que trouver équitable ce jugement général, qui doit rester le jugement de l'Histoire : des fautes commises, des imprudences, les règles de la comptabilité publique méconnues, mais une probité et un désintéressement parfaits.

Le rapport Ducos ne fut jamais discuté à la Constituante ; il avait été déposé le 24 avril 1849, et le 26 mai suivant l'Assemblée tenait sa dernière séance. Deux jours plus tard la Législative siégeait.

La Législative, dont les fautes devaient rendre le coup d'Etat si facile, s'était montrée dès l'abord âprement hostile à ce qu'on appelait déjà « l'esprit de 1848 ». Malgré les conclusions de la commission d'enquête, elle s'obstina à chercher les preuves d'une improbité qu'elle aurait constatée avec joie ; à propos du règlement de l'exercice de 1848, une nouvelle commission fut chargée de refaire avec plus de minutie encore, le travail de la Constituante. Le rapport ne fut déposé que le 25 juin 1851. Ducos en était encore une fois l'auteur ; et son travail qui cette fois d'ailleurs portait sur la gestion entière de 1848, avait encore plus d'étendue que la première fois. Mais, quelle que fût la minutie de l'examen, on ne put découvrir aucun fait nouveau. Le rapport conclut donc au rejet des deux mêmes sommes de 123.000 et de 191.000 francs, et sur l'ensemble répéta la formule précédente. « Comme nos prédécesseurs chargés de l'examen des comptes du Gouvernement Provisoire, nous n'avons découvert ou rencontré aucun témoignage, aucune preuve qui accusât d'infidélité ou de concussion les hauts dépositaires du pouvoir. »

Cela même ne devait pas suffire. L'« opération de police un peu rude » du deux décembre avait empêché la Législative de statuer sur le second rapport Ducos. Ce fut le Corps législatif de l'Empire qui statua enfin.

En vertu de la nouvelle procédure législative, le Conseil d'Etat délibéra sur le projet de loi de règlement et chargea trois de ses membres (Charlemagne, Boinvilliers et Camille Godelle) de soutenir ses conclusions devant le Corps législatif. Une fois de plus le travail de Ducos avait donc été refait : les résultats d'ailleurs restèrent les mêmes. Mais cette fois les rapporteurs (qui ne faisaient qu'obéir aux désirs de Napoléon III) refusèrent de maintenir les ré-

(1) Le délai des lois de règlement est toujours long ; pour que Ducos pût faire son rapport, il lui fallait la déclaration de conformité de la Cour des comptes (déposé en novembre 1850) et le procès-verbal de la commission administrative instituée par l'ordonnance du 10 décembre 1823 (communiqué le 20 janvier 1851).

ductions de crédits proposées par la commission de la Législative. Cela était sage ; les sommes étaient devenues impossibles à répéter et leur valeur minime sur un budget de plus d'un milliard et demi eût paru hors de proportion avec l'effort à faire pour les recouvrer ; puis c'eût été rouvrir une discussion sur la légitimité d'une dépense que les défenseurs du Gouvernement Provisoire continuaient à dire justifiée par les circonstances. Et le gouvernement impérial n'aimait pas ce genre de discussion.

Napoléon III fut habile et préféra jouer au vainqueur magnanime ; il en profita d'ailleurs pour laisser sous-entendre perfidement que les enquêteurs n'avaient pas tout dit et que volontairement ils avaient parfois fermé les yeux. « Le gouvernement n'a pas voulu rouvrir aujourd'hui, en 1852, sur les actes de 1848 une discussion désormais sans objet comme sans résultat possible... Si on avait cru devoir entrer dans les voies de la commission (de la Législative) il aurait fallu y pénétrer plus avant ; une réduction de 200.000 francs sur une dépense de 1.757 millions, un blâme portant sur quatre articles des comptes de 1848 ne sont pas une expiation à mettre en balance avec les malheurs publics et les désordres de cette époque. Il aurait fallu ouvrir des enquêtes sérieuses, constater des faits divers et nombreux et déterminer la part de responsabilité qui doit peser sur chacun... »

Après le Conseil d'Etat, le Corps Législatif nomma un rapporteur, Lequien, qui déposa son rapport le 26 mai 1852. Ce document, très développé, où toute l'histoire financière de 1848 est reprise, mérite d'être lu, non pour sa documentation, qui est de seconde main, mais parce qu'il marque l'attitude officielle qu'il convenait d'adopter en 1851 à l'égard des hommes de 1848 : une telle partialité et — il faut dire le mot — une haine si naïve s'y lit à chaque phrase, qu'on s'aperçoit que l'impression de peur dont était née la débâcle financière au début de mars, avait encore grandi avec les années. L'honnête Garnier-Pagès, l'idyllique Lamartine, Ledru-Rollin, dont les circulaires seules avaient été révolutionnaires, apparaissaient à distance comme des terroristes aussi redoutables que s'ils avait relevé la guillotine politique. Et il n'y avait pas de mots assez forts pour les vouer à l'exécration.

Toutefois Lequien ne se permettait pas d'avoir une opinion différente de celle du Conseil d'Etat et concluait dans le même sens que lui — bien qu'à regret, on le sent — à l'apurement définitif de tous les comptes de 1848. Le 1er juin le Corps législatif adopta son rapport sans débat et la loi de règlement fut promulguée le 29 juin 1852.

CHAPITRE XII

LES MESURES FINANCIÈRES DU GOUVERNEMENT PROVISOIRE DEVANT L'ASSEMBLÉE NATIONALE.

Parmi les mesures prises par Garnier-Pagès, certaines ne pouvaient avoir qu'une valeur provisoire ; mais beaucoup dans son esprit étaient définitives.

Il avait compté sans l'Assemblée Nationale où en tout ordre d'idée une politique modérée prévalut. Mais plus qu'ailleurs cette politique s'affirma au Comité des finances, dont bientôt Thiers inspira toutes les décisions. Le budget présenté par Garnier-Pagès et Duclerc ne tarda pas, on l'a vu, à être profondément modifié. Quelques nouvelles dépenses y furent inscrites, mais surtout les recettes proposées furent fortement révisées. Dans ces conditions l'Assemblée fut amenée à reprendre tous les décrets de Garnier-Pagès, et de fait, durant son existence, elle ne fit guère, en matière financière, que renverser ce qu'il avait édifié et restaurer ce qu'il avait aboli.

C'était une politique à laquelle Duclerc n'avait pas envie de se prêter : il ne put rester au pouvoir, dont il fut balayé par la tourmente de juin. Après lui, Goudchaux, républicain aux tendances plus conservatrices, suivit mieux l'impulsion du Comité des finances, pourvu qu'on ne l'obligeât pas à combattre de front ses anciens collègues du Gouvernement Provisoire. Plus tard enfin, Trouvé-Chauvel, monarchiste de la veille, qui n'acceptait la République que comme un mal dont on a l'espérance de guérir, prit très volontiers le contre-pied de la politique de février.

La réunion de l'Assemblée Nationale avait rendu moins aiguë la crise financière, mais elle n'y avait pas mis fin. En Bourse, les valeurs privées étaient toujours stagnantes et les fonds d'Etat ne se relevaient que lentement. Les capitaux flottants continuaient leur grève. Il y avait là une menace qui se perpétuait pour l'Etat, puisqu'il ne pouvait, en cas de besoin, recourir à la dette flottante. Une cause importante de ce discrédit était, à n'en pas douter, la double mesure prise au mois de mars, qui imposait un remboursement en 5 o/o au pair — c'est-à dire avec une perte pour eux de 25 à 30 o/o — aux détenteurs de livrets de Caisses d'épargne et aux porteurs de bons du Trésor. A cette époque, cette mesure, qui était une banqueroute partielle, avait été inévitable, parce qu'elle seule permettait d'éviter une catastrophe plus grande. Mais maintenant que le cours normal des affaires avait repris, ne pouvait-on réparer cette injustice et en même temps redonner confiance aux créanciers à venir de l'Etat ?

Dès le 2 juin, au nom du Comité des finances, Billault proposait d'annuler l'opération de mars et d'offrir aux deux catégories d'intéressés le remboursement de leur créance en 5 o/o à 70 francs, cours approximatif de la rente. Néanmoins le vote fut retardé, parce que Duclerc, ministre des Finances, qui voulait faire voter par l'Assemblée le rachat des chemins de fer, craignait qu'une si forte émission de rente n'alourdît le marché et qu'il ne pût plus réaliser l'opération qu'il combinait. A une petite majorité, l'Assemblée le suivit et vota la priorité du rachat des chemins de fer.

Mais quand, après la chute de la Commission exécutive en juin, Goudchaux devint ministre des Finances, il reprit aussitôt le projet du Comité des finances. La situation des bons du Trésor était alors la suivante :

Bons émis avant le 24 février et non encore échus	126.458.569 fr.
Bons renouvelés en exécution du décret du 16 mars	120.835.464 »
	247.294.033 »

La somme totale des bons du Trésor au 16 mars ayant été de 274 millions, on voit donc que 28 millions seulement avaient été amortis en 5 o/o au pair ; le but du décret avait donc été atteint : les bons avaient été en majeure partie renouvelés.

Goudchaux proposait de consolider en 3 o/o à 48 francs (cours du jour), les bons émis ou renouvelés depuis le 24 février et d'indemniser ceux qui avaient converti en 5 o/o au pair, en leur donnant un coupon de rente 5 o/o représentant la différence entre 70 francs (cours du jour) et le pair.

Quant aux livrets de caisse d'épargne, ils devaient tous être remboursés en 5 o/o à 70 francs.

Le 7 juillet, le projet fut discuté devant l'Assemblée Nationale. Comme le fit remarquer Gouin, rapporteur du Comité des finances, la discussion devait porter sur trois points : 1° La consolidation serait-elle obligatoire ou facultative ? 2° Y aurait-il un fonds unique de consolidation ou bien se servirait-on du 5 o/o pour les caisses d'épargne et du 3 o/o pour les bons du Trésor ? 3° Quel serait le taux de consolidation ?

La première question fut vite résolue ; il fallait délivrer le crédit de l'Etat de l'énorme dette flottante qui l'écrasait ; c'était une mesure d'intérêt public qu'on ne pouvait subordonner au bon plaisir des créanciers ; la consolidation fut déclarée obligatoire.

Le second point fut plus discuté ; le Comité des finances voulait rembourser toute la dette flottante en 5 o/o ; Goudchaux demandait pour les bons du Trésor une consolidation en 3 o/o. L'argument du Comité des finances appuyé par Garnier-Pagès, par Deslongrais, redoutait avec le 3 o/o au cours de 48 fr. une augmentation lourde pour l'avenir du capital remboursable de la dette (200 millions de différence). A cela Goudchaux répliquait — et Berryer était venu à son secours — que, si on remboursait uniquement en 5 o/o, le grand nombre de ventes qui se produirait sur ce fonds amènerait une baisse, préjudiciable surtout aux déposants de Caisses d'épargne dont l'administration mettrait beaucoup plus de temps à liquider la créance que celle des porteurs de bons du Trésor. On décida que les bons du Trésor seraient remboursés en 3 o/o, les fonds de caisse d'épargne en 5 o/o.

Mais à quel taux ? Là était le point délicat. A la Bourse on avait connu depuis plusieurs jours les projets du ministre des Finances et, comme on pense, les cours en avaient été éprouvés, favorablement d'ailleurs. Cette annonce d'un remboursement qui ne pouvait que rassurer les créanciers à venir de l'Etat sur sa probité financière, avait provoqué une hausse des fonds et surtout du 5 o/o qui avait clôturé la veille à 76 francs (cinq jours plus tôt il était encore à 69). Ne serait-ce pas trahir les intérêts du Trésor que ne tenir aucun compte d'une hausse semblable? Le Comité des finances lui-même proposa pour le 5 o/o le chiffre de 76 au lieu de celui de 70.

Mais pendant qu'on discutait, les dernières nouvelles arrivaient de la Bourse,— et dans la salle des séances, les bulletins de la cote passaient de main en main. 77, 79, 80; le 5 o/o montait toujours. L'Assemblée perdit tout sang-froid ; on ne se demanda pas si cette hausse était factice, on la suivit fiévreusement. Dupin eut beau protester qu'on transformait l'Assemblée en bureau d'agiotage. On ne l'écouta pas. Et d'heure en heure, au reçu des taux de la Bourse, le taux de consolidation fut haussé. Duclerc, Goudchaux, de Lasteyrie, Deslongrais surenchérissaient les uns sur les autres, et l'Assemblée entière les suivait avec une sorte de fièvre joyeuse. Le 5 o/o clôturait à 80. On votait à 80 francs le taux de consolidation des caisses d'épargne.

Pour le 3 o/o et les bons du Trésor, ce fut encore pire ; le cours de clôture était 51. On vota le taux de consolidation à 55, allant ainsi jusqu'à escompter une hausse des jours suivants.

Malheureusement les jours suivants clôturèrent en baisse. Cela n'était pas trop étonnant. La hausse avait été amenée par une mesure de probité qui présageait le rétablissement normal du crédit de l'Etat ; mais cette mesure avait pour résultat de jeter sur le marché une grande masse de valeurs nouvelles ; la baisse fatalement devait s'en suivre. Elle fut assez forte : le 11 juillet, trois jours plus tard, le 5 o/o était à 76,25, et le 3 o/o à 48,25, — 3 points 75 et 6 points 75 au-dessous du taux de consolidation. Les créanciers de l'Etat continuaient donc à être en perte.

Plus tard la baisse s'accentua encore en raison des événements extérieurs, puis de l'agitation que créa dans le pays la campagne pour l'élection présidentielle du 10 décembre. Le 7 août, le 5 o/o était à 71, le 3 o/o à 44. Le 23 octobre, ils étaient à 68, 65 et 44, 45. Le 14 novembre (époque du cours le plus bas de cette période), ils devaient même tomber à 63, 60 et 41 (16 fr. 40 et 14 fr. de perte pour les créanciers de l'Etat.)

Mais le 26 octobre, Goudchaux ayant démissionné à propos du vote du projet de décret Gouin sur les comptes du Gouvernement provisoire, il avait été remplacé par Trouvé-Chauvel, et celui-ci, dès l'abord, proposait à l'Assemblée de revenir sur son décret du 7 juillet, comme le 7 juillet elle avait revisé le décret du 16 mars.

Le taux de consolidation auquel on s'était arrêté était insuffisant pour donner aux créanciers du Trésor la réparation qui leur était due ; il fallait donc leur accorder une compensation représentant la différence entre ce taux adopté le 7 juillet, et le cours des rentes, au jour où il leur avait été matériellement possible de liquider. Trouvé-Chauvel proposait de fixer ce cours nouveau à 71 fr. 60 pour le 5 o/o et 46 fr. 40 pour le 3 o/o, cours moyen de ces rentes depuis le 7 juillet.

La discussion du projet de décret commença le 20 novembre. Celui-ci rencontra deux sortes de contradicteurs :

les uns, comme Goudchaux, qui défendait son œuvre, soutenaient que l'Assemblée avait eu raison de s'arrêter au cours du jour ; sans doute y avait-il alors un aléa, mais qui pouvait en cas de hausse continue être tout aussi bien défavorable au Trésor, qu'en cas de baisse à ses créanciers. Il n'y avait donc qu'à maintenir le *statu quo*, en abaissant toutefois pour le 3 o/o le taux de consolidation de 55 fr. à 51, parce que, le 7 juillet, 51 était le cours de clôture et qu'il y avait eu une imprudence, dont Goudchaux s'accusait lui-même, à escompter la hausse du lendemain sur le 3 o/o.

Les autres objectaient qu'on allait répéter la faute du 7 juillet, puisque les cours de la Bourse, au moment où l'on discutait, étaient à 64 fr. 30 et 41 fr. 55, et non point à 71,60 et 46,40, cours de consolidation proposés ; encore une fois les créanciers du Trésor qui voudraient liquider immédiatement se trouveraient en perte, et l'injustice, pour être moindre, n'en subsisterait pas moins.

Le Comité des finances et le ministre firent observer à Goudchaux qu'au début de la séance du 7 juillet, on songeait plutôt à établir un cours moyen qu'à se lier au cours du jour et que ce furent des impressions de séance qui amenèrent l'Assemblée à une véritable spéculation sur la hausse des fonds. A ceux qui réclamaient la consolidation au cours du jour (64.30 et 41, 55), on répondit que tous ceux qui en exécution des décrets de juillet, avaient réclamé la conversion de leurs titres, avaient reçu des inscriptions de rentes qu'ils avaient pu négocier en moyenne à 71 fr. 60 et 46 fr. 40. L'argument n'était pas irrésistible, les moyennes ne réalisant jamais qu'une justice approximative. Mais l'Assemblée s'en contenta et suivit le ministre.

Il fut décidé que les déposants des Caisses d'épargne dont les livrets avaient été ou seraient consolidés en vertu du décret du 7 juillet recevraient un livret nouveau où ils seraient crédités de la différence entre le taux de 80 francs et le cours moyen du 5 o/o depuis le 7 juillet jusqu'au 20 novembre. Pour les bons du Trésor, la consolidation aurait lieu pour les bons non convertis au cours moyen du 3 o/o, depuis le 7 juillet jusqu'au 20 novembre ; pour les bons déjà convertis, il serait délivré aux anciens porteurs une inscription supplémentaire de 3 o/o représentant la même différence.

Cette fois la mesure fut définitive. A l'inverse de ce qui s'était passé le 7 juillet, le vote de l'Assemblée rassura la Bourse et la rente remonta ; le 30 novembre le 5 o/o était à 65,85, le 3 o/o à 43, le 11 décembre, à 70.70 et 43. Mais le résultat de l'élection présidentielle amena surtout la hausse. Le 12 décembre, quand celui-ci fut connu, le 5 o/o sauta à 73.10 et le 3 o/o à 44, 50. Le 18 décembre on allait jusqu'à 79,75 et 48,10. Plus tard les cours devaient décliner, mais dans une moindre proportion. A la fin de l'année, le 30 décembre, le 5 o/o était encore à 75,25 ; pourtant le 3 o/o était tombé à 49,50. Mais en somme tous les créanciers de l'Etat qui voulurent liquider en exécution du décret du 20 novembre, le firent dans d'excellentes conditions, et pour ceux qui surent choisir leur heure, avec une belle marge de bénéfices. En fin de compte, ce fut donc le Trésor qui resta en perte, mais on ne put dire que la République avait refusé de payer les dettes d'honneur de la monarchie.

Ceci réglé, l'Assemblée Nationale s'attaqua surtout aux mesures d'impôt prises par Garnier-Pagès : elle rétablit l'impôt sur le sel et l'impôt des boissons ; elle refusa l'impôt sur les créances hypothécaires.

Nous avons vu à quelles objections s'était heurté dès l'abord le décret de Garnier-Pagès sur l'impôt des créances hypothécaires, décret rendu à la hâte et sans même que les administrations de l'enregistrement et des hypothèques aient été consultées.

A l'Assemblée Nationale cet impôt rencontra une opposition d'autant plus générale, que Garnier-Pagès lui-même et ses amis avaient reconnu que, dans l'application, le régime institué n'était pas viable. Pourtant ils continuaient à en défendre énergiquement le principe. Aussi, à son arrivée au pouvoir, Goudchaux présenta-t-il un nouveau projet de décret, qui aurait remédié aux défauts signalés et laissé pourtant au budget à remettre en équilibre une importante source de revenus.

Goudchaux restreignait la base de l'impôt ; les rentes foncières et viagères, les créances des hospices, des établissements et associations de bienfaisance, les prix de vente d'immeubles restant à payer, seraient exemptés de la taxe. Celle-ci serait calculée non plus sur le capital, mais sur les intérêts (Goudchaux proposait un taux, lourd encore, de 1/5). L'impôt serait à la charge du créancier, mais payé à son acquit par le débiteur. Enfin il ne devait être établi qu'à titre extraordinaire, pour l'année 1848. Ainsi modifié, le ministre des Finances n'en escomptait plus le produit au budget que pour 20 milions, au lieu de 45.

Malgré ces adoucissements, l'opinion resta hostile. Le

rapport du Comité des finances, auquel le projet avait été renvoyé, conclut à l'abrogation pure et simple des décrets du Gouvernement Provisoire. « L'impôt des créances hypothécaires, disait son rapporteur, retomberait sur le débiteur gêné, élèverait le taux de l'intérêt et nuirait aux transactions. . . La réalisation des prêts hypothécaires est devenue en effet plus difficile et plus onéreuse pour les emprunteurs depuis le 19 avril et lors des échéances, beaucoup de créanciers stipulent au renouvellement du contrat une retenue d'un cinquième des intérêts, alors qu'en temps de crise, il aurait fallu faciliter le crédit. On croyait réaliser une meilleure distribution, en surprenant le capital en une sorte de flagrant délit d'existence et d'égoïsme envers la société, et cependant c'est le débiteur qui est frappé, tandis que le créancier échappe, car le capital est habituellement plus demandé qu'il n'est offert. »

Pourtant, devant l'Assemblée, Gouchaux l'emporta d'abord : 378 voix contre 339 décidèrent de passer à la discussion des articles. Mais à la séance du 5 août, malgré les efforts du ministre, un amendement Derodé, qui réduisait l'impôt au 1/8 de l'intérêt annuel (au lieu du 1/5 demandé) fut voté à 16 voix de majorité.

Le produit de l'impôt tombait à 12 millions et demi ; d'autres amendements le réduiraient peut-être encore ; les adversaires marquaient beaucoup d'hostilité et les partisans peu d'enthousiasme. Goudchaux préféra retirer son projet que lui laisser subir de nouvelles mutilations.

Cinq jours plus tard on votait sans discussion le décret suivant : « Les décrets du 19 et du 26 avril relatifs à l'impôt sur les créances hypothécaires sont abrogés. »

La réforme de l'impôt des boissons avait soulevé une opposition plus violente encore que l'impôt hypothécaire. Celui ci n'avait pu être perçu, tandis que le nouveau droit de consommation, ce droit qui, au bénéfice des débitants débarrassés de l'exercice, frappait de 40 à 50 o/o la consommation courante, avait dû être acquitté. Et pour qu'au cabaret on payât moins cher, les ménages ouvriers où l'on buvait du vin à table, avaient vu leur budget grevé. D'où une juste impopularité contre la réforme maladroite, quoique bien intentionnée, de Garnier-Pagès.

Tout de suite le Comité des finances s'empara de son décret et nomma une sous-commission pour le rapporter. En même temps des membres isolés déposaient des projets de décret et le ministre des Finances lui-même (Duclerc) les suivait dans cette voie. C'était un désir général et hâtif d'arriver à une solution. De tous les points de la France les pétitions étaient venues en masse à l'Assemblée ; chaque représentant était harcelé par ses électeurs : on ne savait guère sur quelles bases on pourrait établir une nouvelle législation ; mais dans l'hostilité quasi-unanime on sentait qu'à tout prix il fallait modifier le décret du 31 mars, quitte à en revenir au *statu quo* antérieur. Pourtant la suppression de l'exercice restait populaire ; le vrai problème était de modifier la taxe sans toucher à cette partie de la réforme.

Trois systèmes se trouvèrent en présence. Le ministre des Finances proposait simplement de reviser le décret du 31 mars, de façon à le rendre moins lourd aux propriétaires. Pour cela il partageait les départements en huit classes au lieu de quatre pour la perception du droit de consommation et établissait des tarifs différentiels pour la consommation à domicile. Ce système trop rapproché de celui du 31 mars se serait heurté à la même impopularité ; l'Assemblée refusa de s'y rallier.

La minorité du Comité des finance, dont Mortimer-Ternaux défendait la thèse, demandait l'élévation des droits sur l'alcool de 34 à 60 francs, et pour les vins un droit unique de consommation qui serait d'un franc dans le département d'origine et les départements limitrophes et d'un franc cinquante dans les autres.

Mais ce fut la majorité du Comité des finances qui l'emporta ; Duclerc d'ailleurs s'était rallié à son opinion.

Au moment du vote, ce fut d'un élan presqu'unanime, que l'Assemblée se leva pour décider qu'à partir du 10 juillet on n'appliquerait plus le décret de mars ; et dans le pays, consommateurs et propriétaires manifestèrent une joie égale.

Le nouveau décret remit simplement en vigueur les lois antérieures au 31 mars 1848, mais comme on voulait continuer à dispenser les débitants de l'exercice, il fut décidé d'accorder l'abonnement à ceux qui le demanderaient ; on donnerait pour base à cet abonnement en 1848 les produits de 1847 atténués d'un dixième. Sauf cette réserve, c'était donc un simple retour au passé.

Il resta un peu plus de la tentative de suppression de l'impôt du sel. Cette réforme — ou plutôt cette promesse de réforme, car Garnier-Pagès ne l'avait fait décider que pour le 1er janvier 1849 — avait été, on le conçoit, accueillie avec joie par les contribuables. De toutes les espérances conçues au lendemain de la Révolution, c'était la seule qu'on avait paru réaliser pour le soulagement des masses populaires. Leur enlèverait-on cette unique satisfaction ?

D'autre part, les ministres des Finances qui prévoyaient le déficit pour le budget de 1849, voyaient avec peine une ressource importante disparaître. Ils firent tous leurs efforts pour la rattraper. Le 22 juillet, Goudchaux en faisant l'exposé de ses projets financiers, déclarait que l'impôt du sel lui était indispensable pour équilibrer son budget, et il proposait un simple vote : « Le décret du 15 avril est rapporté. »

Plus tard Trouvé-Chanvel, puis Hippolyte Passy, appuyés par le Comité des finances, firent la même déclaration. Pourtant l'Assemblée hésitait : si peu animée fût-elle d'esprit démocratique, elle sentait que c'était risquer une grosse impopularité que se contenter d'effacer la promesse que Garnier-Pagès avait faite. Pendant longtemps toute décision fut ajournée.

Mais vint la fin de décembre 1848. Quelques jours encore, et automatiquement le décret du Gouvernement Provisoire allait s'appliquer. Le ministre des Finances fit un nouvel effort : la discussion s'ouvrit, très vive, très passionnée.

Cette fois les démocrates l'emportèrent ; malgré les efforts de Passy et de Goudchaux, l'Assemblée adopta le principe d'un amendement Anglade qui, après avoir toutefois annulé le décret de suppression de Garnier-Pagès, réduisait l'impôt du sel à dater du 1er janvier 1849 à 10 fr. par 100 kilos.

C'était une diminution des deux tiers du droit (1) : si ce

(1) Le droit antérieur (loi de 1816) était de 30 francs par 100 kilos.

n'était pas tout à fait le décret libérateur qu'avait rêvé Garnier-Pagès, il y avait pourtant là une satisfaction donnée à ceux qui souffraient du plus impopulaire des impôts.

Le remboursement des fonds confisqués des tontines fut aussi ordonné par l'Assemblée Nationale : il y avait eu là nettement atteinte à la propriété privée et les membres de la Constituante n'étaient pas hommes à tolérer les moindres souvenirs du socialisme.

Les statuts des sociétés tontinières obligeaient celles-ci à acheter des rentes avec le produit de leurs arrérages et annuités. Quand était survenue en mars la baisse des fonds publics, les administrateurs des tontines s'étaient refusés à acheter à un cours qu'ils sentaient instable. Le Trésor avait besoin d'argent : Garnier-Pagès les avait obligés, par arrêté, à verser ces sommes disponibles en compte-courant au Trésor. On contesta par la suite qu'il eût consulté les directeurs et la commission de surveillance de ces établissements : ce n'est pas tout à fait exact ; il en avait consulté, ou plutôt son collègue Bethmont, ministre du Commerce, en avait consulté quelques-uns. Mais les eût-il tous consultés régulièrement, cette mesure ne pouvait avoir de valeur légale ; elle portait atteinte aux statuts. Il fallait rentrer dans le droit commun.

Une fois de plus le ministre des Finances (Goudchaux) et le Comité des finances différèrent d'opinion. Tous proposaient le remboursement, mais le ministre au taux de 80 francs, et le Comité au cours moyen du jour où avaient eu lieu les versements. Ce fut encore le Comité qui l'emporta ; un décret du 30 juillet décida d'inscrire au Grand Livre de la dette la somme des rentes 5, 4 1/2, 4 et 3 o/o suffisante pour convertir les fonds des tontines versés au Trésor, en prenant pour taux de la rente le taux moyen du jour de chaque versement.

Enfin un décret du 31 août rapporta les décrets du Gouvernement Provisoire des 18 et 24 avril et du 3 mai sur l'octroi de la viande de boucherie.

Sauf le décret des 45 centimes, on voit donc que l'Assemblée Nationale ne laissa rien subsister de ce qu'avait innové le Gouvernement Provisoire en matière d'impôt.

CONCLUSION

La politique financière du Gouvernement Provisoire fut l'objet de tels reproches de parti-pris et, d'autre part, elle est restée d'un intérêt si actuel, tant les mêmes problèmes se posent aujourd'hui qu'en 1848, qu'il est vraiment difficile de la juger impartialement. Comment une démocratie doit-elle diriger la vie financière de la nation ? Doit-elle réaliser son idéal coûte que coûte et courber pour cela sous sa volonté les puissances financières, sans peur de leur résistance ? Ou bien ne pas les attaquer de front, faire comme on dit la part du feu et pour donner vie à une partie de ses doctrines laisser glisser l'autre dans l'ombre ? Le problème de 1848 est resté le problème d'aujourd'hui : ce sera encore plus celui de demain. Comment l'aborder ?

Il va sans dire que ceci laisse intacte l'attitude du parti révolutionnaire qui, jugeant la construction sociale déséquilibrée, veut la jeter bas pour reconstruire sur des plans et avec des matériaux neufs. Dans cette hypothèse, toute puissance financière disparaîtrait, puisque, le signe monétaire perdant son pouvoir actuel, le crédit irait à la valeur-travail et non plus à la valeur-argent. Mais ceux qui avaient fait la Révolution de 1848, c'est-à-dire la petite bourgeoisie libérale, et la masse des ouvriers nourris des souvenirs de la grande révolution, entendaient réformer sans détruire.

Mais précisément ces réformes allaient léser, gêner tout au moins la richesse acquise et celle-ci ne manquait pas de défenseurs. Quelle ligne de conduite adopter à leur égard ?

En 1848 ce problème était abordé pour la première fois. La forme industrielle de notre société capitaliste date du début du XIXe siècle ; les premiers communistes, les partisans de Babeuf étaient encore nourris des traditions de l'antiquité où la question sociale était une question agraire. Saint-Simon fut le premier à comprendre la portée de la transformation qui s'opérait sous ses yeux : la puissance grandissante du crédit, la mobilisation au profit de quelques-uns de ce qu'on devait appeler plus tard la valeur-travail, la naissance à la vie sociale de l'ouvrier, devenu le « prolétaire », obligeaient dès lors ceux qui se réclamaient d'un idéal de justice à rajeunir leurs formules.

Puissance financière, volonté démocratique, il y avait donc là deux adversaires que, seule, la présence de la royauté empêchait de se mesurer. La royauté tombée, ils furent brusquement face à face ; brutalement la lutte s'engagea.

Mais la partie n'était pas égale ; le parti démocratique, victorieux d'une victoire inespérée, n'était pas préparé à combattre. Débonnaire et tumultueux, très généreux dans son triomphe, mais sentimentalement attendri sur cette générosité, il perdit les premiers jours qui suivirent la révolution en manifestations ; c'étaient des chants, des discours, des cortèges accompagnant des députations, à la lueur des torches, avec un grand déploiement de drapeaux. Cette joie bruyante fit peur. Elle laissa le temps de se rallier aux défenseurs de l'ordre ancien. En même temps elle empêchait les vainqueurs de s'organiser. Chez eux, aucune tête directrice, aucun plan d'ensemble ; des doctrines qui se heurtaient ; des tempéraments qui sympathisaient mal : à peine une aspiration commune vers plus de justice fraternitaire. Mais pas de programme. C'était l'attaque d'une armée de francs-tireurs, poussée d'un bel élan, mais qui ne savait où aller.

Au contraire la défense fut savante. Menacée, la bourgeoisie capitaliste combattit avec méthode : on peut même dire que l'organisme social tout entier combattit pour elle. C'est ce qui rend à toute époque les réformes financières conçues dans un esprit démocratique difficiles à réaliser : la société moderne repose sur le principe financier du crédit ; si on attaque l'ordre établi, c'est le crédit qui se rétracte, à la façon des feuilles de sensitive, et la vie sociale en est paralysée. Ce mouvement de défense à forme de réflexe est spontané ; mais il a des conséquences encore plus redoutables, lorsque les dirigeants de la vie financière, dans l'espoir de ressaisir un pouvoir politique qui leur a échappé, l'aggravent volontairement. Ce fut un peu le cas en 1848.

Pour résister à cette politique de défense, qui imposait le chômage et renchérissait le pain, qui supprimait même la charité publique, il aurait fallu à la classe ouvrière une organisation de combat (coopératives, caisses de chômage, syndicats) qu'elle ne possédait pas en 1848, parce que la loi le lui défendait. En dehors des moyens révolutionnaires, qui seraient d'ailleurs demeurés sans résultat durable dans un tel duel, que restait-il donc, que l'action gouvernementale ?

Ce fut elle qui soutint tout le poids de la lutte. Est-ce elle qui doit porter la faute de l'échec de la révolution, vaincue par les puissances de conservation sociale ?

Sans doute les hommes que février porta au pouvoir manquèrent de génie ; ils n'avaient pas la volonté indomptable, indifférente au choix des moyens, de leurs grands maîtres de la Constituante et de la Convention ; ils n'avaient pas non plus cet esprit de méthode, également obstiné, mais si prudent, si noblement anxieux de faire œuvre durable, des fondateurs de la troisième République. Ils étaient, eux, d'une génération paisible, préoccupée d'intérêts matériels, un peu amollie ; ils se berçaient de l'espoir d'imposer leurs idées sans combat ; ils n'aimaient pas la lutte parce qu'ils n'étaient pas faits pour elle ; leur talent d'organisation était médiocre ; beaucoup d'entre eux auraient gagné à rester toujours de brillants orateurs d'opposition.

Mais, ceci dit, il faut songer aux conditions dans lesquelles ils exercèrent le pouvoir. Leur tâche était écrasante. Détenteurs à la fois du pouvoir législatif et du pouvoir exécutif, attaqués impitoyablement, harcelés par leurs amis mêmes, partagés en deux factions rivales dont chacune avait à parer les attaques de l'autre, courant d'une émeute à apaiser à une délégation à recevoir, à toute heure sur la brèche, d'ailleurs toujours dévoués et parfois héroïques, il ne se pouvait pas que leurs décisions sans nombre n'aient eu quelque chose de hâtif et d'imparfait. A distance et dans une étude comme celle-ci, où il faut bien exposer avec méthode, les raisons d'agir semblent évidentes et les fautes apparaissent en lumière : mais qu'on suive au jour le jour dans les journaux la vie de ces hommes, et, dans ce brouhaha d'idées et d'événements, qu'on cherche l'heure où ils ont pu avoir une autre pensée que parer aux dangers, et quels dangers ! de la minute présente ? On n'en trouvera pas.

La personnalité de Garnier-Pagès a seule apparu en lumière dans notre étude : en effet, comme ministre des Finances, c'est lui qui avait la responsabilité des mesures prises, dont l'initiative d'ailleurs lui revenait en majeure partie. Il ne faut pas croire pourtant qu'il fut seul en cause. Surtout en matière financière, ce fut un principe au Gouvernement Provisoire que toute mesure engageait le gouvernement entier : aussi toutes les décisions de Garnier-Pagès avaient-elles été discutées en conseil du gouvernement. Garnier-Pagès, lui, rédigeait les décrets dans cette forme pompeuse qu'on a vue ; mais ce style même, qui est la marque propre de son auteur, ce style naïvement satisfait, révèle un état d'âme plus général. Ce ne fut pas seulement au Gouvernement Provisoire, ce fut dans tout le parti démocratique que, grisé par la magie des mots, on crut que des formules suffiraient à résoudre les questions financières, ou même toute question sociale ; et n'est-ce pas le danger qui menace les démocraties que cette illusion en des victoires trop faciles, qui dédaigne le travail méthodique, aux résultats sûrs, et, devant la résistance qu'il faut toujours attendre des hommes, des institutions, des faits, prépare les découragements, finalement l'abandon de soi-même ? Ce fut toute l'histoire malheureuse de la deuxième République.

Il ne faut pourtant pas trop généraliser ces reproches :

dans l'histoire financière du Gouvernement Provisoire, il y eut des fautes, mais aussi des mesures heureuses. Ce furent en général celles qui furent décidées sous la pression des événements. Il y avait une crise, des remèdes d'urgence à appliquer : le ministre des Finances et ses collègues surent le faire en hommes de gouvernement.

Et tout d'abord ils eurent du courage moral. « Nous pouvions faire tout le mal qu'il était possible », a dit Lamartine, « pour le bien, c'est autre chose.... » Le mal, c'était la banqueroute, sous le prétexte que la situation financière léguée par le ministère Guizot était par trop désastreuse ; c'étaient les mesures révolutionnaires, emprunt forcé sur les riches, prorogation indéfinie des échéances, qu'on réclamait de toute part, moyens extrêmes qui auraient compromis l'avenir de la République. Ils eurent la sagesse de résister : ceux qu'ils sauvèrent ainsi ne leur en gardèrent aucun gré ; par contre les anciens amis, qu'ils ne voulaient pas suivre dans leurs projets violents, furent dès lors leurs ennemis : rien de plus pénible à supporter que ces ruptures avec les compagnons de lutte ancienne ; il y fallait presque du stoïcisme. Et sur ce point les membres du Gouvernement Provisoire surent être dignes du rôle qu'ils avaient assumé.

Puis ils eurent à remédier à la crise du crédit : la création des Comptoirs d'escompte, bien conçue et rapidement menée, permit de suppléer aux caisses privées obligées de liquider ; pour sauver le crédit de l'Etat il fallut sortir des voies régulières et arrêter le remboursement des fonds de Caisse d'épargne et des bons du Trésor. C'était une mesure extraordinaire, mais n'était-elle pas nécessitée par les difficultés que léguait le gouvernement de Louis-Philippe ?

par le Trésor vide ? par la dette flottante surchargée ? Et d'ailleurs le système des Caisses d'épargne qui unit d'un lien si étroit celles-ci à l'Etat, n'est-il pas un danger permanent pour les temps de crise ? Une solution à de telles difficultés n'est jamais qu'imparfaite et blesse certains intérêts ; mais la faute n'en est pas à ceux qui doivent réparer des erreurs qu'ils n'ont pas commises. — Enfin l'établissement, dans de sages limites, du cours forcé et la suppression des banques départementales permirent à la Banque de France de jouer son rôle heureux d'intermédiaire entre le crédit privé et l'Etat. Tout cela est loin d'être à dédaigner et si l'on songe que la crise était des plus intenses, qu'elle se dénoua sans désastre irréparable et que ce sont les mesures prises par le gouvernement qui permirent ce résultat, on voit quelle injustice il y a eu à condamner en bloc toute l'œuvre financière du Gouvernement Provisoire.

Il y aurait plus de réserves à faire sur l'impôt des 45 centimes, qui fut aussi une de ces mesures commandées par les événements : le principe, nous l'avons vu, était indiscutable : il fallait de l'argent pour payer les dépenses du Trésor et seul un impôt perçu sur les rôles déjà établis des contributions directes pouvait procurer dans le délai voulu les sommes nécessaires : malheureusement — et ce fut surtout la faute de Garnier-Pagès — des mesures de détail maladroites rendirent l'impôt impopulaire et permirent au parti conservateur de s'en faire une arme contre la République. Il faut pourtant se souvenir que sans les 45 centimes, jamais l'Assemblée Nationale n'aurait pu équilibrer le budget de 1848, — et cela est si vrai que les conservateurs arrivés au pouvoir en 1849 se gardèrent de tenir leurs promesses électorales et de rembourser l'impôt décrié.

Toutes ces mesures, le Gouvernement Provisoire avait eu le droit de les prendre en vertu de ses pouvoirs : il avait la dictature jusqu'à la réunion de l'Assemblée Constituante : il lui appartenait de prendre sous sa seule responsabilité les mesures de salut public — et toutes celles-là en sont, l'impôt des 45 centimes y compris — que la situation comportait. Mais Garnier-Pagès fit promulguer à ses collègues d'autres décrets (sur l'impôt des boissons, sur les tontines, etc.) qui n'avaient aucun caractère d'urgence ; ils furent éphémères et causèrent beaucoup d'inquiétude. C'est la partie faible de l'œuvre financière du Gouvernement Provisoire.

Sans insister sur ce qu'il y avait de hâtif ou de maladroit dans chacune de ces mesures, elles donnent lieu à un reproche plus grave : il n'appartenait pas au Gouvernement Provisoire de les décider. Sans doute aucun texte constitutionnel ne traçait de limite à son action législatrice, mais il était de la nature même de son pouvoir de ne prendre avant la réunion de l'Assemblée Constituante que les décisions qu'il y aurait eu péril à ajourner. Le but de la Révolution était de permettre à la nation entière de devenir, grâce au suffrage universel, maîtresse de ses destinées. Le Gouvernement Provisoire avait pour tâche de faire l'intérim, et aussi sans doute de préparer les voies à l'Assemblée Nationale, mais non pas d'empiéter sur son œuvre. Sans doute il pouvait y avoir une autre conception : usant de son pouvoir révolutionnaire, le parti démocratique pouvait vouloir mettre immédiatement en action ses idées et placer plus tard l'Assemblée Nationale en présence du fait accompli : c'était la thèse de Louis Blanc, peut-être celle de Ledru-Rollin — et elle n'était pas impossible à défendre, bien que difficile à concilier avec le respect dû au suffrage universel. Mais cette thèse n'aurait pas trouvé de majorité au Gouvernement Provisoire et elle eût été contraire aux déclarations faites au lendemain du 24 février. Pourquoi alors prendre partiellement, presqu'en fraude, des mesures qu'il appartenait au pouvoir souverain de décider et dont l'application délicate exigeait d'ailleurs tant de réflexion et de prudence ?

En revanche les membres du Gouvernement Provisoire oublièrent trop qu'il était de leur rôle — rôle de second plan sans doute, mais nécessaire — de préparer la tâche de l'Assemblée Nationale. Personne à l'Hôtel de ville n'avait voulu songer par exemple, à la façon dont l'Assemblée organiserait les pouvoirs publics, personne ne lui apporta de projet mûri, déjà élaboré, qu'elle eût pu prendre pour base de discussion. Qu'arriva-t-il ? Livrée à elle-même, inexpérimentée, l'Assemblée adopta cette solution bâtarde, déjà condamnée par l'histoire, d'un directoire exécutif, et les journées de juin sortirent de cette erreur.

Il en fut de même en matière financière. Pourquoi le Comité des finances, à tendances conservatrices, prit-il si vite tant d'importance à l'Assemblée Nationale ? C'est qu'il était composé d'hommes qui avaient des traditions financières, une méthode, et qu'il fallut bien recourir à eux, qui seuls avaient des idées mûries. En face d'eux les chefs du parti démocratique arrivaient presque les mains vides, car ils n'avaient que des formules. Ils furent vaincus, non parce que ces formules étaient inapplicables, mais parce qu'ils n'en avaient pas étudié la portée d'application. On ne peut même pas qualifier de programme financier le projet de budget nouveau que Garnier-Pagès exposa dans son rapport du 8 mai : il ne contient que des têtes de chapitre ; des réformes sont énumérées, mais presque sans lien entre elles : au premier examen il apparut qu'elles étaient sans base solide. Bien que mieux étudié, le projet du budget de Duclerc mérita pourtant les mêmes objections. Puis l'heure passa. L'Assemblée mal guidée à gauche, inclina vers la droite. Il fut trop tard.

De sorte que les vainqueurs de février qui n'avaient pas en eux-même les forces nécessaires pour résister aux puissances sociales avec lesquelles leurs aspirations les mettaient en conflit, ne trouvèrent pas non plus dans leurs chefs l'intelligence directrice qui aurait pu remédier à cette lutte inégale. Ceux-ci surent parer honnêtement, utilement aux dangers de l'heure présente ; il leur manqua le génie organisateur qui prépare et assure l'avenir. Leur parti en porta la peine.

De tout cela, une conclusion à tout le moins se dégage : c'est qu'en matière financière on n'improvise pas. Et plus que d'autres encore, des réformes démocratiques, qui risquent de modifier l'équilibre social, doivent être mesurées, calculées avec soin, si elles veulent assurer un progrès définitif. Ceci est surtout une question de méthode : on peut peut-être aller vite ; on peut aller loin ; mais il faut bien savoir où l'on va, et par où l'on va ; ne pas dédaigner les difficultés — il y en a toujours —, mais ne pas croire aussi qu'on en peut triompher autrement que par le travail méthodique et patient qui seul, en maitère financière, assure les résultats durables ; on risque sans cela d'être le jouet des événements ou la victime des forces adverses. C'est la grande leçon que l'expérience de 1848 a laissée après elle.

Vu :
Le Président de la thèse,
R. JACQUELIN.

Vu :
Le Doyen,
CH. LYON-CAEN.

Vu et permis d'imprimer :
Le Vice-Recteur de l'Académie de Paris,
L. LIARD.

BIBLIOGRAPHIE

Moniteur, 1848. 1849.

Actes officiels du Gouvernement provisoire, 1848.

Assemblée Nationale Constituante : documents parlementaires.

Journaux : le *National*, la *Réforme*, la *Presse*, les *Débats*, le *Siècle*, le *Constitutionnel*, la *Vraie République*, la *Commune de Paris*, 1848.

Garnier-Pagès. — Histoire de la Révolution de 1848 (1861).

Lamartine. — Histoire de la Révolution de 1848 (1849).

Louis Blanc. — Pages d'histoire de la Révolution de février 1848 (1850).

Hippolyte Castille. — Histoire de la deuxième République, 1855.

Daniel Stern. — Histoire de la Révolution de 1848 (1850).

De la Gorce. — Histoire de la deuxième République.

George Renard. — La République de 1848 (1848-1852) (t. IX de l'Histoire socialiste).

Babaud-Laribière. — Histoire de l'Assemblée Nationale Constituante de 1848 (1850).

Spuller. — Histoire parlementaire de la seconde République, 1891.

George Sand. — Correspondance, 1882.

Tocqueville (de). — Souvenirs.

Lacave-Laplagne. — Observations sur l'administration des finances pendant le Gouvernement de juillet, 1848.

Vitet. — Histoire financière du gouvernement de juillet, 1848.

Dumon. — Equilibre des budgets sous la monarchie de 1830.

Puynode (de). — L'administration des finances en 1848 et 1849 (1849).

Vermorel. — Les hommes de 1848.

Achard. — Les mois de nourrice de la République, 1850.

Audiffret (marquis d'). — Système financier de la France, 1863.
— Crise financière de 1848 comparée à celles de 1814, 1815, 1830 (1849).

Garnier-Pagès. — Un épisode de la Révolution de 1848, l'impôt des 45 centimes (1850).

Jean Macé. — Histoire des 45 centimes, 1850.

Sacnsa. — Traité des magasins généraux, 1890.

TABLE DES MATIÈRES

Imp. J. Thevenot, Saint-Dizier (Haute-Marne).

www.ingramcontent.com/pod-product-compliance
Ingram Content Group UK Ltd.
Pitfield, Milton Keynes, MK11 3LW, UK
UKHW020433200726
13857UKWH00002B/398